긍정심리학의 강점 특권

저자에 대하여

섀넌 폴리(Shannon M. Polly)는 예일대학교와 펜실베니아대학교 대학원 긍정심리학응용학과를 졸업한 퍼실리데이터, 강연가, 코치이자 기업가이다. 그녀의 고객에는 포천지 500대 기업과 미 육군이 포함되어 있으며, 펜실베니아 대학교, 콜롬비아 대학교, 미국 육군 사관 학교, 조지 타운 대학교 등 다양한 대학에서 긍정심리학 강의를 했다. 그녀는 긍정심리학의 과학과 연극의 예술을 결합하여 리더를 개발하는 데 전념하고 있으며, 리더가 직장에서 행복증진, 생산성 향상 및 수익성을 증대할 수 있도록 힘쓰고 있습니다.

캐스린 브라이턴(Kathryn Britton)는 펜실베니아대학교 대학원 긍정심리학응용학과를 졸업했으며, 긍정심리학 뉴스(Positive Psychology News)의 편집장이고, 긍정심리학 뉴스 시리즈 3권의 공동 저자이다. 그녀는 또한 메릴랜드 대학교에서 프로젝트 관리 학생들을 졸업시키기 위해 프로젝트팀을 관리하고 있다. 캐스린은 전문 소프트웨어 엔지니어, 기술 리더 및 발명가로서 30년의 경력을 보유하고 있다. 그녀는 작문 코치로서 작가들의 워크숍을 운영하고 있으며 개인 작가를 코치하고 있다.

강점으로 풍요로운 삶을 사는 법

긍정심리학의 강점 특권

Character Strengths Matter
How to Live a Full Life

섀넌 폴리 · 캐스린 브라이턴 지음 | 우문식 · 이미정 옮김

도서출판 물푸레
KPPI 한국긍정심리연구소

옮긴이 **우문식**

우문식 박사는 2003년 긍정심리학을 국내에 처음 도입했으며, 지난 15여 년간 오직 긍정심리학 연구와 확산에만 몰두 하고 있다. 안양대 일반대학원에서 경영학(긍정심리) 박사학 위를 받았고 안양대 교수를 역임했다. 저서로는 『긍정심리학 의 행복』, 『행복 4.0』, 『만 3세부터 행복을 가르쳐라』, 『긍정심리 학은 기회다』, 『긍정심리 팔마스 성격(인성) 강점 카드북』이 있으며, 옮긴 책으로는 『마틴 셀리그만의 긍정심리학』, 『마틴 셀 리그만의 플로리시』, 『마틴 셀리그만의 낙관성 학습』, 『긍정심 리학 코칭 기술』, 『회복력의 7가지 기술』, 『베스트 인생목표 이 루기』, 『아이의 행복 플로리시』 등이 있다. 2011년 한국긍정심리연 구소를 개소해 긍정심리학을 기반으로 하는 행복, 인성, 긍정조직, 긍정문화, 긍정 리더십, 긍정심리 코칭(상담, 치료) 프로그램과 척도 개발, 교육, 강의, 코칭, 컨설팅, 저술 활동을 하고 있다. 또한 세계적 강연매체인 TED에서 '긍정심리학의 행복은 과학이다'를 주제 로 강연했으며, 그가 강의한 삼성경제연구소 세리프로의 '행복한 직장인 되기'는 2014년부터 2016년까지 거의 매월 베 스트 5위 안에 들기도 했다.

옮긴이 **이미정**

영남대학교 영어영문학과를 졸업하고 KBS-서강방송아카데미 번역작가 과정을 수료했다. 현재 출판번역에이전시인 베네트랜스 전속번역가로 활동 중이다. 역서로는 『상처』, 『낙인』, 『파국』, 『벤자민 버튼의 시간은 거꾸로 간다』, 『창의는 전략이다』, 『거짓 신들의 세상』, 『빅숏: 패닉 이후, 시장의 승리자들은 무엇을 보는가』, 『마사스튜어트.COM』, 『소통의 심리학: 사람의 마음을 얻는』, 『산타클로스의 리더십 비밀』, 『버블의 붕괴』, 『CEO처럼 시간을 경영하라』, 『월마트 이펙트』, 『그들의 생각은 어떻게 실현됐을까』, 『갈라디아서 복음을 만나다』 외 다수가 있다.

긍정심리학의 강점특권

초판 1쇄 인쇄 | 2018년 8월 3일
초판 1쇄 발행 | 2018년 8월 6일

지은이 | 섀넌 폴리 · 캐스린 브라이턴
옮긴이 | 우문식 · 이미정
펴낸이 | 우문식
펴낸곳 | 물푸레

등록번호 | 제1072호
등록일자 | 1994년 11월 11일

주소 | 경기도 안양시 동안구 시민대로 230 지니센터 D동 1252호
전화 | 031-453-3211
팩스 | 031-458-0097
홈페이지 | www.mulpure.com
이메일 | ceo@kppsi.com

값 17,000원
ISBN 978-89-8110-333-0 13180

헌사

성격강점 연구의 선구자이자 성격강점을 배우는 학생들의 멘토이며, 또한 유머와 겸손, 사랑, 친절의 본보기이자 좋은 친구인 크리스토퍼 피터슨에게 이 책을 바칩니다. 당신이 심은 씨앗들이 싹터 무성하게 자라나길 바랍니다.

- 섀넌과 캐스린

서문

1991년 미국심리협회 회장인 마틴 셀리그만(Martin Seligman)과 메이어슨재단 회장이던 나는 힘을 합쳐 성격에 대한 연구를 증진하기로 결심했다. 그 시기 셀리그만은 '긍정심리학'-인간의 경험을 토대로 한 긍정성의 플로리시-에 한창 생명을 불어넣고 있는 중이었다. 그 무렵까지 사회과학계와 인문학계에선 인간의 고통을 이해하고 개선하는 연구의 해답을 시간, 재능, 자원(부) 등에서만 찾으려 했다. 셀리그만은 아리스토텔레스가 2000년 전에 말한 것처럼 시기적으로 우리가 '굿 라이프(good life · 좋은 삶)'를 좀 더 명확히 이해하려 노력해야 할 때가 왔다고 생각했다. 셀리그만은 긍정정서, 긍정특성, 긍정제도(긍정조직 · 초기 긍정심리학의 3가지 기둥 중 하나가 긍정제도였으나 긍정심리학의 기초과학을 기반으로 하는 긍정조직학이 발전하면서 지금은 긍정제도보다 긍정조직이란 표현을 더 많이 쓴다. - 옮긴이)로 나뉜 새로운 학문을 구상했고 특별히 긍정정서를 긍정심리학의 대들보 역할로 지정했다.

그 당시 임상심리학자로 활동했던 나는 수년간 병으로 고통 받는 환자들이 자신들의 과거에서 벗어날 수 있도록 도와주려고 힘을 다했다. 이 과정은 나 스스로와 타인에 대해 많이 배우는 계기가 됐다. 그 배움

속에서 내가 발견한 것 중 하나는 주저앉은 이들을 다시 일으켜 앞으로 나아가게 하려면 그들의 옳은 점과 강점에 초점을 맞추고 단점에는 많은 시간을 쓰지 않는 것이었다. 환자들에게 자신들의 성격에서 찾을 수 있는 강점을 보여주는 것은 그들이 더 융통성 있는 선택을 하는 시발점이 됐다. 그들의 문제점에 집중하면 그들은 의욕 상실과 강한 저항 등의 모습을 보였고, 강점에 집중하면 허리를 꼿꼿이 펴 앉았고 눈은 더 생기가 돌았으며 목소리엔 에너지가 넘쳤다. 다년간 심리상담을 하며 이 발견을 바탕으로 인간의 최고 강점인 성격의 과학을 연구하는 것이 얼마나 중요한지를 깨달았다.

이 새로운 도전에는 두 가지 요소가 전제됐다. 첫 번째, 우리가 창조해야 하는 전례 없던 이 시스템은 역대급 노력과 연구가 필요할 것이라는 것, 두 번째, 이 막중한 일을 책임질 최고 인재를 찾는 것이었다.

첫 번째 조건을 충족하기 위해 우리는 펜실베이니아주 글래스번에서 콘퍼런스를 열고 생물학, 철학, 교육학, 사회학, DSM(정신장애진단 통계 편람) 리더 등 다양한 학계의 저명한 학자와 인사를 초대했다. 우리는 그들과 함께 전국에서 청소년 프로그램을 담당하고 있는 긍정 청소년 실천단원도 초대했다.

셀리그만은 이 프로젝트를 완벽하게 수행하기 위해선 약 100만 달러의 비용이 필요할 것이라고 말했다. 이 움직임이 세상을 더 나은 곳으로 만드는 데 공헌할 수 있다는 비전을 본 나는 금전적인 지원과 함께 내가 제공할 수 있는 모든 자원을 투자하기로 약속했다.

두 번째 조건을 충족하기 위해 우린 우선 유능한 프로젝트 디렉터를 선출해야 했다. 내가 셀리그만에게 "지금 우리를 도와 이 프로젝트를 진행할 수 있는 가장 유능한 사람이 누구일까요?"라고 물어보자, 그는 단 1초도 고민하지 않고 "크리스토퍼 피터슨(Christopher Peterson)"이라고 대답했다. 하지만 피터슨은 미시간대 정교수에다 그 위치에서 이루는 교육, 연구, 출판 실적 등에 상당히 만족하고 있기에 그를 설득하기란 쉬운 일이 아니었다. 만약 그가 관심 있다고 할지라도 자리를 3년 동안 비우는 것을 대학 측이 허락할지도 의문이었다. 하지만 나는 셀리그만에게 피터슨한테 연락해보고 그의 대학도 설득해보는 것이 좋겠다고 말했다.

예상외로 피터슨은 자신의 경력 중간 지점에 찾아온 이 새로운 난관을 흥미롭게 받아들였고, 셀리그만은 대학 측을 설득해 피터슨이 3년 동안 학교 일에서 손 떼고 연구 프로젝트에 참여하며, 대학에서 2년간 연봉을 그대로 받게 하는 것에도 성공했다.

수뇌부가 모두 확정되고 이 프로젝트가 장기간의 노력이 될 거란 점을 알았던 우리는 VIA라는 비영리단체를 설립했다. 이 단체의 미션은 '성격강점의 과학과 활용의 진보를 위해'였다. 우리에게 제일 먼저 주어진 목표는 새로 도입될 과학의 도구를 만드는 것이었고 그것이 바로 대표 강점이었다. 이 과정을 완성하려고 셀리그만과 피터슨은 많은 성격강점 전문가와 교류하며 3년 뒤인 2004년 『Character Strengths and Virtues: A Handbook and Classification』을 출판하게 됐다. 이 책자는 6가지 미덕 아래 있는 24가지 성격강점을 다뤘고 이와 동시에 VIA에선 청소년과 성인을 위한 VIA 설문지를 처음으로 만들었다.

메이어슨재단은 인터넷에 성격강점 설문지를 무료 배포해 대표 강점의 과학적 발전을 촉진할 수 있도록 도움을 줬고, 그 결과 300만 명 넘는 세계 각국 개인이 성격강점 설문지에 답했으며, 설문 자료는 수많은 과학저널과 논문에 인용되고 출간됐다.

상담사, 코치, 강사, 교육자, 교사, 학생, 조직개발 담당자, 군 관계자 그리고 자기계발을 추구하는 많은 개인이 성격강점 설문지를 생산적으로 활용하며 강점을 자신들의 분야에 접목했다. 성격강점의 업적은 넓고 깊은 성과를 낳았다. 셀리그만과 피터슨의 총명함이 없었더라면 이 모든 일은 불가능했을 것이다. 피터슨은 진정으로 선하고, 신사답고, 유머러스하며 총명한 사람이었다. 세상은 그와 셀리그만에게 빚을 진 셈이다. 그들의 비전과 안목과 용기가 없었더라면 인간이 좀 더 나은 방향으로 나아가는 길을 찾지 못했을지도 모른다. 강점은 중요하다. 과학적인 연구를 통해 우리는 세상을 더 나은 곳으로 만들 수 있을 것이다. 난 이 책의 서문을 쓰게 된 것을 영광스럽게 생각한다.

이 책의 모든 수익금은 크리스토퍼 피터슨 추모 모임에 기부돼 펜실베이니아대학원 긍정심리학과에 진학하는 이들에게 장학금으로 지급될 것이다.

– 닐 메이어슨 메이어슨재단 회장

저자의 말

어떻게 해야 플로리시한 삶을 살 수 있을까. 나만의 성격강점을 자신은 물론 가족과 직장, 공동체, 세계에 이로운 방향으로 활용하는 것, 이것이 바로 답이다.

그렇다면 아마도 이런 의문이 제일 먼저 들 것이다. '성격강점이란 대체 뭘까?'

크리스토퍼 피터슨의 『긍정심리학 프라이머』(물푸레)에 나오는 내용을 설명하자면 우리에게는 '굿 라이프(좋은 삶)를 이야기하는 어휘와 그 삶의 요소를 분석하는 평가 전략'이 필요하다. 성격강점은 그러한 좋은 삶의 요소다. 또한 시간과 환경, 국적, 종교를 초월해 강인하고 덕망 높은 행동의 요소로 소중하게 대우받는 특성이다. 그뿐만 아니라 자신과 친구, 자식, 동료, 지도자에게 가치 있다고 평가받는 특성이기도 하다.

피터슨은 이 책에서 소개하는 24가지 성격강점 목록을 만들기 위해 전문가 팀을 구성해 10가지 성격강점 기준을 마련하고, 전 세계적으로 유명한 저서, 종교, 철학, 심리학, 정신 등에서 24가지 성격강점의 후보가 될 만한 특성 1만8000개를 찾아보았다. 이들은 특히 다른 성격강점과 결합하지 못하는 비교적 적은 수의 기본적인 성격강점을 찾아냈다. 특정한 개인은 그러한 기본적인 성격강점이 서로 결합해 보다 복잡한 성격강점을 형성한다.

24가지 성격강점이 어떻게 배분돼 있는지는 개인에 따라 다르다. 어떤 성격강점은 과하게 발휘되거나 충분히 발휘되지 않으며, 또 어떤 성격강점은 적시에 적절하게 발휘된다. 어떤 사람의 성격을 가장 잘 보여주는 강점을 상위강점 또는 대표 강점이라 부른다. 긍정심리학자 리안 니믹은 이 책의 마지막 장에서 대표 강점에 대해 자세히 설명한다.

첫 번째 의문이 풀리고 나면 '왜 성격강점이 중요할까?'라는 의문이 생길 것이다. 사람들이 자신의 성격강점을 발견하고 나면 자신과 주변 사람들의 이익을 위해 보다 의도적으로 그러한 성격강점을 발휘한다. 예컨대 개인의 대표 강점을 새로운 방식으로 발휘해 행복을 증진하는 훈련법이 있다. 이 책의 마지막 장에서 니믹은 그 훈련법이 다양한 환경에서 가져다주는 이점을 추적한 몇몇 연구 결과를 개략적으로 설명해준다. 성격강점을 인지하면 학교와 가족, 직장에서 보다 활기차게 활동할 수 있다. 다른 사람들의 성격강점을 인지하고 숙고하면 더 나은 부모와 교사, 상사, 친구, 멘토가 될 수 있다. 성격강점의 언어를 사용해 이야기하면 서로의 강점을 보다 잘 알 수 있고, 키워나갈 가치가 있는 서로의 강점을 보다 확실하게 파악할 수 있다.

마지막으로 이런 의문이 떠오를 것이다. '내 성격강점은 물론이고 자녀와 가족, 동료, 친구의 성격강점을 어떻게 키워나갈 수 있을까?' 성격강점 개발 전문가인 니믹은 성격강점을 개발하는 3단계 과정을 제시했다.

첫째, 'http://bit.ly/VIASurvey'를 방문하거나 『마틴 셀리그만의 긍정심리학』에서 성격강점 검사를 해 자신의 성격강점을 파악한다. 성격강점 검사를 하면 가장 잘 발휘하는 강점부터 가장 잘 발휘하지 못하는 강점 순으로 24가지가 나온다. 300만 명이 넘는 전 세계 사람이 이미 성격강점 검사를 받았다.

둘째, 자신의 흥미를 끄는 성격강점, 특히 대표 강점이자 다양한 환경에서 가장 자연스럽게 발휘할 수 있고, 가장 많은 에너지를 끌어내주는 성격강점을 분석해본다. 가장 약한 강점도 분석해볼 수 있다. 자신이 쉽게 발휘하지 못하는 강점을 연마해보는 것도 때로는 유익하다. 자신의 강점을 과도하게 발휘하거나 충분히 발휘하지 못하는 경우뿐만 아니라 강점을 활용하는 기존의 방식도 생각해본다.

셋째, 목표를 달성하거나 문제를 해결할 때 자신의 강점을 의식적으로 활용해 행동을 취한다.

이 책은 당신이 탐구하고 행동할 수 있도록 도와주는 길잡이다. 이 책의 1부(긍정심리학과 성격강점에 대한 독자들의 이해를 돕기 위해 옮긴이가 특별히 추가했다. - 옮긴이)는 긍정심리학과 성격강점의 중요한 이론적 배경을 설명했다. 2부는 성격강점 탐구에 도움이 되는 내용을 소개하고 있다. 24가지 성격강점을 다루는 각각의 장이 찾기 쉽게 6가지 미덕 순으로 나온다. 각 장은 성격강점의 정의와 일상생활에서 성격강점을 발휘한 사례를 보여주는 기사, 성격강점을 발휘하는 데 도움이 되는 낭독문, 성격강점을 키우는 방법 순으로 구성돼 기본적인 구조가 똑같다.

3부는 행동하는 방법을 제시한다. 성격강점에 대한 지식을 여러 가지 다른 환경에서 활용하는 법을 보여준다. 예컨대 어린아이와 불우한 환경에 처한 청소년의 성격강점을 키워주는 법과 비즈니스 세계, 심지어 여행지에서 성격강점을 활용하는 법을 제시한다. 또한 대표 강점을 정의하고 대표 강점을 발휘하는 데 도움이 되는 몇 가지 요령을 소개한다.

이 책은 첫 장에서 마지막 장까지 순서대로 읽지 않아도 된다. 자신의 가장 뛰어난 성격강점을 다룬 장이나 자신이 발휘하고 싶은 성격강점을 다룬 장으로 바로 넘어가 읽어도 된다. 현재 발현 중인 성격강점을 포괄적으로 이해하는 데 도움이 되는 조사 자료로 삼아도 된다. 이 책의 3부를 읽으면서 성격강점에 대한 지식을 활용하는 방법을 연구하고 나서 2부로 돌아가 각각의 성격강점을 상세하게 탐구해볼 수도 있다.

2부와 3부를 통틀어 50명 넘는 사람의 의견을 들을 수 있다. 그중에는 기사와 시, 연극 대본, 연설을 저술한 저자들의 의견이 포함돼 있다.

이 책에는 성격강점의 정의, 그에 대한 이야기와 생각, 제안, 마지막으로 각각의 성격강점을 발휘하는 데 도움이 되는 낭독문 등 성격강점에 대한 많은 정보가 포함돼 있다. 그렇다. 낭독은 성격강점을 키워나가는 좋은 방법이다. 호기심이 생기는가. 그렇다면 이 책을 계속 읽어보길 바란다.

– 섀넌 폴리 · 캐스린 브라이턴

옮긴이의 말

"긍정심리학의 성격(인성)강점은 우리나라 교육의 혁명을 이루어줄 것입니다. 교육자 여러분께서도 앞으로 성격강점에 대해 각별히 관심을 가져주셨으면 좋겠습니다."

이 말은 내가 2016년 국회 인성포럼 '학교 현장 인성교육 어떻게 실천할 것인가?'에서 수백 명의 전국 교육자를 대상으로 '긍정심리학의 인성교육 모델(1단계: 행복토양 구축, 2단계: 성격(인성)강점 찾기, 3단계: 성격(인성)강점 키우기, 4단계: 성격(인성)강점 실천하기)'을 대표발의하고 나서 클로징 멘트로 한 말이다.

일부는 과장된 표현이라 할 수 있겠지만 긍정심리학을 이해한 후 자신의 강점을 찾고 일상에서 적용해본 사람이라면 고개를 끄덕이며 수긍할 것이다. 나 역시 2006년 긍정심리학 창시자인 마틴 셀리그만 펜실베이니아대 교수가 한국을 방문해 "진정한 행복은 강점과 미덕을 찾고 발휘하는 것에서 출발해야 한다"라고 한 말을 그대로 받아들이기 쉽지 않았기 때문이다.

하지만 내 대표 강점을 찾고 일상에서 중요한 일에 적용하면서 변화되는 내 모습과 성과를 보며 성격강점에 대해 확신을 갖게 됐다. 긍정심리학을 만난 지 20여 년. 그동안 내 삶을 뒤돌아보면 긍정심리학과 성격강점은 기적과 같이 내 삶을 변화시키고 바꿔주었다. 아직도 나는 성격강점에 의해 매일매일 삶이 새롭게 만들어지고 있다.

그만큼 긍정심리학의 성격강점은 광범위하고 오랜 연구를 통해 과학적으로 검증된 탄탄한 이론과 구체적인 적용 방법을 갖고 있기 때문이다. 이를 증명하듯 세계적 석학이며 하버드대 교육대학원 학장인 하워드 가드너는 셀리그만과 피터슨의 성격강점 발견은 심리학 반세기 만에 이룬 가장 위대한 업적 가운데 하나라고 평했다.

그렇다면 이제 어떻게 할 것인가. 아직도 긍정심리학의 성격강점을 모르는 사람들, 성격강점의 중요성을 인식하지 못하는 사람들, 성격강점을 어떻게 적용하는지 모르는 사람들에게 이러한 긍정심리학의 성격강점에 대한 사실과 결과, 그리고 성격강점을 통해 풍요로운 삶을 만들어갈 수 있는 방법을 알려줘야 한다.

그런 의미에서 이 책은 매우 유용한 책이 될 것이다. 지금까지 출간된 어떤 강점 관련 책들보다 진화했기 때문이다. 이 책은 왜 성격강점인지, 성격강점이란 무엇인지, 성격강점을 통해 개인과 조직을 어떻게 플로리시하게 할 수 있는지에 대한 해답을 주고 있다. 독자 여러분은 이 책을 통해 성격강점이 개인의 삶을 얼마나 아름답고 풍요롭게 만들어주는지, 조직을 어떻게 변화시켜 성과를 창출하는지 확인할 수 있을 것이다.

이 책은 긍정심리학 창시자 중 한 명이며, 긍정심리학의 성격강점을 셀리그만과 함께 만들었으나 2012년 먼저 세상을 뜬 피터슨을 기리기 위한 그의 제자들과 동료들의 합작품이라 할 수 있다. 피터슨으로부터 도움을 받고 그를 사랑하고 존경하는, 전 세계 다양한 분야에 종사하는 성격강점 전문가들의 새로운 지식과 경험에 의해 만들어진 책이기도 하다.

나는 오랫동안 긍정심리학을 연구하고 가르쳐온 결과 성격강점을 탐구하고 적용해 플로리시한 개인과 조직을 만들기 위해선 긍정심리학과 성격강점의 이론적 배경을 이해하는 것이 도움이 된다고 생각한다. 그래서 1부에서는 긍정심리학과 성격강점의 이론적 배경을 간단히 설명했다. 이미 긍정심리학과 성격강점의 이론적 지식을 갖춘 독자라면 1부는 건너뛰어도 좋을 것이다.

나는 긍정심리학을 연구하고 가르치는 학자로서, 전문가로서 피터슨을 기리기 위한 이 책을 공동 번역해 출간하게 된 것을 매우 기쁘게 생각한다. 그에게 수혜를 입었을뿐더러 그를 존경하고 좋아했기 때문이다. "긍정심리학은 탄생에서 죽음까지 그 사이에서 일어나는 모든 사건과 경험에 있어 굿 라이프(좋은 삶)와 올바른 삶이 무엇인지에 대해 과학적으로 연구하는 학문이다"라고 정의한 피터슨. 우리는 긍정심리학을 통해 인간의 굿 라이프를 위해 평생 헌신한 그를 잊지 못할 것이다. "긍정심리학을 한마디로 정의한다면 무엇인가?"라는 질문에 속사포같이 "타인"이라고 대답하는 그가 오늘따라 더 크게 클로즈업된다. 우리는 그를 그리워할 것이다. 그리고 그는 우리 마음속에 오랫동안 스승으로, 멘토로, 친구로 남아 있을 것이다. "감사합니다. 피터슨!"

아직도 2년 전 "긍정심리학의 성격(인성)강점은 우리나라 교육의 혁명을 이루어줄 것입니다"라고 말했던 내 생각엔 변화가 없다. 독자 여러분도 이 책을 읽고 나면 공감할 것으로 믿는다.

성격강점이 교육을 넘어 우리 각자의 삶을 풍요롭게 만들어주는 데 얼마나 큰 역할을 하는지도 알 수 있을 것이다.

마지막으로 이 책이 개인의 행복과 건강, 조직성과와 성공뿐만 아니라 우리 사회 모든 분야가 플로리시하는 데 도움이 되길 바란다.

- 우문식 한국긍정심리연구소 소장(경영학(긍정심리) 박사)

차례

1부

긍정심리학의 성격강점

긍정심리학

긍정심리학은 1998년 당시 미국심리협회 회장이던 마틴 셀리그만(Martin Seligman) 펜실베이니아대 심리학 교수가 창시했다. 그는 2006년 미국심리협회 회장 선거 역사상 가장 큰 표차로 회장에 당선됐는데 이미 '무기력 학습'과 '낙관성 학습'의 발견으로 심리학계의 폭넓은 신뢰와 지지를 받고 있었다.

제2차 세계대전 이전의 심리학은 세 가지 의무가 있었다. 첫째, 정신질환을 치료하는 것, 둘째, 모든 사람이 생산적이고 충만하게 살도록 돕는 것, 셋째, 재능을 찾아내고 기르는 것이다. 제2차 세계대전 이전까지만 해도 이러한 심리학 의무의 긍정과 부정이 균형 있게 이루어지고 있었다. 하지만 제2차 세계대전 이후의 심리학은 균형이 깨지며 부정 쪽으로 급격히 기울고 말았다. 인간이 가진 문제와 그 치료 방법에 중점을 뒀기 때문이다. 이런 병리학적 관점은 오랫동안 중요한 문제로 대두됐으며 심리질환을 이해하고, 치료하고, 예방하려는 많은 노력이 있어왔다.

세계적으로 인정받고 있는, 2004년부터 미국정신의학회가 출간한 정신장애진단 통계 편람(DSM-5: Diagnostic and Statistical Manual of mental disorders, 2016)은 각 질환의 정의와 신뢰할 만한 질환별 진단 전략을 망라하고 있다. 덕분에 최근까지 원인을 알 수 없었던 몇 가지 질환에 대한 심리학적·약리학적 치료법을 고안해낼 수 있었다. 그러나 질환 치료에만 관심을 두다 보니 문제가 발생했다. 대부분 기존 심리학은 인간에게 올바르고 긍정적인 것이 무엇인지에 대한 연구를 간과했고, 긍정적이고 좋은 삶에 대한 언급은 종교지도자들이나 정치인들이 하는 정도의 수준에서 벗어나지 못했다. 더욱이 기존 심리학에서 강조하는 가설은 질병모델을 표방하는 쪽으로 움직여왔다. 즉 인간이란 연약하고 혹독한 환경이나 나쁜 유전자 때문에 깨어지기 쉬운 존재로 봤으며, 기껏해야 이처럼 나쁜 상황에서 회복된 상태로 여길 뿐이었다. 이러한 세계관이 미국의 일반 문화에도 스며들면서 스스로를 희생자로 규정하는 셈이 돼버렸고, 영웅은 단지 생존자에 불과하다고 봤다.

긍정심리학은 이러한 불균형을 바로잡고, 미국인들 사이에 만연한 질병모델 가설에 도전할 때임을 제안하고자 했으며, 인간의 긍정적 심리적 측면과 미덕, 강점을 과학적으로 연구하기 시작했다. 인간의 잠재력 향상에 관심을 가지는 심리학자들은 질병모델과는 구분되는 다른 가설을 구상할 필요가 있으며 질병모델만을 연구하는 학자들의 것과는 다른 질문을 던져야 한다는 것이다. 그것이 바로 성장모델이며 그 중심이 성격강점이다.

긍정심리학이 탄생하게 된 계기는 두 가지가 있다. 첫째, 이러한 심리학 학문이 제2차 세계대전 이후 인간이 가진 문제와 그 치료 중심으로 이루어지고 있다는 사실을 셀리그만이 자각하면서다.

둘째, 셀리그만의 딸 니키가 그의 사명인 '예방'을 찾게 해주면서다.

회장에 취임한 지 6개월 뒤 그는 시카고에서 예방 교육을 위한 특별위원회 소집과 함께 기획회의를 열었다. 이 회의에 참석한 위원 12명과 권위 있는 몇몇 연구자는 이구동성으로 예방치료 교육에서 정신질환을 어떻게 규정할 것인지에 대한 의견을 쏟아냈다. 하지만 그에게는 지겨우리만큼 따분한 시간이었다. 그런 이야기라면 지금까지 귀가 따갑도록 들어왔기 때문이다. 셀리그만이 기대했던 기획회의는 성과 없이 끝났다.

그로부터 2주일 뒤 그는 만 5세인 딸 니키와 정원에서 잡초를 뽑으면서 니키를 통해 자신의 사명을 발견했다. 그는 아이들에 관한 책과 논문을 여러 편 썼지만, 정작 자신의 아이들에 대해서는 아는 게 별로 없었다. 그날도 정원을 가꾸면서 학회 수뇌부 구성에 몰두하고 있었다. 할 일은 많고 늘 시간에 쫓기다 보니 정원에서 잡초를 뽑을 때조차 여유 부릴 새가 없었다. 하지만 니키는 잡초를 뽑아 하늘 높이 던지기도 하고 노래하며 춤을 추기도 했다. 딸아이의 그런 모습이 하도 어수선해서 “니키, 조용히 좀 못 해!” 하고 냅다 고함을 지르자, 니키는 집 안으로 들어갔다. 조금 뒤 다시 정원으로 나온 딸이 그에게 다가와 이렇게 말했다.

“아빠, 드릴 말씀이 있어요.”

“무슨 말인데, 니키?”

“아빠는 제가 다섯 살이 되기 전까지 어땠는지 기억하세요? 그때 제가 굉장한 울보였잖아요. 날마다 징징거릴 정도로. 그래서 다섯 번째 생일날 결심했어요. 다시는 징징거리며 울지 않겠다고. 그런데 그건 지금까지 제가 한 그 어떤 일보다 훨씬 힘들었어요. 만일 제가 이 일을 해냈다면 아빠도 신경질 부리는 일을 그만두실 수 있잖아요?”

고작 5세밖에 안 된 딸이 그도 미처 몰랐던 문제점을 정확히 짚어낸 것이다. 그는 망치로 머리를 한 대 맞은 듯한 충격을 받았다고 했다. 아이를 키운다는 건 그 아이가 지닌 단점을 고치는 게 아니라는 큰 깨달음을 주었기 때문이다. 니키는 스스로 해나갈 능력이 있다. 아버지로서 그가 할 일은 니키의 조숙함을 강점으로 개발해주는 것이다. 성격강점 중 사회성 지능이라는 강점이 딸아이 삶의 밑거름이 되게 도와주는 것이다. 자신의 강점을 완벽하게 개발한다면 그것은 자신의 약점이나 험난한 세상살이를 이겨낼 수 있는 힘이 될 것이다.

그는 비로소 아이를 키울 때 아이의 단점이나 약점을 고치는 것보다 훨씬 더 중요한 일이 있다는 사실을 깨달았다. 바로 자녀의 강점과 미덕을 간파하고 개발해줌으로써 아이가 자신에게 알맞은 일을 찾아 긍정 특징을 최대한 발휘하도록 이끌어주는 것이다.

사회구성원들이 자신에게 꼭 알맞은 자리를 찾아 저마다 강점을 최대한 발휘할 때 사회 전체의 이익을 이룰 수 있다고 한다면 심리학의 임무는 더없이 막중하다고 할 수 있다. 어린 딸 니키가 그의 사명이 무엇인지를 일깨워준 것이다.

셀리그만은 미국심리학회 회장에 당선된 지 2년 뒤인 1998년 신년사에서 "손쓸 도리 없이 망가진 삶은 이제 그만 연구하고 모든 일이 잘될 것 같은 사람에게 초점을 맞춰야 한다"고 선포했다. 그리고 1월 멕시코만 유카탄 아쿠말에서 미하이 칙센트미하이(Mihaly Csikszentmihaly), 레이 파울러(Ray Fowler) 등 심리학자와 함께 긍정심리학의 기초 이론을 만들고 그 이론을 2000년 〈미국심리학회지(American Psychology)〉와 2002년 『마틴 셀리그만의 긍정심리학(Authentic Happiness)』을 통해 세상에 알렸다. 긍정심리학은 탄생한 지 이제 16년밖에 되지 않았지만 빠른 속도로 확산되고 있다.

긍정심리학이란 무엇인가

긍정심리학에서 가장 기본이 되는 가정은 인간에게는 질병, 질환, 고통이 발생하는 것처럼 강점과 미덕, 탁월함도 주어진다는 것이다. 그래서 긍정심리학은 약점만큼 강점에, 인생에서 최악의 것을 회복하는 것만큼 최고의 것을 설계하는 것에, 불행한 이들의 삶을 치유하는 것만큼 건강한 사람들의 삶을 충만하게 하는 것에 관심을 가지라고 말한다. 그렇다면 긍정심리학이란 무엇일까.

첫째, 긍정심리학은 긍정적 사고와 다르다. 아직도 많은 사람이 긍정심리학에 대해 편견을 갖고 있다. "긍정, 다 같은 거 아냐? 긍정적으로 생각하라, 긍정은 힘이다. 이런 거 말이야!" 긍정심리학 교육과정에 처음 참가하는 사람들 중에도 가끔 이런 선입견을 갖고 있는 사람이 있다. 하지만 한두 시간 지나고 나면 자신이 긍정심리학에 대해 편견을 갖고 있었음을 시인하며, 긍정심리학이 이렇게 심오하고, 실용적이며, 과학적으로 체계를 잘 갖춘 학문인 줄 몰랐다고 말한다.

우리는 '긍정(Positive)'이란 용어를 많이 사용한다. 그러다 보니 긍정이란 무조건 좋은 것으로 인식해 때, 장소, 대상과 상관없이 남용하기도 한다. 한때 '칭찬은 고래도 춤추게 한다'라는 말이 유행하면서 칭찬의 홍수를 이룬 적이 있었다. 하지만 캐럴 드웩(Carol Dweck) 스탠퍼드대 교수가 '지나친 칭찬은 아이를 망친다'는 연구 결과를 발표하면서 교육계는 물론 기업 조직에까지 큰 충격을 주었다. 긍정도 마찬가지다. 부정적 '노'가 없다면 긍정적 돛은 목적 없이 펄럭이고 신뢰성을 상실한다. 지나친 긍정은 개인의 삶과 조직을 망칠 수도 있다는 것이다.

긍정심리학은 탄생에서 죽음까지 그 사이에서 일어나는 모든 사건과 경험에 있어 좋은 삶과 올바른 삶, 선한 삶, 최상의 삶이 무엇인지 과학적으로 연구하는 학문이다. 따라서 긍정심리학의 긍정은 어떤 현상을 엄격한 과학적 실험과 검증을 거쳐 그것이 신뢰할 만하고 또 반복적으로 입증이 가능하다는 것을 보여준다. 다시 말하면 어떤 것이 여러 차례 연구를 통해 입증됐고 또 동일한 상황에서 여러 번 반복해 입증할 수 있기 때문에 다음에도 그렇게 될 가능성이 높다는 것이다. 반면 긍정적 사고는 전부 지극히 사적인 생각과 개인 차원의 권장 방법으로 이루어져 있다. 일관성도 부족해 상황에 따라 이랬다저랬다 변하기도 한다. 효과가 없을 경우에는 당신이 긍정적이지 않았기 때문이라고 주장하는 것이다.

긍정심리학은 플로리시한 삶을 지속적으로 오랫동안 살고 싶어 하는 사람들이 과학적 근거에 의해 유용한 지식체계를 쌓은 것인 반면, 긍정적 사고는 사람들이 자신의 잘못으로 자신에게 어떤 일들이 일어났다고 생각하게 만든다. 무엇이 잘못됐을 때 긍정적으로 생각하지 않았기 때문이라고 생각하는 것이다. 일반적으로 그들은 자신에게 일어나는 일들을 자기 마음대로 조종할 수 있다고 생각한다. 긍정적으로 생각하면 긍정적으로 된다는 것이다. 하지만 생각의 대부분은 자신이 미처 의식하기도 전에 일어나는 것이어서 긍정적으로 생각한다고 생각 자체가 모두 긍정적으로 변하는 데는 한계가 있다.

말로만 수없이 긍정을 외치고 긍정적으로 생각하는 것만으로는 부족하다. 의지만 갖는다고 이루어지는 것도 아니다. 의지는 시간이 흐르면 소멸되는 소모품과도 같은 것이다. 긍정이 어떻게 작용하고 어떤 결과를 만들어내는가를 과학적 근거에 의해 긍정의 지식체계를 구축하고 실천하는 것이 중요하다.

둘째, 긍정심리학은 개인과 조직에 있어 최적의 기능과 작용에 대한 연구다. 사랑, 감사, 즐거움, 자부심, 용서, 일의 만족도 같은 긍정정서와 창의성, 용감성, 감상력, 호기심, 협동심, 열정 같은 강점이 삶이나 조직에서 어떻게 작용해 어떤 결과를 산출하는지 관찰하는 것이다.

예를 들어 심리상담사라면 대부분 제일 먼저 "당신의 인생에서 어떤 것이 잘못됐고, 어떤 것이 잘되지 않았나요?"라고 질문할 것이다. 반면 긍정심리학자는 제일 먼저 "당신의 인생에서 어떤 것이 잘 작용하고 있으며, 어떤 것이 잘되고 있나요?"라고 질문할 것이다. 조직에서도 마찬가지다. 컨설턴트는 대개 여러분의 조직에서 어떤 것이 문제인지, 개선하기 위해 무엇을 해야 하는지를 중점적으로 질문한다. 그러나 긍정심리학자는 제일 먼저 조직에서 어떤 것이 잘되고 있는지, 어떤 것이 회사의 강점과 장점인지 등 조직의 최적 기능에 대해 질문하고 그것들을 중심으로 지속적인 조직성과를 이룰 수 있게 한다. 이러한 최적의 기능과 작용에 대한 전문성과 이해가 부족하면 조직에서 개인의 행복도나 조직성과를 높이기 어렵다.

기업의 교육 담당자와 산업 강사들에게 긍정심리학이 조직에 적용시키기엔 임팩트가 약하다는 말을 자주 듣는다. 생존, 경쟁, 혁신, 도전, 성과를 위한 기업 교육에 약하다는 것이다. 이는 임팩트가 약한 것이 아니고 긍정심리학에 대한 이해와 전문성 부족에서 나오는 결과다.

긍정심리학이 조직개발, 조직문화, 조직성과에 기여하는 바는 놀랍다. 긍정심리학에는 과학적으로 검증된 조직성과를 높여주는 도구와 조직성과를 측정하는 도구들이 있기 때문이다. 최근 들어 기업에서 감사, 긍정 마인드 등 많은 긍정교육이 이루어졌고 또 이루어지고 있다. 어떤가? 성공했는가? 지속적인 성과를 내고 있는가? 교육의 성공 잣대는 무엇인가? 일시적 성과, 강의 평가 점수 5.0? 어떤 회사는 감사교육을 통해 실적이 몇% 오르고, 어떤 변화가 있었다며 요란을 떤다. 그러한 성과가 언제까지 가는가? 교육의 성공은 얼마나 지속적인 변화와 성과가 있느냐에 달려 있다. 기업의 존재 이유와 목표가 무엇인가? 일시적인 아닌 지속적인 성과와 성장이다. 무엇이 조직을 살리고 키우는가? 사람이다. 위기에 처한 조직을 살리고, 자율적으로 문제를 해결하며, 실행력을 높여 성과를 높게 낼 수 있는 사람으로 변화시켜주는 것이 긍정심리학이다. 분노, 화, 불만, 불안, 압박 같은 부정성은 행동경향성이 강하지만 사고를 경직되게 만들고 위축시킨다.

반면 기쁨, 감사, 흥미, 낙관성, 자부심, 만족 같은 긍정성은 행동경향성은 약하지만 유쾌한 내면적 경험과 즐거운 생기로 사고를 유연하게 만들고 확장시킨다. 그래서 창의성, 수용성, 자발성, 회복력, 실행력을 높여 조직 구성원 각자가 스스로 생각과 마음의 문을 열게 하고, 문제를 해결하고 변화시켜 조직의 생존과 성과, 새로운 도전에 기여하게 한다. 부정성보다 격하게 강해 보이지 않지만 더 강한 것이 긍정성이다.

지금 우리는 4차 산업혁명 시대를 맞고 있다. 우리 조직들은 어떻게 준비해야 할까. 클라우스 슈밥 세계경제포럼(다보스포럼) 회장은 "4차 산업혁명은 파괴적일 만큼 강력한 기회이자 무거운 문제를 안고 있다. 우리는 모두 대비해야 하고 위협이 아닌 기회로 만들어야 한다. 개개인부터 사회 전반, 한 나라와 전 세계적으로 막대한 영향을 미칠 수 있기에 정부와 기업의 역할과 정체성 재확립이 불가피하다"고 말했다.

우리 조직은 변화해야 한다. 변화하지 않고는 생존할 수 없기 때문이다. 어떻게 변화할 것인가? 변화를 위해선 변화를 위한 또 다른 변화가 필요하다. 인공지능(AI), 빅데이터, 사물인터넷(IoT) 등의 기술만

발달하면 무엇 하겠는가? 그 기술을 개발, 운영, 관리하는 사람과 조직이 함께 준비하고 변해야 한다. 4차 산업혁명을 주도할 대부분 기술은 급격하게 이루어지며, 그 과정에서 인간의 존엄성, 윤리의식, 인성적 요소가 소홀히 다뤄질 가능성이 농후하다. 또한 이러한 기술을 개발하고 경쟁력을 키우기 위해선 상상력, 창의력, 공감력, 소통력, 수용력, 실행력, 문제해결 능력, 자발성, 유연성 등이 요구된다. 긍정심리학은 개인과 조직의 최적 기능을 발견하고 발휘하게 해 이러한 시대적 문제의식과 요구 사항을 충족시켜줄 것이다.

셋째, 긍정심리학은 +2에 있는 사람을 +6으로 끌어올려준다. 셀리그만이 1967년부터 2000년 초까지 미국에서 발간된 주요 신문 기사에 나오는 단어를 분석한 결과 압도적인 비중으로 등장한 단어가 '화'다. '걱정' '불안'이 그 뒤를 이은 것으로 나타났다. 최근 들어서는 '우울'이란 단어도 많이 등장하는 추세라고 한다. 반면, '기쁨'이나 '즐거움'이란 단어는 고작 410번밖에 등장하지 않았고, '행복'은 좀 더 많은 1710번, '삶의 만족'은 2580번 나왔을 뿐이다. 전체적인 비율을 보면 부정적 단어 3개가 긍정적 단어 3개보다 21배나 많았다고 한다. 비단 미국만의 이야기가 아니다. 우리나라는 물론 전 세계 대부분 나라의 사정도 비슷하다. 그렇다 보니 지금까지 '실용주의' 창시자인 윌리엄 제임스부터 그 계보를 잇는 수많은 심리학자가 주로 '화' '걱정' '불안' '걱정' '우울'을 '제로(0)' 상태로 만들기 위해 노력해왔다.

부정정서가 -(마이너스), 긍정정서가 +(플러스)라면 - 상태에서 벗어나 0가 되는 것도 큰 의미가 있다. 부정정서가 워낙 지배적이어서 0

로 만드는 것도 그리 쉬운 일이 아니다. 하지만 부정정서를 털고 0 상태가 됐다고 행복한 것은 아니다. 부정정서에서 벗어나 불행하지는 않더라도 그것이 곧 행복을 의미하지는 않는다는 이야기다. 0에서 +의 정서를 많이 느껴야 비로소 행복할 수 있다.

'화' '걱정' '우울' '불안' 등 부정정서는 0로 만드는 데 그치지 않고 +로 만들어주는 것이 바로 '긍정심리학'이다. 긍정심리학의 목표는 -5에 있는 사람을 0로 끌어올릴 뿐만 아니라 +2에 있는 사람을 +6으로 끌어올리는 데 있다. 즉 부정정서를 완화시켜 불행하지 않은 상태로 만드는 데 만족하지 않고 불행하지 않거나 조금밖에 행복하지 않은 사람을 더 행복하게 만들어주는 것이 긍정심리학이다.

넷째, 긍정심리학의 사명은 '예방'이다. 질병모델을 이용해 연구하는 심리학자 대부분은 치료에만 심혈을 기울여왔지만 셀리그만의 생각은 달랐다. 치료를 받을 정도면 이미 시기적으로 늦은 것이며, 건강하고 행복한 생활을 할 때 예방에 힘써야 나중에 닥칠지도 모를 고통의 나락에서 구할 수 있다는 것이다. 치료 결과는 불확실하지만 예방 효과는 굉장히 크다. 산파가 손을 깨끗이 씻으면 산모가 산욕열에 걸릴 가능성을 차단할 수 있고, 예방접종을 하면 소아마비를 퇴치할 수 있는 것과 같은 이치다.

과연 청소년기에 긍정심리학의 개입 활동을 실시하면 성인기의 우울증, 정신분열증, 약물중독 등을 예방할 수 있을까. 그는 지난 10년간 이에 대한 연구에 몰두했다. 그 결과 10세짜리 아이들에게 낙관적으로 생각하고 행동할 수 있는 방법을 가르치면 그들이 사춘기에 접어들었을 때 우울증에 걸릴 확률이 반으로 줄어든다는 사실을 밝혀냈다. 이에 따라 그는 예방에 대한 연구 및 임상실험이 자신이 해야 할 일이라고 생각했다. 긍정심리학은 불행, 분노, 비관성, 무기력, 우울증, 스트레스 등도 사전에 예방할 수 있으며, 아이들의 성격(인성)강점을 미리 발견하고 발휘하게 해 행복하고 인성을 갖추며 건강한 미래를 스스로 만들어갈 수 있게 해준다. 셀리그만은 앞서 이야기한 딸 니키에게서 '예방'이라는 긍정심리학의 사명을 발견했다.

다섯째, 긍정심리 치료는 놀라운 치료 효과와 성장을 이룬다. 현대인들의 우울증은 상당히 심각하다. 최근 미국에서는 우울증이 1960년대보다 10배나 증가했고, 우울증 초발 연령도 30세에서 15세 이하로 낮아졌다. 대학생들도 40%가 우울증이 심해 자신이 갖고 있는 능력을 제대로 발휘하지 못하고 있다고 대답했다.

우리나라는 더 심각하다. 2012년 보건복지부 발표에 의하면 우리나라 우울증 환자는 270만 명에 달한다고 한다. 10년 새 67%나 증가한 수치다. 정신질환자는 더욱 많아 530만 명에 육박하고, 100명당 3.7명이 자살을 생각해본 적이 있다고 한다.

우울증과 함께 분노도 많아졌다. 현대사회는 분노의 사회라 해도 과언이 아닐 정도로 분노를 참지 못하고 폭력과 살인을 서슴지 않는 사람들이 날로 증가하는 추세다. 이런 심리적 문제를 해결하고 행복한 삶을 살 수 있도록 만들어주는 것이 긍정심리학이다. 긍정심리학은 단순히 심리적 불안감을 해소하고 안정을 찾는 치료를 넘어 행복을 만들어주고 성장까지 할 수 있도록 돕기 때문이다.

긍정심리학이 현대인들을 괴롭히는 우울증을 치료하는 데 탁월한 효과가 있을 뿐만 아니라 면역력을 강화시켜 기타 심리적 질병을 예방하고 치료하는 데 큰 도움이 된다는 것은 이미 여러 연구 결과를 통해 입증됐다. 셀리그만과 테이얍 라시드(Tayyab Rashid)는 펜실베이니아대 심리상담센터를 찾은 우울증 환자들을 위해 14회기의 긍정심리 치료법(PPT)을 개발했다. 긍정심리학을 바탕으로 개발한 이 치료법은 심리 치료와 성장을 동시에 이루어주는 치료법이다. 연구 결과 이 치료법은 기존의 심리 치료법이나 항우울제보다 훨씬 효과적으로 우울증상을 완화시켰다.

셀리그만은 긍정심리 치료의 효과를 검증하기 위해 환자를 크게 세 부류로 나누었다. 중증 우울증을 앓고 있는 환자들을 대상으로 한 긍정심리 치료 그룹, 기존 개인상담 심리 치료 그룹, 개인 심리 치료와 항우울제를 병행하는 그룹으로 나눈 후 효과를 비교해보았다.

긍정심리 치료의 효과는 압도적이었다. 기존 개인상담 심리 치료를 받은 그룹의 경우 20%의 환자가, 개인 심리 치료와 항우울제를 병행한 그룹의 경우 8%의 환자가 우울증이 호전된 것으로 나타났다. 반면 긍정심리 치료를 받은 그룹은 무려 55%가 호전됐다. 긍정심리 치료는 긍정심리학의 요소 안에 있는 행복 연습도구를 사용한다. 이 행복 연습도구는 재미가 있다. 그리고 한번 터득하고 나면 자기강화적이다. 스스로 만들어간다는 것이다.

긍정심리 치료는 14회기를 모두 하지 않았을 때조차 효과가 있다. 2005년 〈타임〉지에서 긍정심리학을 커버스토리로 다루었을 때 셀리그만은 검사 요청이 쇄도할 것을 대비해 우울증과 행복 검사를 한 후 한 가지 연습을 무료로 제공하는 웹사이트를 개설했다.

한 가지 연습은 바로 '감사일기(Blessing Journal)를 쓰는 일'이었다. 수천 명이 접속했는데, 그중에는 심각한 우울증 환자 50명이 있었다. 이들의 평균 우울증 점수는 34점이었다. 34점이면 '극단적' 우울증 범주에 속하는데, 그런 중증 우울증 환자들이 일주일 동안 사이트에 접속해 좋았던 일 세 가지와 잘된 이유를 매일 적었다. 불과 일주일간의 긍정심리학 연습의 효과는 즉각적으로 나타났다. 그들의 평균 우울증 점수는 34점에서 17점으로, 즉 극단적 우울증에서 경미한 우울증으로 크게 내려갔고 행복 백분위 점수는 15점에서 50점으로 올라갔다. 간단한 긍정심리 치료만으로도 50명 중 47명이 덜 우울하고 더 행복해진 것이다. 이처럼 긍정심리 치료는 놀라운 치료 효과와 함께 성장까지 이루어준다.

여섯째, 긍정심리학은 과거에 지배당하지 않고 미래를 지향한다. 기존의 심리학은 흔히 어린 시절 기억이나 상처가 성인기에도 영향을 미친다고 한다. 하지만 셀리그만은 어린 시절 경험이 실제로는 성인기 삶에 거의 혹은 전혀 영향을 미치지 않는다는 것을 입증했다. 유아기에 받은 깊은 상처가 성인기의 성격 형성에 영향을 미친다고 해도 그것은 감지하기 힘들 정도로 미미할 뿐이다. 셀리그만은 "성인기에 겪는 장애는 유년기의 불행한 경험 때문이 아니다. 그러므로 성인기에 나타나는 우울, 불안, 불행한 결혼생활이나 이혼, 약물중독, 성적장애, 자녀 학대, 알코올중독, 분노 등의 원인을 어린 시절의 불행에서 찾는다는 것은 타당성이 없다"고 말한다. 이 놀라운 사실을 깨닫는 것만으로도 과거에서 자신을 해방시킬 수 있으며, 더 행복한 삶을 만들 수 있다.

1950년대 말 인지치료 창시자인 아론 벡이 프로이트학파의 정신분석학 과정을 마치고 우울증 환자의 집단 치료를 담당할 때였다. 정신분석학 이론대로라면 우울증 환자들이 자신의 과거를 솔직히 털어놓고 자신을 괴롭혔던 모든 상처와 상실감에 대해 상담하면 카타르시스를 느끼고, 따라서 우울증을 치료할 수 있다. 벡은 우울증 환자에게 과거의 상처를 표출하고 곰곰이 되짚어보게 하는 데까지는 아무런 문제가 없다는 것을 알았다. 그런데 문제는 우울증 환자가 과거의 고통스러운 경험을 드러내다 이따금 혼란을 일으켰으며, 벡은 그들의 혼란을 바로잡아줄 방법을 찾을 수 없었다는 점이다. 이렇게 환자가 혼란을 일으키고 자살 기도 같은 치명적인 위기에 빠진 사례가 발생했던 것이다. 그는 우울증의 치료를 현재와 미래에 대한 생각을 바꿈으로써 우울증 환자를 자신의 불행한 과거에서 해방시키는 데 목적을 두고 인지치료 심리학을 창시하게 됐다.

나는 강의가 없는 날은 심리상담(긍정심리 코칭)을 자주 한다. 내게 상담을 원하는 내담자 대부분은 이미 상담을 받아본 경험이 있는 사람들이다. 그중엔 2~3년 받아온 내담자도 있고 자신의 심리적 증상을 치료하기 위해 상담 공부를 몇 년씩 한 내담자도 있다. 이들을 상담(코칭)하다 보면 한결같이 과거에 얽매여 있으며 과거에서 문제를 찾고 해결하려 한다. 지난 5월에 상담한 한 여성 내담자는 초등학교 때 겪은 사건 하나 때문에 50대 중반까지 심리적 고통을 겪고 있었다. 문제를 해결하기 위해 과거의 원인을 찾는 것은 중요하다. 하지만 더 중요한 것은 문제를 어떻게 해결하고, 미래를 플로리시하게 만들어주는가다. 이것이 긍정심리학이 하는 일이다.

인간은 과거에 지배당하기보다 종종 어쩌면 더 자주 미래를 지향한다. 따라서 기대, 계획, 의식적 선택을 측정하고 구축하는 과학은 습관, 충동, 환경의 과학보다 더욱 강력하다. 우리가 과거에 지배당하지 않고 미래를 지향한다는 것은 극도로 중요하다는 것이다. 하지만 이는 사회과학의 유산과 심리학의 역사에 정면으로 배치된다. 그럼에도 그것은 긍정심리학의 기본적이고도 절대적인 전제다. 긍정심리학은 과거에 지배당하지 않고 미래를 지향하기 때문이다.

일곱째, 긍정심리학은 기존 심리학을 부정하지 않는다. 긍정심리학은 새로운 학문 영역이지만 기존 다른 심리학 영역을 연구하는 학자들 역시 주목하고 있다. 특히 사회심리학, 성격심리학, 임상심리학, 조직심리학을 응용한 분야의 학자들이 관심을 가진다. 그러나 일부 심리학자는 긍정심리학에 대한 부정적 시각을 갖고 있다. 긍정심리학이라는 포괄적 의미를 지닌 단어 때문이다. 이들은 자신들이 평생 연구해온 결과들이 부정심리학이라 평가절하됐다고 생각한다. 피터슨은 이렇게 자동적으로 이분화시키는 것은 불행한 일이며 긍정심리학자들이 의도한 바도 아니라고 말한다. 셀리그만도 말했지만 긍정심리학자는 기존 심리학도 중요하고 필요하다고 생각한다.

긍정심리학을 이끌고 있는 긍정심리학자도 기존 심리학자였다. 긍정심리학자라는 명칭 역시 긍정심리학이라는 영역과 관련된 주제를 연구하는 사람이라는 것을 한 단어로 표현한 것일 뿐이다. 긍정심리학자라고 해서 모두 행복하고, 재능 있고, 덕이 높은 것과 같이 긍정적 사람이라는 의미도 아니다. 또한 다른 심리학자들이 부정적 사람이라는 의미도 아니다. 긍정심리학자는 현상에 대한 가장 객관적인 관점에서 사실을 전달해 사람들이 어떤 상황에서 어떤 목표를 수행해야 할지에 대한 균형 잡힌 정보를 제공, 결정을 내리게끔 도와준다. 원인보다 방법을 더 중요시한다는 것이다.

여덟째, 긍정심리학은 이념적 활동이나 세속적 종교가 아니다. 긍정심리학은 이념적 활동이나 세속적 종교가 아니다. 또한 일확천금을 벌기 위한 책략도 아니며 웅변가의 마법 같은 주문도 아니다. 이 세상에는 이런 것으로 가득 차 있다. 정말 많은 사람이 긍정심리학이 탐구해야 할 플로리시한 삶에 통찰력을 불어넣어준다. 많은 사람이 오프라 윈프리와 토니 로빈스의 인류에 대한 사상에 감동하고 감명을 받는다. 그러나 긍정심리학으로 불리기 위해서는 통찰을 과학적인 심리학 도구를 통해 연구해 어떤 아이디어가 문제의 현실과 맞는지 혹은 맞지 않는지, 어떻게 작용하는지 탐구하는 것이어야 한다. 그만큼 긍정심리학이 과학적이라는 것이다. 피터슨은 이런 과정을 거치지 않는 이들은 긍정심리학의 연구 결과물을 무시하고, 이룰 수 없는 허황된 꿈을 심어주며, 많은 이가 겪고 있는 실질적인 문제들을 교묘히 숨김으로써 긍정심리학을 깎아내리거나 적어도 이 학문의 본질을 변질시킨다고 했다. 긍정심리학은 머리로 이해하는 것만도, 가슴으로 느끼는 것만도 아니다. 손과 발로 연습하고 실천하며 내 것으로 만드는 것이다. 그러기 위해선 기초 이론을 배우고 도구의 개입 방법을 배워 자신이 실천한 후 그 결과로 상대에게 동기부여를 해줘야 한다.

아홉째, 긍정심리학의 핵심 연구 주제는 긍정경험, 긍정특성, 긍정제도다. 긍정심리학의 기둥이라 할 수 있는 핵심 연구주제는 세 가지로 압축할 수 있다. 첫째, 긍정경험인 기쁨, 평안, 감사, 만족, 자신감, 희망, 낙관성 같은 긍정정서(Positive Emotion)다. 둘째, 긍정특질(Positive Traits)로 여기에는 긍정심리학의 핵심인 강점(Strenths)과 미덕(Virtues)은 물론 몰입, 재능, 관심사, 가치, 운동성 같은 개인의 '능력'까지 포함된다. 셋째, 긍정경험과 긍정특질을 독려하는 긍정제도(Positive Institutions)로 가족, 학교, 기업, 조직, 언론, 민주주의 사회를 말한다. 여기서 마지막으로 언급된 긍정제도란 이를 통해 긍정특질을 발달시키고 발현할 수 있도록 도와주고 촉진하며, 긍정경험을 유발하고 촉진하는 것을 말한다.

사람은 좋은 성격이 아니더라도 행복하고 만족할 수 있고, 긍정성을 가능케 만드는 기관 안에 있지 않더라도 좋은 성격을 가질 수 있다. 남아프리카공화국에서 인종차별이 사라진 것은 억압적 폭군에 대항해 옳은 것을 주장할 수 있다는 것을 보여주는 예며, 내부 고발자가 생기는 것은 직원들이 직장 내 관례에 항상 순응하지 않는다는 사실을 보여주는 예다. 예산이 부족한 학교에도 똑똑한 학생이 있을 수 있다는 사실은 평범한 교육이 언제나 지적 호기심을 짓밟지 않는다는 사실을 보여주고 있다. 이는 위의 긍정심리학의 핵심 연구 주제인 긍정경험, 긍정특질, 긍정제도를 삶에 적용시켰을 때 플로리시하게 만들어줄 수 있다.

긍정심리학의 연구 주제를 구축하기 위해 초기 긍정경험 연구는 에드 디너(Ed Diener)가, 긍정특질 연구는 미하이 칙센트미하이, 피터슨, 조지 베일런트(George Vaillant)가, 긍정제도 연구는 캐슬린 제이미슨(Katheleen Jamieson)이, 총괄은 셀리그만이 맡았다. 긍정심리학의 연구 주제를 좀 더 세분화하면 다음과 같다.

잘산다는 것(웰빙)은 무엇을 의미하는가? 행복한 삶이란 어떤 것인가? 행복에 영향을 미치는 요소는 무엇이며 어떤 심리적 과정을 통해 행복감을 느끼는가? 지속적으로 행복을 증진시켜 플로리시하게 하려면 어떻게 해야 하는가? 뛰어난 성취를 이루거나 성숙한 인성을 지닌 사람들은 어떤 심리적 특성을 지녔는가? 그리고 어떤 심리적 과정을 통해 이런 상태에 이르는가? 인간은 어떤 상황에서 자신의 성격강점과 능력을 가장 잘 발현하는가? 인간의 성격강점과 미덕에는 어떤 것들이 있는가? 지독한 고난과 난관을 극복하게 만드는 인간의 성격강점은 무엇인가? 학교나 기업은 구성원들이 좀 더 행복하게 각자의 강점과 미덕을 더 잘 발휘하도록 어떻게 도울 수 있는가? 영리기업의 성과를 위해 어떻게 도울 수 있는가? 인류의 플로리시를 위해 무엇을 해야 하는가? 등이다.

긍정심리학의 초기 긍정제도를 연구할 당시 셀리그만은 민주주의, 강한 가족연대, 자유 언론 등을 긍정제도로 꼽았다. 그때만 해도 상업적 조직보다 비상업적 조직인 사회적 기관을 더 많이 염두에 두고 있었기 때문이다. 그러나 최근 긍정심리학이 인기를 얻음에 따라 긍정심리학의 과학적 이론을 기반으로 하는 긍정조직학 연구가 급속히 성장하면서 상업적 조직으로 빠르게 확산되고 있다.

최근 이렇게 긍정심리학이 인기를 얻으면서 사회 각 분야에서 개별적으로 연구하거나 응용하는 사람이 늘고 있다. 좋은 현상이다. 하지만 문제도 많다. 긍정심리학의 이론과 도구를 이용하면서도 교묘히 긍정심리학임을 밝히지 않거나 긍정심리학의 과학적 이론과 연구 결과물을 무시하고 긍정심리학화시키는 것이다. 팔마스(PERMAS)가 없는 긍정심리학은 긍정심리학이 아니다. 피터슨은 이들을 "긍정심리학을 나쁘게 이용하는 사람들"이라고 했다. 이들은 긍정심리학을 발전시키고 대중화시키려는 사람들이 아니라는 것이다. 긍정심리학의 발전과 대중화와 달리 이들은 긍정심리학자들이 신중하게 연구해 온 이론과 결과물을 토막 내 그것이 자기 것인 양, 진실인 양 변질시켜 간절하게 원하는 대중에게 제시한다. 서점의 심리학, 자기계발, 행복 관련 서적 코너나 교육 프로그램, 강의를 들어보면 금방 알 수 있다. 이러한 행위는 긍정심리학의 발전을 저해한다.

열째, 긍정심리학의 웰빙 이론은 팔마다. 셀리그만은 2011년 플로리시를 위한 새로운 웰빙 이론을 발표하면서 이제 긍정심리학의 목표는 플로리시라고 말한다. 플로리시를 위한 웰빙 이론은 긍정정서(Positive Emotion), 몰입(Engagement), 관계(Relationship), 의미(Meaning), 성취(Accomplishment)의 다섯 가지 핵심 요소로 구성되며, 이 핵심 요소의 머릿글자를 따서 팔마(PERMA·영원, 영속)라고 한다. 성격(인성)강점(Character Strength)은 '진정한 행복 이론'에서는 몰입에 속해 있었으나 새로운 이론에서는 다섯 가지 요소 전체의 기반이 될 만큼 긍정심리학에서 역할이 커졌다. 이 다섯 가지 요소와 성격(인성)강점을 통해 플로리시를 증가시킨다는 것이다.

플로리시를 위한 웰빙 이론의 다섯 가지 요소와 이들의 기반인 성격강점을 간단하게 살펴보면 다음과 같다.

첫째, 긍정정서는 우리가 느끼는 것, 즉 기쁨, 희열, 따뜻함, 자신감, 낙관성 등을 말한다. 지속적으로 이러한 정서들을 이끌어내는 삶을 '즐거운 삶'이라고 부른다. 둘째, 몰입(관여)은 음악과 하나 되는 것, 시간 가는 줄 모르는 것, 특정 활동에 깊이 빠져드는 동안 자각하지 못하는 것, 자발적으로 업무에 헌신하는 것을 의미하며, 이 요소를 지향하는 삶을 '몰입하는 삶'이라고 한다.

셋째, 관계는 타인과 함께하는 것을 말한다. 큰 소리로 웃었을 때, 말할 수 없이 기뻤던 순간, 자신의 성취에 엄청난 자긍심을 느꼈던 때를 생각해보면 대부분 타인과 함께할 때였을 것이다. 혼자가 아닌 타인과 함께하는 삶을 '좋은 삶'이라고 한다. 넷째, 의미는 자아보다 더 중요하다고 믿는 어떤 것에 소속되고 그곳에 기여하는 것에 기초한다. 인생의 의미와 목적을 추구하는 '의미 있는 삶'이라 한다. 다섯째, 성취도 플로리시를 위한 중요한 요소다. 사람들은 오직 이기기 위해서나 물질 추구만이 아닌 성공, 성취, 승리, 정복 그 자체가 좋아서 그것을 추구하기도 한다. 일시적인 상태로는 업적이며 확장된 형태로는 성취다. 성취를 위해 업적에 전념하는 '성취하는 삶'이다.

다섯 가지의 기반인 성격강점은 개인의 성격적·심리적 특성을 말한다. 특성에는 긍정적·부정적 특성이 있으나 성격강점은 긍정적 특성이다.

긍정심리학은 이 다섯 가지 팔마와 성격강점을 통해 행복, 인성, 교육, 조직성과, 정신건강 등의 플로리시를 지원하는 학문이다.

열한째, 긍정심리학의 목표는 플로리시다. 플로리시란 좋은 생각이나 감정, 행동, 모든 능력이나 잠재 능력까지 발휘해 번성시켜 활짝 꽃피우게 하는 것이다. 개인의 지속적인 행복 증진, 기업의 지속적인 성장, 종교의 부흥, 나라의 번성도 플로리시다. 인간이 누리고 이룰 수 있는 최고의 삶과 결과를 말하는 것이다. 플로리시는 라틴어 'Florere(꽃이 피다)'에서 13세기 중세 프랑스어 'Florris(꽃)'로 쓰이다 14세기 중반부터 번성, 번영이라는 비유적인 단어로 사용되면서 오늘날에 이르게 됐다.

최근 들어 인간의 플로리시에 대한 관심이 커지는 가운데 셀리그만을 비롯한 주요 이론가인 펠리시아 후퍼트(Felicia Huppert), 티모시 소(Timothy So), 키이스(Keyes) 등은 플로리시에는 좋은 감정(쾌락 등)과 효율적 기능(행복, 웰빙 등)이 모두 포함되며, 그렇게 해야만 우울증, 불안증 같은 흔한 정신장애, 즉 부정적 혹은 평탄한 감정과 저하된 기능을 포함하는 상태의 정반대가 된다는 데 동의했다. 키이스와 동료들은 인간의 플로리시를 쾌락적 웰빙(Hedonic Well-being)과 자아실현적 웰빙(Eudaimonic Well-being)의 다차원적 결합이라고 개념화했다. 이를 기반으로 바바라 프레드릭슨은 인간의 플로리시를 좋은 감정(Feeling Good)과 좋은 행동(Doing Good) 모두를 포함하는 행복 이상의 것이라고 묘사하며 "플로리시란 인간 기능의 최상의 범위에 속하는 삶이고 그러한 삶은 선함, 후진 양성, 욕구, 성장, 회복력을 함축한다"고 말했다. 긍정심리학의 목표는 긍정심리학의 팔마(PERMA)인 긍정정서, 몰입, 관계, 의미, 성취와 이들 모두의 기반인 강점을 통해 플로리시를 증가시키는 것이다.

성격강점

왜 강점인가

“당신의 강점은 무엇인가요?”라고 물었을 때 망설이지 않고 바로 대답할 수 있는 사람은 많지 않다. 벨연구소에 따르면 30퍼센트만이 자신의 강점을 알고 있다고 한다. 반대로 “당신의 약점은 무엇인가요?”라는 질문에는 강점을 물었을 때보다 대답이 쉽게 나온다. 보통 사람들은 살아오면서 자신의 강점보다 약점을 많이 느끼고 의식하기 때문이다.

긍정심리학 창시자인 셀리그만은 이것을 ‘부정 편향’ 때문이라고 했다. 우리가 부정성인 약점과 문제에 중점을 두는 것은 적응적 전략이라는 것이다. 무언가 잘못돼간다는 것은 불길한 결과를 암시하기 때문에 역사적으로 볼 때도 약점과 문제를 잘 알고 해결하는 사람이 생존경쟁에서 유리했다. 하지만 지금은 다르다. 개인이나 조직 모두 약점보다 강점을 잘 활용할 때 어떤 일에서든 더 좋은 결과를 내고 그만큼 플로리시해질 수 있다는 것이 여러 연구 결과와 사례에서 입증됐다.

성과를 낳는 것은 오직 강점이다. 당신이 돛단배라고 상상해보자. 불행히도 돛단배에 구멍이 났다. 그 구멍을 약점이라고 하자. 상식이 있는 사람이라면 그 약점, 즉 구멍을 무시하지 않을 것이다. 그랬다가는 가라앉을 테니까. 구멍에 반드시 주의해야 한다. 사실 그 행동이 결정적이다. 현실에서는 그 구멍(약점)에 주의하지 않을 경우 우리 자신이 뒤집히거나 가라앉을 수 있다. 따라서 구멍을 막으려고 애써야 한다. 그리고 구멍을 막은 후 한 가지 중요한 사실을 깨닫게 된다. 구멍을 완벽하게 막아도 어디로든 가지 못한다! 돛단배를 앞으로 나아가게 하는 것은 바로 돛(자신의 강점)이다. 전진하려면 돛을 높이 올려야 한다.

세계적 경영학자 피터 드러커(Peter Drucker)는 "약점으로는 그 어떤 성과도 낳을 수 없다. 성과를 낳는 것은 오직 강점이다. 강점을 파악해야 한다"고 말했다. 실제로 보통 상사에게 약점을 지적받으면 그것을 보완하기 위해 짜증을 내며 지루하게 하루 일과를 마친다. 반면 강점을 칭찬받으면 강점을 살려 자신의 능력을 최대한 발휘하고 활기차고 즐겁게 하루를 마무리할 수 있다. 즐겁게 일했을 때 성과가 좋은 것은 두말할 나위 없고 무엇보다 즐겁게 일하는 직원들은 행복하다. 긍정정서 그 자체보다 자신의 능력을 발휘해 스스로 긍정정서를 자아내는 것을 원하기 때문이다.

그럼에도 사람들은 마약, 초콜릿, 성기구, 사랑이 배제된 성행위, 자위행위, 쇼핑, 텔레비전 시청 등 순간의 쾌락을 위한 방법이나 도구를 무수히 개발해왔다. 이러한 손쉬운 방법으로 행복, 기쁨, 환희, 평안, 황홀경을 얻을 수 있다는 믿음대로 살다가 큰 부와 성공을 쌓고도 심리적 허탈감에 빠져 괴로워하는 사람이 무수히 많다.

셀리그만은 이처럼 자신의 강점과 미덕을 발휘하지 않고 순간적이고 외적인 자극을 이용해 긍정정서를 경험하면 끝내는 공허함, 불확실성, 우울증에 빠지게 되고 결국 죽을 때까지 불안하고 고통스러운 현실 속에서 살아가게 된다고 말했다. 순간적인 쾌락이 아닌 자신의 강점과 미덕을 발휘해 얻은 진심 어린 긍정정서야말로 우리를 플로리시하게 만들어준다.

사전에 성격강점을 찾아주고 확인하는 것이 중요하다. 긍정심리학의 사명은 예방이다. 사전에 질병을 예방하고 강점을 찾아주고 확인해서 개인과 조직이 더 플로리시하게 해주는 것이다. 다음 사례는 사전에 강점을 찾아주고 확인하는 것이 얼마나 중요한지를 알려준다.

유명 심리학자 제임스 교수는 지인에게 아마존 도마뱀을 선물 받았다. 제임스는 자신의 연구실에서 아마존 도마뱀을 애완동물로 키웠다. 처음 며칠간 그 도마뱀은 아무것도 먹지 않고 버텼다. 그는 도마뱀이 굶어 죽지 않을까 걱정돼 온갖 방법을 다 써보았다. 상추, 망고, 다진 돼지고기에 파리도 잡아주었다. 살아 있는 곤충도, 중국 요리도, 과일 주스도 주었지만 도마뱀은 거들떠보지도 않았다. 어느 날 햄

샌드위치를 사다 주었는데도 별 반응이 없었다. 제임스의 고민은 이만저만이 아니었다. '만약 이대로 가다 굶어 죽는다면 지인이 나중에 도마뱀의 안부를 물어봤을 때 뭐라고 대답해야 할까?' 생각하니 식은땀이 날 정도였다.

그는 매일 신문 읽기로 하루를 시작한다. 그날도 「뉴욕타임스」의 주요 면을 읽은 다음 신문지를 던져놓았는데, 그게 마침 도마뱀 위로 떨어졌다. 그 순간 도마뱀은 살금살금 기어 신문지 위로 뛰어오르더니, 그것을 갈기갈기 찢은 다음 눈 깜짝할 새 샌드위치를 먹어치웠다. 제임스는 너무 신기하고 기뻤다. 알고 보니 도마뱀은 무언가 갈가리 찢은 다음에야 먹도록 진화 돼왔다는 것이다. 그러니까 도마뱀의 강점은 찢기와 사냥인 셈이었다. 도마뱀에게 플로리시에 이르는 길이란 강점을 발휘하는 것이다.

아직도 우리는 자녀나 구성원들의 강점을 모른 채 제임스가 도마뱀을 다루듯이 자기 방식대로 다룬다. 이런 방법으론 개인이나 조직 모두 플로리시할 수 없다. 현명한 부모나 조직의 탁월한 리더라면 사전에 강점을 찾아서 발휘할 수 있도록 도와주자.

아이의 심각한 문제는 성격강점이 해결해준다. 자녀가 성적표를 갖고 왔다. '영어 수', '사회 수', '과학 미', '수학 가'인 성적표다. 가장 먼저 시선이 가는 곳이 어디인가? 실제 갤럽에서 학부모들을 대상으로 조사한 적이 있다. 조사 결과 77퍼센트가 '수학 가'라고 답한 것으로 나타났다. 부모들이 자녀를 볼 때 강점보다는 약점을 먼저 본다는 것을 단적으로 보여준 예다.

조직에서 문제와 단점을 찾을 때보다 강점과 성과에 주목할 때 더 결과가 좋았듯이 아이들을 키울 때도 약점보다는 강점을 찾아주고 발휘하게 해야 한다. 아이들은 스스로 성장할 수 있는 잠재력을 갖고 있다. 다만 그 잠재력을 발휘할 동기부여가 안 됐을 뿐인데, 그 동기부여는 아이의 강점을 찾아주면 저절로 생긴다. 다음의 민혁이의 사례를 보면 강점을 찾아주는 것이 얼마나 중요한 것인지를 실감할 수 있다.

민혁이는 불만에 가득 찬 아홉 살짜리 소년이다. 아이는 학교에서 거의 공부를 하지 않았고 집에서는 곧잘 성질을 부리고 말이 별로 없었다. 하지만 민혁이가 항상 그런 건 아니었다. 얼마 전까지만 해도 아이는 학교에 가는 게 즐거운 듯 보였다. 선생님이 어떤 주제에 대해 조사하거나 무언가를 만들라는 과제를 내줄 때 특히 그랬다. 그런데 아이가 달라져서, 학교 갈 때 꾸물거리고 집에 돌아와서는 그날 학교에서 있었던 일들에 대해 얘기하기를 꺼렸다. 민혁이 어머니는 아이의 이런 태도에 매우 당황하고 걱정스러워했다. 그래서 다른 취미가 도움이 됐으면 하는 바람에 아이에게 피아노를 가르쳤다. 처음 시작은 좋았지만 곧 싫증을 내 피아노 대신 기타를 가르쳤다. 기타 역시 금방 흥미를 잃어 중단했다.

담임선생님과 어머니는 아이에게 동기부여가 안 돼서 그렇다고 보았지만 이런 상황에서 어떻게 해야 할지를 몰랐다. 민혁이 어머니는 전문 상담을 받기로 했다. 상담을 하러 와서 이렇게 물었다. "어떻게 아이한테 동기부여를 할 수 있을까요?"

상담 선생님이 민혁이를 처음 만났을 때 민혁이는 말하기를 꺼렸다. 하지만 좋아하는 게 뭔지 물어보자 표정이 밝아졌다. 민혁이는 자기가 쓴 괴물 이야기를 보여주면서 이야기를 쓰는 것보다 학교에서 '선생님이 써오라고 하신' 숙제를 하는 게 더 어렵다고 했다. 좀 더 이야기를 나눈 결과 민혁이네 학교는 2학년부터 아이들의 학업 향상을 위해 정기적으로 시험을 보았고, 민혁이는 시험 보는 것을 힘들어 한다는 것을 알게 됐다. 새로운 것에 적응하는 것도 조금 느리다는 것도 파악했다. 처음에는 시험을 잘 보기 위해 열심히 노력했지만 좋은 점수를 받지 못했고, 부모님이나 선생님이 실망하는 듯한 느낌을 받으면서 차츰 자신감을 잃었다.

무기력하고 자신감 없는 민혁이는 자신의 강점을 찾으면서 변하기 시작했다. 긍정심리학의 청소년용 성격강점 검사를 해보니 민혁이의 대표 강점은 끈기, 창의성, 친절, 희망, 감상력이었다. 민혁이 어머니는 민혁이와 대표 강점을 어떻게 활용할지에 대해 오랜 시간 이야기를 나누었다.

"민혁아, 공부 따라가기 힘들지? 무슨 일이든지 처음엔 다 힘든 것 같아. 엄마도 직장에 처음 들어갔을 땐 무척 힘들었단다. 하지만 엄마의 강점을 찾고 발휘하면서 열심히 하다 보니 익숙해지고 회사 일이 재미있게 됐어. 민혁이 대표 강점으로 끈기가 있네. 창의성, 희망도 있고. 민혁아, 힘들어도 끈기 강점을 살려서 오늘부터 엄마랑 예습과 복습을 열심히 해보자. 민혁이는 할 수 있을 거야. 그래서 금방 다른 아이들을 따라갈 수 있을 거야."

민혁이 어머니는 민혁이가 글쓰기, 음악같이 창의성을 발휘할 수 있게 프로그램을 찾기 시작했다. 우선 학교에서 글쓰기반에 들어갔다. 글쓰기반 교사는 민혁이가 친절 강점을 발휘해 완성한 이야기를 1학년 아이들에게 읽어주도록 했다. 민혁이는 사람들에게 들려주기 위한 글을 쓰는 데 유용한 방법을 배웠고, 자기보다 어린 아이들이 관심을 보이자 용기도 얻었다.

글쓰기와는 별도로 어머니는 민혁이가 드럼을 배울 수 있게 해주었다. 에너지가 넘치는 민혁이에게는 피아노나 기타를 배우는 것보다 그게 더 잘 맞았기 때문이다. 드럼은 아이의 리듬감과 집중력을 키워주었다. 또 매일 자유 시간을 주어 친구들과 함께 밖에서 놀거나 집에서 놀 수 있게 해주었다.

민혁이는 자신의 강점을 찾고 발휘하면서 잠재돼 있던 능력을 수면 위로 끌어올릴 수 있었다. 그러면서 자신감을 회복한 덕분에 지금은 공부에도 흥미를 붙여 열심히 하고 있다. 표정도 많이 밝아졌고 예전보다 훨씬 더 쾌활해지면서 여유도 갖게 됐다.

성격(인성)강점은 인성을 키운다. 오늘날 우리 교육의 화두는 인성(Character)이다. 이미 세계 최초로 정부 차원의 인성교육진흥법이 만들어져 시행되고 있다. 지금까지 암기와 입시 위주의 경쟁교육 방식에서 벗어나 앞으로는 인성과 창의성, 자존감, 사회성을 기르는 행복교육 방식으로 바꾸기 위한 조치라 할 수 있다.

우리나라 인성교육의 목적은 자신의 내면을 바르고 건전하게 가꾸고 타인·공동체·자연과 더불어 살아가는 데 필요한 인간다운 성품과 역량을 기르는 것이다. 이 목적이 실현되기 위해선 도덕적·윤리적 개념과 규제, 절제를 강요하는 지식전달형의 훈육적 교육으로는 한계가 있다. 타인·공동체·자연과 더불어 살아가는 데 필요한 교육이 되려면 도덕적 규범과 정서적 감정, 사회적 관계, 인지적 판단 능력에 대한 실천 중심의 교육이 이루어져야 한다.

또한 오늘날과 같이 다양하고 경쟁적이며 속도화되고 상호교류가 빈번한 사회 구조 속에서 인간다운 성품과 역량을 기르기 위해선 나 개인 중심에서 나와 너, 우리, 사회, 학교, 가정, 지역사회, 국가까지 연계된 인성교육이 이루어져야 한다. 이러한 교육이 되기 위해선 기존의 전통적·문화적 가치와 규범, 행위도 중요하지만 현대 심리학의 과학적 연구, 검증된 실천 사례도 포함돼야 한다.

그것이 바로 긍정심리학이다. 긍정심리학은 영아부터 노년기에 이르기까지 생애주기 어느 곳에도 적용시킬 수 있는 실천 학문이기 때문이다. 긍정심리학의 목표는 힐링과 행복, 웰빙 모두를 포함시킨 최상의 상태에 도달하고자 하는 플로리시다. 플로리시를 위한 다섯 가지 요소인 긍정정서, 몰입, 의미, 관계, 성취와 이들 모두의 기반이 되는 성격(인성)강점에는 인성교육이 요구하는 도덕적(성격강점)·정서적(긍정정서)·사회적(관계)·인지적(지혜와 판단 능력) 개념과 이들을 실천할 수 있는 과학적으로 검증된 행복 연습도구가 들어 있다. 이 도구는 규제와 절제를 강요하는 지식전달형의 훈육적 방법이 아닌 자율적 참여와 흥미를 유발시킬 수 있는 방법이다.

긍정심리학의 인성교육 모델은 '행복이 인성을 키운다'는 주제 아래 4단계로 구성돼 있다. 1단계는 행복의 토양 구축이다. 긍정심리학의 행복은 네 가지 특성이 있다. 첫째, 즐거움, 쾌락, 희열, 자부심, 희망 같은 정서적 기쁨이다. 둘째, 삶의 과정 속에서의 중요한 것들, 즉 일, 사랑, 자녀 양육, 여가활동에서 느끼는 인지적 만족이다. 셋째, 지나온 삶에 대한 도덕적인 참된 삶의 모습이다. 넷째, 어려운 역경을 겪었을 때 극복하는 힘인 회복력이다. 이러한 행복의 특징들은 긍정심리학의 팔마스를 실천함으로써 지속적으로 유발되고 확장된다. 내면을 바르고 건전하게 가꾸기 위해선 내면을 행복의 토양으로 구축하는 것이 중요하다. 내면의 토양이 제대로 가꾸어지지 않으면 아무리 우수한 프로그램과 훌륭한 교사나 강사가 교육시킨다고 해도 기대한 효과를 얻기 힘들다. 억지로 시켜 효과가 있더라도 일시적이다.

아직도 대부분 인성교육이 덕목 중심으로 이루어지고 있다. 토양을 먼저 가꾸고 그 위에 덕목을 키워야 지속적으로 인성을 함양시킬 수 있고 인성교육의 목표를 이룰 수 있다. 토양이 가꾸어지지 않은 상태에선 인성의 덕목이 제대로 뿌리 내리고 자랄 수 없기 때문이다. 그래서 행복은 인성의 다른 이름이라고 한다. 행복하면 인성이 길러지기 때문이다.

2단계는 성격(인성)강점을 찾아주는 것이다. 누구나 자신만의 인성 특성이 있다. 이것이 인성강점이다. 개방성(판단력), 정직, 끈기, 친절, 사랑, 겸손, 공정성, 협동심, 감사 등 24가지 성격(인성)강점 중 어떤 강점이 내 인성을 가장 잘 나타내는지 찾는 것이다. 인성지수 검사를 통해 확인된 상위 8개 성격(인성)강점이 자신의 인성 특성을 가장 잘 나타내주는 강점이고, 하위 5개 성격(인성)강점이 자신의 특성을 가장 나타내지 않는 강점이다.

3단계는 성격(인성)강점을 키워주는 것이다. 상위 강점뿐만 아니라 24가지 강점 모두 키울 수 있는 10가지 방법이 있다. 이 방법들을 통해 상위 강점을 중심으로 필요한 강점을 키워나가는 것이다. 긍정심리학의 성격(인성)강점은 연습과 훈련을 통해 키울 수 있기 때문이다.

마지막 4단계는 성격(인성)강점을 학교, 가정, 직장, 사회에서 적용해 실천하게 하는 것이다. 성격(인성)강점을 어디에 어떻게 적용시킬 것인지 계획을 세우게 하고, 자신이 인성적으로 경험한 중요한 일에서 내 상위 강점 중 어떤 강점을 발휘했었는지 이야기하게 하며, 매일 또는 일주일에 한두 가지 강점을 적용할 수 있게 하고, 성격(인성)강점 일기를 쓰게 하는 것이다.

긍정심리학의 성격(인성)강점은 인성교육진흥법의 인성교육 목표와 인성덕목을 선정하는 데 도덕심리학과 함께 핵심적인 이론의 바탕이 됐다. 우리나라 인성교육의 기틀을 마련한 정창우 서울대 교수는 "긍정심리학의 성격(인성)강점은 고전적인 지혜, 정의, 절제를 덕목에 포함시키면서도 현대 인성교육과 배려, 윤리적인 인간적 성격과 심리학 특유의 감성지능(EQ), 사회지능 (SQ) 등의 개념까지 아우르고 있다"고 극찬했다.

나는 2015년, 2016년 2년 연속 국회 인성포럼에 참가해 긍정심리학의 인성 교육에 대한 논문 기고와 함께 발표, 토론을 하면서 교육현장 전문가들로부터 많은 호평을 받았다. 내가 가장 강조한 것은 강점이다. "이 자리에 오신 교육자 여러분, 앞으로 긍정심리학의 성격(인성)강점에 관심을 가지십시오. 이 강점은 우리 교육의 혁명을 이루어 줄 것입니다."

몇 년이 흘렀지만 나는 아직도 이 생각에 변함이 없다. 그만큼 긍정심리학의 성격(인성)강점이 우리나라 교육에 중요한 역할을 하기 때문이다.

강점은 무기력과 우울증 수렁에서 빠져 나오게 한다. 셀리그만은 1년의 치료 중단 기간을 포함해 약 6년 동안 엠마라는 여성을 심리치료해 오고 있다. 2년 전, 거의 유일한 친구의 죽음을 겪은 후 엠마는 다시 심리치료실을 찾았다. 최근 셀리그만은 엠마의 치료에 긍정심리학 행복 도구 두세 가지를 적용했다. 유아기부터 성장기, 심지어 최근까지 엠마는 모든 방식으로 학대를 받았고 중증 우울증에 자살 기도 경력까지 있었다.

지난 몇 달 동안 셀리그만은 긍정심리학 요소들을 사용하기로 결정했다. 제일 먼저 엠마를 성격강점 검사에 참여시켰다. 그녀는 자신을 '인간쓰레기'라고 믿고 있었는데, 그 모습이 아닌 자신의 참모습을 보도록 도와주기 위해서였다. 그 검사는 명확한 자아상을 세울 토대였으며, 셀리그만이 들고 있는 깨끗한 거울에 비친 선명한 엠마의 모습을 상징하는 도구였다. 진전은 더뎠다. 하지만 곧 엠마는 강점에 대해 이야기하고 자신의 진짜 강점을 찾아냈으며 그중 몇 가지 강점 때문에 자신이 얼마나 곤란을 겪었는지 알아차리고 그 강점과 그 밖의 강점들을 유리하게 활용할 영역을 확인했다. 그리고 자신의 계발되지 않은 강점을 키우는 데 도움이 될 강점들이 무엇인지 알아냈다.

사흘 후, 엠마는 종이 두 장을 들고 나타났다. 거기에는 엠마가 시도하려고 마음먹은 일곱 가지 항목과 단계적 목표가 적혀 있었다. 그 내용을 읽는 동안 셀리그만은 눈물을 흘렸고 엠마는 내내 웃는 얼굴이었다. 엠마는 여간해선 웃지 않았었다. 셀리그만은 참으로 기쁜 순간이었다고 말한다. 게다가 엠마는 무기력 학습과 연관된 가장 중요하고도 힘겨운 수렁에서 벗어나고 있었으며 심리치료 대상의 일부였던 그 밖의 모든 개인적인 문제를 떨쳐내고 있었다.

강점은 조직 현장의 문제를 해결해준다. 당신이 팀의 리더라면 조직을 이끌 때 문제와 약점을 보완하는 스타일인가, 아니면 성과와 강점을 찾는 스타일인가? 어떤 스타일의 리더가 더 유능한 리더일까? 조직 특성상 두 스타일의 리더가 모두 필요할 수 있다. 하지만 둘 중 더 중요한 리더는 탁월한 조직성과를 내고 조직원을 플로리시하게 만들어줄 수 있는 리더다. 그런 관점에서 본다면 조직이 필요로 하는 리더는 성과와 강점을 찾는 리더임이 분명하다. 왜 그럴까? 리더는 조직성과를 높이고 조직원을 플로리시하게 해줘야 하기 때문이다.

서울의 한 대형병원의 사례다. 이 병원은 최근 5퍼센트 정도였던 간호사 이직률이 20~30퍼센트까지 높아져 큰 고민에 빠졌다. 새로운 간호사가 들어왔다가도 일 년도 못 돼 그만두는 일이 반복되면서 가뜩이나 인력이 부족한 상황이라 고민에 빠질 수밖에 없었다. 그래서 경영진은 문제를 해결하기 위한 방안을 모색하기 시작했다.

병원에서는 워크숍을 개최해 토론을 거치면서 문제의 원인을 찾으려고 노력했다. 1차 워크숍 결과는 그동안 해왔던 것처럼 보고서를 내도록 하자는 것이었다. 설문조사, 인터뷰 등을 통해 데이터를 수집하고 인사 파일을 분석하고 외부에서 유능한 컨설턴트까지 영입해 문제의 원인을 심층적으로 분석해보자는 의도였다.

얼마 후 2차 워크숍에서 결과 보고를 하는 자리는 침울했다고 한다. 병원 측에서 다양한 시도와 노력을 기울여왔기에 좋을 결과가 나오리라 생각했지만 별다른 소득이 없었기 때문이다. 그런데 인사 문제를 담당하는 한 부장이 고민 끝에 제안을 하나 했다. 병원에서 매년 간호사들의 20~30퍼센트가 왜 떠나는지 더 이상 묻지 말고, 70~80퍼센트가 왜 여전히 이 병원에서 근무하고 있는지에 초점을 맞춰보자는 것이다. 즉 잘못된 과거나 약점에 매달리지 말고 새로운 시각에서 긍정적 측면과 강점에 접근해보자는 것이었다.

경영진 모두 의아해하면서도 방법이 없기에 그 의견을 따라보기로 했다. 그 방법은 약 300명의 간호사에게 직장에서 겪은 최고의 경험과 강점에 대해 서로 이야기를 나누게 하는 것이었다. 단, 과거의 나쁜 기억이나 부정적인 경험, 약점은 절대 말하지 말아야 한다는 규칙을 정했다. 뜻밖에도 간호사들은 병원에서 최상의 능력을 발휘하고 신바람 나게 일할 수 있는 최적의 조건이 무엇인지 스스로 찾아내기 시작했다. 그리고 경영진은 최적의 조건을 제공하기 위해 모든 에너지를 쏟았다. 다행히 결과는 성공적이어서 첫해 간호사 이직률이 30퍼센트 이상 감소했고, 소통이 원활해지자 환자의 만족도도 올라갔다.

강점은 불가능을 가능으로 바꾸어준다. 2004년 7월 어느 날, 모 통신사 사장에게서 전화가 왔다. 빌 클린턴 전 미국 대통령이 9월 한국에

오는데 상의할 일이 있다는 것이다. 급히 약속 장소로 가보니 정부의 대내외 주요 행사를 전문적으로 진행하는 큰 회사 대표가 동석해 있었다. 그는 클린턴을 초청하는 일에 7억~8억 원 정도 들어가는데, 도서출판 물푸레에서 7000만 원만 내고 『마이 라이프』 리셉션을 개최하면 어떻겠느냐고 제안했다. 그즈음 나는 클린턴의 자서전 『마이 라이프』를 출간했는데, 아마도 그 책을 보고 연락했던 것 같았다. 마다할 이유가 없었다. 그 자리에서 흔쾌히 수락했다.

나는 『마이 라이프』를 출간하고 읽으면서 클린턴이 한국을 방문했으면 좋겠다는 생각을 많이 했었다. 왜냐하면 그 당시 유엔주재 북한 대사가 대한민국을 불바다로 만들겠다고 위협하고 있었으며 그로 인해 우리 국민이 불안해했다. 그는 재임 기간 북한의 김정일과 불편하지 않은 관계를 맺었기 때문에 한국을 방문한다면 우리 국민이 위로를 받을 수 있을 것이라고 생각했다. 그리고 김영삼, 김대중 두 전직 대통령이 퇴임 후 한 번도 자리를 함께하지 않았고 악수도 나눈 적이 없었기에 클린턴이 한국을 방문한다면 두 분을 만나게 할 수 있는 기회를 제공할 수 있을 것 같았다. 초청 행사가 2개월도 채 남지 않았기에 마음이 급했다.

그로부터 3주일 정도 지났을 즈음 또 전화가 왔다. 이번엔 행사를 담당했던 회사의 대표였다. 스폰서를 구하지 못해 포기하려고 하는데 물푸레에서 주관할 의사가 있으면 하라고 했다. 지금까지 책만 만들었지 큰 행사를 주관해본 적은 없었다. 생각조차 해본 적이 없던 일이라 금방 대답하지 못했다. 3~4초가량 시간이 흐르는데 번뜩 떠오르는 것이 있었다. 바로 내 대표 강점이었다. 창의성, 열정, 용감성, 희망, 끈기, 자기통제력, 감사 강점을 활용하면 해낼 수 있을 것 같다는 자신감이 생겼다. '오케이'를 한 후 바로 창의성과 희망, 용감성 강점을 발휘해 클린턴 사무실로 이메일을 보냈다.

'한국에서 『마이 라이프』를 번역 출판한 도서출판 물푸레의 우문식입니다. 한국을 방문할 계획이 있습니까? 방문한다면 초청자는 있습니까?'

바로 답장이 왔다. 한국엔 가는데 아직 초청자는 없다고 했다. 세계 유명 인사들을 초청하는 데는 주로 브로커가 개입하는 것 같았다. 모 통신사 사장과 처음 만날 때도 일본의 나카무라라는 사장이 클린턴과 친구여서 초청하게 됐고 비용이 들어간다고 했다. 초청자가 없다는 말을 듣고 그제야 클린턴 초청을 제안했던 이들에게 이용당했다는 것을 알아차렸다. 잠시 마음이 복잡했지만 곧 추스르고 다시 내가 초청하겠다는 이메일을 보냈다.

'저를 믿고 오십시오. 제가 한국에서 업무를 잘 볼 수 있게 돕겠습니다.'

당시 유엔의 쓰나미 복구 특별대사로 임명받은 클린턴은 구호 기금을 모으는 중이었다. 그렇지만 한국 정서는 그에 대해 부정적이었다. 재임 기간 한 여성과의 스캔들로 구설에 올랐기 때문이다. 사실 스캔들을 제외하면 클린턴은 미국 역사상 국정 운영을 가장 잘한 대통령 중 한 명으로 평가받는다. 그럼에도 많은 한국인이 클린턴을 곱게 보지 않았다. 하지만 나는 그를 좋아했다. 특히 자서전 『마이 라이프』를 번역 출판하면서 그를 진심으로 존경하게 됐다. 그래서 한국에서 그를 진정으로 생각하는 사람은 나뿐이라는 생각까지 들 정도였다.

사흘 후 회신이 왔다. 초청장을 보내라는 것이다. 클린턴을 초청한다는 것에 가슴이 벅찼다. 이번 기회에 한국에서 그의 부정적 이미지를 불식시키고 싶었다. 그렇지만 기쁨도 잠시, 곧 걱정이 몰려왔다. 국내 대표적인 행사 전문 업체도 스폰서를 구하지 못해 포기한 것을 과연 내가 할 수 있을지 자신이 없었다. 하지만 곧 마음을 고쳐먹었다. 내 대표 강점을 믿고 적극적으로 활용해 꼭 행사를 성공적으로 치르겠다고 결심했다.

그러고는 창의성 강점을 발휘해 전반적인 아이디어를 냈다. 강점은 독립적으로 작용할 수도 있지만 서로 복수로 연결돼 있기에 시너지 효과를 낼 수 있다. 먼저 전문 업체에 행사 대행을 맡기지 않고 지인들을 중심으로 직접 운영팀을 구성했다. 대략적인 행사 규모와 예산이 잡히면서 각자 역할을 분담했다. 나는 총괄하면서 스폰서와 귀빈을 초청하는 일을 맡았다. 이런 역할을 맡으려면 그만큼 사회적 경험과 인맥, 자금이 있어야 한다. 그런데 나에겐 어느 것 하나 충족되는 것이 없었다. 있다면 내 대표 강점과 세상과 타협하지 않고 원칙대로 성실하게 살아왔다는 자부심이 전부였다.

가장 먼저 스폰서부터 해결해야 했다. 내 강점인 창의성을 발휘해 클린턴에 대한 관심을 가장 많이 갖는 곳, 필요로 하는 곳, 그리고 가장 짧은 시간에 의사결정이 가능한 곳을 물색했다. 방송사와 신문사였다. 서너 곳을 선정하고 무조건 용감성을 발휘해 전화를 했다. 그 당시 퇴임 대통령임에도 현직 대통령과 버금가는 영향력을 갖고 있었기에 모두 긍정적인 반응을 보였다.

다음은 유명 인사 초청이었다. 이것 역시 쉬운 문제가 아니었다. 그 상황에서 내가 가장 의지하며 효율적으로 활용할 수 있는 것은 강점밖에 없었다. 시간과 돈을 투자해도 만족할 만한 결과를 기대하기 어렵다는 결론을 내렸기 때문이다. 그래서 내가 직접 하기로 했다. 먼저 클린턴과 친분이 있는 전직 대통령을 초청하기로 했다. 이분들은 퇴임 후 그때까지 한자리에 함께한 적도 없고 서로 악수 한 번 하지 않은 불편한 관계였다. 무조건 동교동 최 모 비서관, 상도동 김 모 실장한테 전화를 걸어 초청하고 싶다고 했다. 그분들 입장에서는 어이가 없을 정도로 당돌한 행동이었겠지만, 난 내 강점인 용감성, 끈기, 희망(낙관성)을 활용해 밀어붙이면 성사시킬 수 있겠다고 확신했다. 여러 차례 조율한 후 결국 두 분 모두 참석해 축사를 하기로 했다.

하나하나 문제를 풀어가며 행사를 준비하던 중 예상치 못한 변수가 생겼다. 클린턴이 방문 일주일을 남겨놓고 갑자기 심장 수술을 받게 된 것이다. 그 일로 행사는 다음 해인 2005년 2월로 연기됐다. 예산 계획에 다소 차질이 생겼지만 행사는 성공적으로 치러졌다. 정계, 재계, 학계, 예술계, 외교사절을 포함해 800여 명의 지도층 인사가 참석했다. 또한 외국 언론까지 극찬하는 성공적인 행사가 됐다. 다른 국가들은 대부분 정부 차원에서 초청했지만 한국은 개인이 초청해 가장 크게 행사를 치렀기 때문이다. 개인 자격으로 클린턴을 초청한 것은 내가 처음이라고 한다. 또한 개인이 전·현직 대통령 세 분을 한곳에 모시고 행사를 치른 것도 내가 유일하다고 한다.

지금도 그때 일을 생각하면 뿌듯하다. 돈과 인맥, 권력이 있다고 다 할 수 있는 일이 아니었다. 지식과 의지가 있다고 가능한 일도 아니었다. 악조건 속에서도 내 대표 강점을 찾고 그 강점을 믿고 활용할 방법을 찾아 발휘했기 때문에 가능했다고 생각한다.

스스로 가장 뿌듯한 것은 정치인들의 요구를 내 대표 강점인 정직을 발휘해 받아주지 않았다는 점이다. 그 당시 클린턴은 정치 지도자로서 야망을 갖고 있는 사람들에게 자신을 홍보하는 데 최고의 호재였다. 사진 한 번 같이 찍는 데 3000만 원, 식사 한 번 같이하는 데 1억~3억 원 등 여러 건의 요청이 왔다. 매력적인 유혹이었다. 돈다발이 눈앞에 아른거렸다. 스태프들은 받아들이자고 간청했다. 하지만 나는 단호히 거절했다. 초청할 때 한국에서 가장 잘 모시겠다고 약속했는데, 그를 수익을 목적으로 이용한다는 것이 용납되지 않았기 때문이다. 만약 그때 돈만 생각했다면 수억 원의 수익을 낼 수 있었을 것이다. 하지만 지금, 아니 훗날 내 인생을 돌아봤을 때 그 모습은 행복하지 않았을 것이다.

성격강점은 성취를 이루어준다. 물리에서 '거리=속도×시간'이다. 물체가 움직이는 거리는 속도와 시간이 결정한다는 공식으로, 이 공식에 따르면 속도가 빠르고 시간이 많을수록 움직인 거리가 길어진다. 이 공식은 그대로 성취에도 적용할 수 있다. 다만 성취를 결정하는 요소가 기술과 노력이라는 것만 다를 뿐이다. 속도와 시간이 거리를 결정하듯 기술과 노력이 성취를 결정한다. 기술이 풍부하고 노력을 많이 하면 할수록 성취가 커진다는 이야기다.

성취는 인지 과정의 기본 공식인 '성취=기술×노력'에서 지능의 속도, 느림, 학습속도 같은 '기술'을 이루는 요소다. 그러나 긍정심리학자 앤젤라 더크워스의 핵심은 학문적 성취의 인지 과정이 아니라 성격의 역할과 그 공식에서 성격의 특성이 '노력'으로 들어가는 지점이었다. 성취의 비인지적 요소는 노력으로 요약되고, 노력은 '과제에 투입된 시간'으로 단순화된다.

노력이란 과제 연습에 소비한 시간의 양을 말하며, 과제에 소비하는 시간은 목표를 추구할 때 기술의 양을 가산적이지 아닌 승법적으로 증가시킨다. 앤더스 에릭슨(Anders Ericsson) 플로리다주립대 교수는 고도의 전문 지식을 쌓는 초석은 신이 주신 천재성이 아니라 의도적인 연습에 소비한 시간과 에너지의 양이라고 주장했다. 기술보다는 노력의 중요성을 강조한 것이다.

모차르트는 신이 내린 천부적인 음악적 재능을 타고난 사람이라 알려져 있다. 하지만 에릭슨은 모차르트를 최고의 음악가로 만든 것은 타고난 재능이 아니라 어릴 적부터 재능을 활용하는 데 모든 시간을 쏟아부었기 때문이라고 말한다. 모차르트가 아무리 재능이 뛰어나도 노력하지 않았다면 오늘날의 모차르트는 없었을지도 모른다는 것이 에릭슨의 생각이다.

기술보다 노력이 더 중요하다는 증거는 많다. 세계 최고의 체스 플레이어들은 사고 속도가 더 빠르지도 않고 말의 움직임에 대한 유리한 기억을 저장하고 있지도 않다. 그럼에도 최고의 플레이어가 될 수 있었던 비결은 수없이 플레이를 되풀이했기 때문이다.

사람의 능력은 타고난 재능이 아니라 경험의 양에서 생겨난다. 세계적인 피아노 연주자들은 20세 무렵이면 연주 시간이 1만 시간에 달한다. 이와 대조적으로 그 아래 수준의 피아니스트들은 5000시간, 진지한 아마추어 피아니스트들은 2000시간이다.

이처럼 성취를 하는 데 '노력'의 역할은 아주 중요하다. 천재는 노력하는 사람을 이길 수 없다고 했다. 엄청난 기술을 가지고 있어도 노력하지 않으면 성취가 어려울 수 있다. 반대로 설령 기술이 조금 부족해도 열심히 노력하면 얼마든지 성취가 가능하다. 기술은 부족한 노력을 보완하는 데 한계가 있지만 많은 시간을 투자해 노력하면 기술 또한 발전할 수 있기 때문이다.

GRIT은 성장(Growth), 회복력(Resilience), 내재적 동기(Intrinsic Motivation), 끈기(Tenacity)의 앞 글자다. 셀리그만의 박사과정 제자이며, 베스트셀러 『GRIT』 저자인 더크워스가 개념화한 용어다. 그릿은 성취를 이루는 데 결정적인 역할을 하는 끈기와 열정의 결합체다.

성취를 위해 노력도 중요하지만 성취 공식에서 노력으로 들어가는 지점에서 성격특성의 역할인 그릿이 더 중요하다. 그릿의 긍정적 성격 특성은 자기통제력, 끈기, 열정으로 긍정심리학의 성격강점을 말한다.

성격강점이란

사람은 저마다 특성을 갖고 있다. 인도 콜카타에서 평생을 가난하고 병든 사람들을 위해 봉사하며 살았던 마더 테레사(Mother Teresa) 수녀와 제2차 세계대전을 승리로 이끌며 영국의 국민적 영웅이 된 윈스턴 처칠(Winston Churchill) 총리의 성격특성은 다르다. 테레사 수녀가 친절과 사랑, 영성, 정직 등의 성격특성이 강했다면, 처칠 총리는 리더십, 열정, 용감성 등의 성격특성이 강했다고 할 수 있다. 또 천재 발명가로 불리는 에디슨(Edison)이나 인류 최초로 비행기를 만들어 하늘을 날았던 라이트 형제(Wright Brothers), 애플 신화를 창조한 스티브 잡스(Steve Jobs)는 창의성과 호기심, 끈기, 학구열이 뛰어났다고 볼 수 있다. 우리나라의 반도체와 자동차 신화를 각각 이룬 고 이병철 회장은 예견력과 창의성이, 고 정주영 회장은 용감성과 열정이 남달랐다.

이렇게 사람마다 지닌 성격특성은 모두 다르다. 하다못해 동일한 유전자를 물려받은 형제자매도 과연 한 배 속에서 나온 사람인지 의심스러울 정도로 판이하게 다른 경우도 많다. 이러한 특성은 꼭 좋은 것만 있는 것은 아니다. 긍정적 특성이 있는가 하면 부정적 특성도 있다. 또한 특성은 한 가지가 아니라 여러 가지일 수 있는데, 강점이란 다양한 성격적, 심리적 특성 가운데 특히 두드러지는 긍정적 특성을 의미한다.

성격강점은 셀리그만과 피터슨의 오랜 노력으로 만들어졌다. 이들은 강점을 만들 때 가치를 중요하게 생각했다. 그래서 제목도 가치행동(VIA: Value in Action) 성격강점이라고 했다. 하지만 성격강점이 사회 각 분야로 급속도로 확산되면서 VIA라는 개념도 바뀌었다. 가치행동이 아닌 길(VIA)이라는 의미로 쓰인다. VIA는 라틴어에서 유래했으며, 미국에서 거리를 애비뉴(Avenue)로 표기하듯 유럽에서는 VIA로 표기하기도 한다.

성격강점은 세계에 두루 퍼져 있는 6가지 미덕과 그 아래 24가지 실천도구를 말한다. '6가지 미덕'이란 시대와 문화를 막론하고 철학가와 종교사상가들이 인정한 중요한 핵심 가치인 지혜와 지식, 용기, 사랑과 인간애, 정의감, 절제력, 영성과 초월성을 말한다. 이 6가지는 저마다 그 미덕을 정의하고 함양하는 확실한 방법이 있다. 그 실천 방법으로 만들어진 것이 '24가지 강점'이다. 셀리그만은 이 강점을 성격(인성)강점이라고 한다.

예를 들어 절제력이라는 미덕은 자기통제력, 신중함, 겸손이라는 강점을 발휘해 함양시킬 수 있다. 자기통제력이 뛰어난 사람이 유혹을 참아내고 자신을 절제할 수 있지 않겠는가? 추상적인 미덕과 달리 강점은 과학적으로 측정하고 평가할 수 있다. 미덕은 3000년 동안 세계 도처에 퍼져 있는 미덕을 찾고, 아리스토텔레스, 플라톤, 아퀴나스, 아우구스티누스 등 철학자들의 저술, 구약성서, 탈무드, 불경, 코란 같은 경전, 공자, 노자, 벤저민 프랭클린의 저술, 일본의 사무라이 정신, 고대 인도의 철학서인 『우파니샤드』 등 총 200가지 덕목 목록 작성을 통해 최종 6개로 정리됐으며, 강점은 1만8000개 목록 가운데 24개를 선정한 것이다.

다중지능 창시자인 하워드 가드너(Howard Gardner) 하버드대 교육대학원 원장은 "셀리그만과 피터슨의 성격강점 발견은 심리학 반세기 중 가장 위대한 업적이다"고 밝히고 성격강점의 유용성을 인정했다.

- 지혜와 지식(창의성, 호기심, 학구열, 판단력, 예견력)
- 용기(용감성, 끈기, 정직, 열정)
- 사랑과 인간애(사랑, 친절(배려), 사회적 지능)
- 정의감(팀워크(협동심), 공정성, 리더십)
- 절제력(용서, 겸손(존중감), 신중함, 자기통제력)
- 영성과 초월성(감상력, 감사, 희망, 유머, 영성)

긍정심리학에서는 왜 24개의 강점을 선정했을까. 셀리그만과 피터슨은 다음의 네 가지를 주목했다. 첫째, 대부분 문화권에서 중요하게 여기는가다. 예를 들어 철저한 시간 개념을 갖고 있는 시간 관리는 우리나라 같은 자본주의 국가에서는 무척 필요한 강점이다. 하지만 인도나 아프리카 같은 나라에서는 시간 관리에 대한 필요성을 느끼지 못한다. 둘째, 목적을 위한 수단으로서가 아닌 그 자체로 가치가 있는가다. 지능과 시간 관리가 강점이 되지 못하는 이유는 목적을 위한 수단으로 사용된다는 것 때문이다. 24가지 성격강점은 각자 모두 독립적이며 과학적인 검증을 마쳤다. 그래서 강점 하나하나 자체에 가치가 있는 것이다.

셋째, 학습에 의해 변화할 가능성이 있는가다. MBTI나 DISC 검사 같은 대부분 성격 검사는 유형별로 나눈다. 그리고 성격을 고정적으로 본다. 성격은 바뀌지 않는다는 것이다. 하지만 긍정심리학의 성격강점은 유형이 아니고 정도의 차이다. 세상에는 성자만도 없지만 죄인만도 없다. 더 성자 같고 더 죄인 같은 사람만 있을 뿐이다. 성격강점은 환경의 영향에 의해 바뀔 수 있으며, 자신이 원하는 강점은 노력으로 키울 수 있다.

프레드릭슨은 성격에 대한 전형적인 논의 중 한 가지 부정적 가정은, 심리적 강점은 확고히 고정돼 변경할 수 없다는 것이라고 했다. 끊임없이 변화하는 성격을 지닌 우리의 신체와 뇌를 돌아볼 때 심리적 강점 또한 습관으로 보는 것이 더 타당하며, 이 습관은 대부분 지속되지만 세월이 흐르면서 변하는 습관도 있다는 것이다. 그래서 24가지 성격강점은 일반적으로 안정적이지만 시간이 흐르면 변할 수도 있는 것이다.

성격강점과 재능은 다르다

많은 사람이 성격강점과 재능을 같은 것으로 받아들인다. 성격강점과 재능은 모두 긍정심리학의 주제이고 비슷한 점도 많지만 몇 가지 두드러진 차이가 있다. 첫째, 성격강점은 종교와 철학, 선한 성품을 기반으로 하는 도덕적 특성을 갖고 있지만, 재능에는 도덕적 개념이 없다는 사실이다. 예를 들어 정직, 용감성, 창의성, 친절은 강점의 한 종류로 이는 모두 도덕적 특성과 관련 있다. 반면 절대음감, 빨리 달리기, 연기 같은 재능은 도덕적 개념과 상관없이 개인이 남들보다 뛰어나게 잘하는 장기에 가깝다.

둘째, 재능은 타고나는 것이어서 후천적으로 발전시키기 어려운 반면 강점은 선천적인 특성은 약하더라도 후천적인 노력으로 얼마든지 개발할 수 있다는 점이다. 부모가 자녀에게 원하는 강점이 있다면 코칭을 통해 키워줄 수 있다. 예를 들어 아이가 산만하고 어수선하다면 신중성을, 사회성이 부족하다면 사회성을 강점 연마법과 강점 코칭으로 길러줄 수 있다는 것이다. 재능도 노력하면 발달시킬 수 있다고 생각하는 사람도 있겠지만 한계가 있다. 100m 달리기를 한다고 가정해보자. 시간을 단축시키기 위해 준비 자세에서 엉덩이를 높이 들고 상체를 앞으로 미는 연습을 하며 더 빨리 달릴 수 있는 주법을 익힌다 해도 타고난 재능을 조금 더 향상시키는 데 그칠 뿐이다. 하지만 강점은 다르다. 창의성, 신중함, 겸손, 친절 같은 강점들은 노력하면 할수록 더 강화된다.

셋째, 성격강점은 사람들의 재능이나 능력을 밝혀내는 것이 아니다. 재능은 사람들이 어떤 일을 얼마나 잘하느냐 하는 것이다. 하지만 성격강점은 사람들이 자신이 어떤 사람이며 일할 때 무엇에 비중을 두느냐에 관한 것이다. 대체로 사람들은 자신을 드러낼 때 그리고 사람들이 자신의 진정한 가치를 알아주고 인정해줄 때 뿌듯함을 느낀다. 그런 상황에 있을 때 그들은 점점 더 성과를 높이며 그들의 재능은 최대화된다. 그와는 반대로 진정한 자아가 무시 혹은 오해받거나 커다란 기계장치에 부속된 하나의 톱니바퀴에 지나지 않는 취급을 당할 때 사람들은 의욕을 잃고 답답함을 느낀다.

넷째, 성격강점은 사람들을 자기가 하고 있는 일 그리고 그 일을 함께 진행하고 있는 사람들과 연결되도록 해준다. 재능은 일을 잘하게 해주지만 사람들이 일을 중요하게 느끼는 순간은 일이 그들의 대표강점과 연결될 때다. 이것은 일에 '소명'이라는 특징이 생기는 과정이다. 그것은 또한 일이 사람에게서 가장 중요한 것을 이끌어내는 순간이다.

한 조직의 예를 들면 사람들이 가진 재능과 자원을 조직을 이루는 뼈와 근육으로 여긴다면 각 구성원의 성격강점은 모든 것을 잘 돌아가게 해주는 피와 같으며 결합조직이라 할 수 있다. 피가 원활하게 순환되고 결합조직이 잘 이루어질 때 궁극적으로 구성원 개인과 조직의 성과를 높일 수 있다.

성격강점은 장점과도 구분된다. 장점은 이미 내가 잘 아는 것이고 잘하는 것이다. 하지만 성격강점은 내가 좋아하는 것이고 아직 모르는 것이 있다. 성격강점은 내면의 성격적·심리적 특성이기 때문이다.

성격강점의 기준

그렇다면 강점의 기준은 무엇일까. 강점에는 세 가지 기준이 있다. 첫째, 강점은 시간과 환경에 상관없이 계속 나타나려는 심리적 '특성'이다. 딱 한 번 어디에선가 친절을 베풀었다고 해서 인간애라는 강점을 발휘하는 건 아니다. 둘째, 강점은 '그 자체로서 가치'가 있다. 강점은 대개 좋은 결과를 낳는다. 예를 들어 조직에서 리더십을 발휘하면 신망을 얻고 승진을 하게 된다. 그러나 강점은 바람직한 결과를 낳지 않더라도 그 자체로 소중하다. 우리가 어떤 활동을 하는 것은 만족과 의미 그 자체를 얻기 위함이지, 꼭 긍정정서나 뛰어난 결과만을 만들어내기 위함이 아니듯이 말이다. 강점은 또한 부모가 새로 태어난 자식에게 거는 희망에서도 엿볼 수 있다. '내 아이는 창의적이고 용감하며 사회성이 뛰어난 사람이 됐으면 좋겠다'처럼 말이다.

셋째, 강점은 우리가 갖추고 싶은 정신 상태다. 한 사람이 강점을 발휘한다고 해서 주위 사람들이 자기 강점을 드러낼 기회가 줄어드는 것도 아니다. 도리어 강점을 발휘하는 것을 보면 감동하고 용기를 얻는다. 지켜보는 사람들의 마음에 질투가 아닌 부러움이 가득 차오른다. 즉 강점을 발휘하는 사람은 참된 긍정정서를 느끼게 되고, 이를 지켜보는 사람들도 자신의 강점을 발휘하고픈 욕구를 불러일으키므로 모두가 발전하고 성공하는 승자가 될 수 있다.

그렇다면 성격강점을 분류할 때 무엇을 기준으로 구분했을까. 24개 성격강점은 다음의 모든 것을 만족시키는 것들이다.

- 보편성: 문화와 시대를 초월해 어디에서나 흔히 볼 수 있다.
- 자아실현: 성취감을 준다.
- 도덕적 가치: 유익을 주는 결과가 명확하게 따라오지 않더라도 그 자체만으로 도덕적 가치가 있다.
- 타인의 영향: 타인의 강점을 본 사람들이 이를 질투하지 않고 감탄하게 만든다.
- 부정적 반의어: 마음에 당기지 않는 반대 요소가 담겨 있다(예: 친절, 불친절).
- 특질성: 행동, 사고, 감정 전체에 걸쳐 뚜렷하게 나타나는 식으로 고유의 속성을 가지고 있고, 어떤 상황에서든 일반적으로 충분히 나타나며, 시간이 흐르면서 점점 더 안정적으로 자리 잡는다.
- 차별성: 분류체계에 따라 분류해보면 다른 긍정적 특징들과 확연히 구분된다.
- 전형적인 인물: 성격강점이 유난히 두드러지게 나타나는 사람이 있다.
- 신동: 의식하기도 전에 이러한 강점을 드러내는 어린이나 청소년이 있다.
- 선택적 결여: 어떤 개인에게는 특정 성격강점이 전혀 나타나지

않기도 한다.

- 촉진제도: 사회적 훈련이나 과정을 통해 이를 계획적으로 유지하고 개발하고자 한다.

24가지 성격강점 분류 및 특징 이해하기

성격강점은 6가지 미덕과 그 아래 호기심, 학구열, 리더십, 겸손, 친절, 사랑 등 인간의 강점을 24가지로 분류했다. 셀리그만은 이것을 '24가지 강점'이라 부른다. 24가지 외에도 연관된 강점을 포함하면 60가지가 된다. 함께 참고하면 도움이 될 것이다. 성격강점의 목표는 성격을 구성하는 기본적인 특성을 분별해내는 것이고 그것은 전 세계 어디에서나 자아실현, 만족, 번영 등 개인과 조직의 플로리시로 나아가는 통로라고 할 수 있다. 분류체계는 과학 공동체에 제공하려는 목적 아래 과학적으로 측정할 수 있는 분류체계로 구성됐다.

24가지 강점의 특징은 다음과 같다. 이 성격강점은 첫째, 최고의 것, 좋은 것, 올바른 것, 선한 것에 초점을 맞추게 해 긍정적으로 만들어준다. 둘째, 인성을 함양시켜준다. 셋째, 가정과 직장에서 행복을 증대시켜준다. 넷째, 인간관계를 향상시켜준다. 다섯째, 건강에 균형을 찾게 해준다. 여섯째, 직장 혹은 학교에서 성과를 높여준다. 일곱째, 인생의 목표를 달성하게 도와준다.

내 성격강점 찾기

그동안 약점이나 단점을 보완하려고 시간과 노력을 쏟은 적이 있는가? '나는 왜 이렇게 용기가 부족하고 매사에 소심할까?'라고 생각해본 적이 있는가? 그 생각에 골몰하다 보면 열등감을 느끼거나 자책하기도 하고 더러는 좌절하거나 그 약점을 숨기려고 용기 있는 척 일부러 허세를 부리기도 한다. 이젠 그럴 필요가 없다. 그동안 자신의 강점을 몰랐다고 해도 강점을 찾아 지금부터 얼마든지 발휘할 수 있기 때문이다.

강점이 없는 사람은 없다. 강점은 자신을 파악하고 이해하도록 해주는 심리 도구로, 누구나 강점을 찾아 곧바로 일상에 적용할 수 있다. 이게 강점과 재능의 중요한 차이다. 재능은 타고나는 경우가 많고 또한 오랜 시간 갈고닦아야 빛이 난다. 하지만 강점은 곧바로 발휘할 수 있고 특별하게 더 키우고 싶은 강점이 있다면 배우고 습득해 자기 것으로 만들어갈 수도 있다. 강점은 특별한 사람이 아닌 누구에게나 있다. '친절'이라는 강점을 지닌 사람이 자원봉사 활동이나 타인을 돕는 일에 이를 발휘한다면 더 큰 만족을 느낄 것이다. 자신의 성격에 딱 들어맞는 일을 한다면 얼마나 의욕과 활기가 넘치겠는가. 일, 사랑, 자녀 양육 등 일상생활에서 강점을 발휘하면 열정과 환희, 몰입을 경험하면서 진정한 자아를 찾아서 살고 있다고 느낄 것이다.

내 강점을 정확하게 찾는 방법은 인터넷에서 검사하는 것과 책을 통해 약식으로 검사하는 것이 있다. 셀리그만이 운영하는 홈페이지(www.authentichappiness.org)와 VIA 홈페이지(www.viastrengths.org)에서 찾을 수 있으며, 『마틴 셀리그만의 긍정심리학』에서 직접 검사해도 된다. VIA는 최근 문항을 240개에서 120개로 줄이고 한국어로도 번역돼 누구나 로그인만 하면 편리하게 강점을 무료로 검사할 수 있다(한국긍정심리연구소 홈페이지(www.kppsi.com)에서 자세하게 알려주고 있다).

1. 창의성 ______	2. 호기심 ______	3. 학구열 ______
4. 개방성(판단력) ______	5. 예견력 ______	6. 용감성 ______
7. 끈기 ______	8. 정직 ______	9. 열정 ______
10. 사랑 ______	11. 친절(배려) ______	12. 사회적 지능 ______
13. 팀워크(협동심) ______	14. 공정성 ______	15. 리더십 ______
16. 용서 ______	17. 겸손 ______	18. 신중함 ______
19. 자기통제력 ______	20. 감상력 ______	21. 감사 ______
22. 희망(낙관성) ______	23. 유머 ______	24. 영성 ______

책으로 강점 검사가 끝났으면 높게 나온 점수 순으로 번호를 매겨보자. 각 강점마다 10점이 만점이다. 책으로 강점 찾기를 했을 때 9~10점이 나오는 3~7개가 당신의 대표(상위) 강점이다. 인터넷으로 했을 때는 상위 7개 강점이 대표 강점이다. 그다음 12개가 중위 강점이고 나머지 5개가 하위 강점이다. 상위 7개 강점은 평소에 가장 잘 나타나는 강점이다. 자신이 가장 좋아하고 잘하는 특성이기 때문이다. 하위 5개 강점은 자신에게 가장 잘 나타나지 않는 특성이다.

대표 강점

강점을 찾았다면 이번에는 강점 중에서도 자신을 대표하는 '대표 강점'을 찾아보자. 상위 강점 7개를 자세히 살펴보자. 대부분 평소에 자신의 모습을 가장 잘 나타내는 것이지만 그중 한두 가지는 쉽게 공감하지 못하는 강점도 있을 것이다. 그것은 당신에게 큰 선물이 될 수 있다. 왜냐하면 아직 자신에 대해 몰랐던 성격적·심리적 특성을 새롭게 발견했기 때문이다.

일상에서 대표 강점을 발휘하려면 대표 강점의 특징을 아는 것이 중요하다. 특징을 알아야 동기부여가 되기 때문이다. 대표 강점은 24가지 성격강점 중 자신의 성격적·심리적 특성이 가장 잘 나타나는 강점을 말한다. 일반적으로 대표 강점은 사람을 이루는 중심이며 그 사람은 그것을 쉽게 표출할 때 자신에게 동기유발과 함께 에너지가 생기는 것을 느낀다. 대표 강점은 표출되려는 강한 힘을 가지고 있으며 거부할 수 없을 정도다. 그렇기 때문에 대표 강점을 아는 것은 매우 중요하다.

그렇다고 24가지 성격강점 중 대표 강점만 중요하다는 것은 아니다. 사람의 성격이 가진 중위 강점과 하위 강점도 여전히 중요한데 그 이유는 조절하는 역할을 하기 때문이다. 대표 강점은 많은 성격강점 중 다른 사람들에게는 그렇지 않은데 자신에게만 유난히 더 자연스럽게 나타나는 것이다.

이렇게 찾은 대표 강점은 현재 자신의 모습이자 정체성이라 할 수 있다. 이제 이 대표 강점은 지금부터 당신의 소유물이다. 대표 강점을 소유하고 있다는 것만으로도 이미 부자다. 돈, 직업, 명예, 지식, 가족, 건강도 행복한 미래를 만드는 데 도움이 되지만 완벽하게 미래를 책임져주지는 못한다. 미래의 가장 소중한 자산은 심리적 자산이다. 아무리 많은 물질적·사회적·신체적 자원을 가졌어도 심리적 자원이 무너지면 의미가 없다. 사회적으로나 경제적으로 남부러울 것 없어 보이던 유명 인사가 무기력증에 빠지고 우울증에 시달리다 자살하는 일이 비일비재하다. 이런 안타까운 일들은 대부분 심리적 자산이 바닥났을 때 일어난다.

대표 강점을 찾았다면 미래에 대한 막연한 불안감을 떨쳐버려도 좋다. 비록 돈, 직업, 명예가 부족해도 죽을 때까지 함께할 대표 강점이 있다면 플로리시하는 데 중요한 심리적 자산을 갖춘 부자이기 때문이다.

대표 강점의 특징

대표 강점의 특징은 다음과 같다.

- 내 대표 강점은 '진정한 내 모습'이어야 하며 나의 진짜 모습과 일치해야 한다. 내 강점을 알았을 때 정체성을 찾고, 소유감을 갖게 하며, 자신감을 얻는다("이게 진짜 나야").
- 내 대표 강점을 드러낼 때, 특히 처음으로 드러낼 때 큰 기쁨을 느낀다.
- 내 대표 강점을 활용해 주제를 배우거나 일할 때 학습과 일의 속도가 매우 빠르다.
- 내 대표 강점을 활용할 새로운 방법을 열심히 찾아낸다.
- 내 대표 강점에 따라 행동하기를 열망한다("나 좀 내버려둬").
- 내 대표 강점을 활용할 때 피곤하기는커녕 오히려 기운이 난다.
- 통찰과 직관으로 강점을 발견한다.
- 내 대표 강점을 주로 활용할 수 있는 개인적인 일(프로젝트, 창업)을 스스로 고안하고 추구한다.
- 내 대표 강점을 활용할 때 황홀경에 빠지기까지 한다.
- 내 대표 강점을 사용하고자 하는 내적 동기를 가진다.

자신의 강점 찾기에서 최상위 강점은 대부분 위의 조건을 충족시킨다. 그래서 이 강점들을 대표 강점이라고 한다. 셀리그만은 이 강점들을 되도록 많이 사용하라고 말했다. 만일 상위 강점 중 이 조건을 충족시키는 것이 하나도 없다면 일, 사랑, 여가 활동, 자녀 양육에 활용한다고 해도 큰 효과를 얻기 힘들다는 것이다. 셀리그만이 착안한 플로리시한 삶은 자신의 대표 강점을 일상 속에서 날마다 발휘해 큰 만족과 참된 행복을 자아내는 것이다. 그렇게 하기 위해선 대표 강점을 연마해야 한다. 왜냐하면 아무리 자신의 대표 강점을 찾았다고 해도 머리로만 이해하고 숙달시키지 않으면 일상에서 자연스럽게 발휘되지 않기 때문이다.

왜 연마가 필요한지 예를 들어보자. 새 가운데 비서새가 있다. 머리 뒤에 난 관모들이 비서가 귀에 펜을 꽂은 모습과 비슷하다고 해 붙여진 이름이다. 비서새는 2m나 되는 큰 날개로 공중에 높이 날다 뱀이나 두더지를 발견하면 쏜살같이 내려가 낚아챈다.

하지만 땅에 있는 도중 맹수의 습격을 받으면 큰 날개로 재빠르게 날지 않고 있는 힘을 다해 달리기 시작한다. 너무나 당황해 날 수 있다는 사실을 잊어버린 것이다. 결국 맹수에게 잡아먹히고 만다. 뜻하지 않은 위험 앞에 당황한 나머지 자신의 능력을, 강점을 잊어버린 것이다. 그래서 어떤 상황에서도 자연스럽게 발휘될 수 있도록 연마시키는 것이 중요하다. 이제 대표 강점을 구체적으로 어떻게 연마하고 활용하는지 그 방법을 2부에서 알아보자.

2부

24가지
성격강점 탐구

'가장하기'를 해보자!

새넌 폴리

아이들은 놀이를 하면서 상상을 한다. 특히 '가장놀이'를 좋아한다. 지금 이 순간에도 두 살과 네 살 된 내 아이들은 사자와 아기 흉내를 내면서 자신들의 성까지 기어가고 있다. 아이들은 '엄마놀이'나 '의사놀이' 혹은 '용기사놀이' 등을 하면서 새로운 것을 시도해보고 어른이 되는 법을 배운다.

하지만 점점 나이가 들면서 뭔가가 달라진다. 어떤 틀에 갇히는 것이다. 예컨대 교사라면 교사가 하는 특정한 일만 한다. 사업가가 된 사람이 동시에 사교댄스를 추는 무용수가 될 수는 없다.

나는 사람들이 섣불리 결론을 내릴 때 어떤 일이 일어나는지 알아보려고 '두 가지 진실과 한 가지 거짓'이라는 게임을 몇몇 워크숍에서

해보았다. 예컨대 워크숍 참가자들에게 내가 배우이자 브로드웨이 협력 프로듀서였다고 말하면 그들은 거짓말이라고 생각하고 이렇게 반응한다. "그럴 리가 없어요. 당신은 컨설턴트잖아요!" 사회는 사람들을 보다 쉽게 분류하려고 그들 각자가 맡은 역할에 적응하는 법을 알려준다. 하지만 이 때문에 창의성과 발달이 제약을 받는다.

인간은 살아가면서 많은 역할을 한다. 나는 엄마이자 아내, 딸, 사업가, 친구로서의 역할을 모두 수행하고 있다. 이러한 사실은 셰익스피어의 『뜻대로 하세요(As You Like It)』에 아주 잘 표현돼 있다.

'모든 세상은 무대요,
모든 남녀는 배우에 불과해.
그들은 그 무대에서 제각각 퇴장하고 등장하지.
한 사람이 평생 동안 여러 가지 역할을 수행해.'

그렇다면 특정한 역할에 갇혀버리는 사슬을 어떻게 끊을 수 있을까. 콘스탄틴 스타니슬랍스키(Konstantin Stanislavsky) 같은 연기자뿐만 아니라 알프레드 아들러(Alfred Adler) 같은 심리학자는 새로운 역할을 수행하는 것이 발달에 얼마나 큰 이득이 되는지를 잘 알고 있었다.

아들러는 이렇게 말했다. "사람들이…… 확실하게 말하기 힘들어하거나 상대의 마음을 공감하기 어려워할 때 임상의는 그들에게 다음 진료 때까지 하루에 몇 차례씩 단호한 사람이나 공감할 줄 아는 사람인 척 가장해보라고 한다. 사람들이 다르게 행동하고 다르게 느끼기 시작하면 실제로도 달라진다."

배우의 기술을 실생활에 적용하면 의도와 감정을 품고 물질적 형태로 형상화해 '가장하기'를 할 수 있다. '가장하기'를 가장 효과적으로 할 수 있는 방법은 낭독이다.

사회심리학자 대릴 벰(Daryl Bem)의 주장에 따르면 인간은 다른 사람을 관찰한 결과로 그들을 판단하듯이 스스로를 관찰한 결과로 자신을 판단한다. 사람들이 '가장하기'를 하면 최상의 결과를 연기하거나 자신들에 대한 새로운 이야기를 만들어낼 수 있다. '가장하기'는 또한 위험을 줄여주면서 변화에 대한 거부감을 극복할 수 있게 해준다.

물론 '가장하기'가 위험하다고 느낄 수도 있다. 동료 앞에서 우스꽝스러운 모습을 보이고 싶은 사람은 없으니까 말이다. 나는 멘토들에게 '역할놀이'라는 용어를 사용하지 말라고 한다. 연기를 해야 한다고 생각하면 사람들이 본능적으로 부정적인 반응을 보이기 때문이다. 하지만 근무 시간과 업무량 축소에 대해 상사와 대화를 '시도' 해보라고 말하면 앞으로 상사와 하게 될 대화가 그다지 부담스럽게 느껴지지 않는다. 대화를 두려워하는 마음은 대화 그 자체보다 훨씬 더 나쁜 것이다. 그렇다면 대화를 '시도'하려고 할 때는 어떻게 해야 할까.

인간은 발달 과정상 현재 상태에서 아직은 아니지만 앞으로 될 수도 있는 상태로 나아간다. 러시아 심리학자 레브 비고츠키(Lev

Vygotsky)는 그 상태를 일컬어 근접발달영역(ZDP)이라고 했다. 새로운 지식을 얻는 것은 이전의 지식에 의존해 새로운 행동을 '시도'하는 것이며, 주변 사람들은 종종 그러한 우리의 행동을 보고 우리가 새로운 지식을 얻었다고 생각한다. 예컨대 아기가 "버, 버"라고 할 때 "아냐, 틀렸어"라고 말하는 사람은 없다. 보통은 "병이래! 자기야, 우리 아이가 방금 병이라고 말했어!"라고 한다. 아기의 말을 대신 끝내줄 때 아기는 자신들의 근접발달영역에서 성장하고 있는 것이다. 이와 마찬가지로 새로운 행동방식을 '시도'할 때 자신의 근접발달영역에 뛰어들어 가능한 것이 뭐가 있는지 생각하고 그 생각을 확장시켜 나간다.

나는 성격강점에 대한 워크숍을 진행하면서 많은 사람이 자신들의 성격강점 목록 가운데 제일 밑에 있는 하위 강점에 즉각적으로 주의를 기울인다는 사실을 깨달았다. 사실 인간은 어쩔 수 없이 부정 편향에 빠져들 수밖에 없는 존재다. 게다가 자신의 최하위 강점을 개선하려는 행동이 나쁜 것도 아니다. 나는 이런 질문을 자주 받는다. "어떻게 하면 제 강점을 개발할 수 있을까요?"

그럼 나는 이렇게 대답한다. "이미 강점을 가지고 있는 것처럼 행동해보세요. 친절하거나 용서를 잘하고 혹은 호기심이 많은 사람인 척하는 거죠."

"하지만 그렇게 행동하는 법을 모른다면 어떡합니까?"

"즉흥극이 도움이 될 겁니다. 아마도 지금까지 살아오면서 그런 식으로 행동하는 사람을 봤을 거예요. 다음 번에는 그런 사람의 행동을 당신 것으로 만들어 당신도 그런 사람의 강점을 가지고 있는 것처럼 '가장'해보세요."

또 다른 '가장하기' 방법은 강점을 구체적으로 보여주는 문학작품이나 연설문을 읽는 것이다. 이 책의 2부에서는 각각의 성격강점에 대한 논의 끝 부분에 낭독할 수 있는 독백이나 시, 유명 연설문을 적어도 한 가지 제시하고 있다.

그런 글을 묵독하기만 해서는 안 된다. 묵독은 글을 눈으로 보는 것에 지나지 않는다. 낭독은 '가장하기'에 도움이 될 뿐만 아니라 다음과 같은 이점이 있다.

- 집중력이 높아진다.
- 자신의 감정과 공상을 느낄 수 있다.
- 어휘력이 향상된다.
- 이해력 폭이 보다 넓어진다.
- 연기할 기회가 생긴다.
- 몸이 단련된다.
- 다양한 억양을 사용해볼 수 있다.
- 듣기와 독해 기술이 향상된다.

이러한 이점은 당신이 스스로의 안전지대에서 벗어나 웃음거리가 될지도 모른다는 두려움을 감수하고서라도 쟁취할 만한 가치가 있는 것들이다.

낭독을 하면 자신의 근접발달영역을 탐구하고 자신을 확장하는 데 도움이 된다. 말 그대로 새로운 성격을 묘사한 글을 큰 소리로 읽으면 당신도 그러한 성격강점을 발달시킬 수 있다.

그러므로 지금 당장 시도해보라. 커피잔을 내려놓고 이메일 확인하는 일을 중단하라. 다음의 글을 큰 소리로 읽어보고 열정과 용감성, 아름다운 것과 탁월한 것을 음미하는 감상력이라는 강점을 구체화하길 바란다.

'체사피크(Chesapeake)'에서 의회에 예술 지원금을 요청하는 한 상원의원의 독백

- 리 블레싱(Lee Blessing)의 연극

우리 인생에 기적이 있을까요. 저는 기적이 있다는 걸 알고 있습니다. 그렇기 때문에 우리 인생에는 우리가 이해하지 못해도 파헤쳐야 하는 측면이 있다는 사실도 알죠. 그렇게 하지 않는다면, 삶의 가장 내밀한 본질인 그러한 측면을 공개적으로 끈기 있게 협력해 파헤치지 못한다면, 우리 스스로를 사회집단이라고 부를 수 있는 권리를 잃어버리게 됩니다. 우리는 목적의식 없는 영혼들, 육신에 갇힌 유령들의 집단에 불과해지죠.

200여 년 전, 우리는 루이스(Lewis)와 클라크(Clark)를 우리가 갈 수 없는 곳에 보냈습니다. 우리의 것임을 알고 있지만 그들만이 갈 수 있는 땅을 탐험하라고 말입니다. 그 두 사람은 그 땅을 우리에게 가져다줬습니다. 그 땅과 비슷하지만 훨씬 더 방대한 영토가 인간의 영혼을 차지하고 있습니다. 소수만이 그 땅에 이르는 길을 찾아낼 수 있죠. 우리가 그 사람들을 돕는다면 우리 자신을 도울 수 있습니다. 그 사람들이 그 땅을 우리에게 되찾아줄 수 있고 그렇게 할 테니까요. 그러한 발견이 언제나 기쁘거나 아름답지는 않을 겁니다. 위험한 경우도 있을 테니까요. 하지만 그 각각의 발견으로 우리는 더욱 넓어지고 깊어지며 활기를 되찾습니다.

24가지 성격강점의 각 장 구조

2부에서는 각 장마다 한 가지 성격강점을 다룬다. 모든 장은 피터슨과 셀리그만의 저서 『성격강점과 덕목(Character Strengths and Virtues)』을 참고하거나 그 책의 내용을 약간 다르게 풀어낸 성격강점의 정의로 시작된다.

성격강점의 정의 다음에는 성격강점이 특정 환경에서 어떻게 드러나는지를 보여주는 사례가 나온다. 이는 2007년 1월부터 2015년 5월까지 '긍정심리학 뉴스(PPND)'에 실린 기사들을 각색한 것이다. 모든 작성자가 피터슨을 기리기 위해 자신의 기사를 이 책에 실어도 좋다고 너그럽게 허락해줬다.

'긍정심리학 뉴스'는 일반 대중이 행복에 도움이 되는 연구 결과를 보다 명확하게 이해할 수 있도록 이 책을 편집했다. 이 책에 나오는 기사들은 최근의 연구 결과와 연관돼 있다. 하지만 가독성을 높이기 위해 연구논문을 인용한 부분은 모두 삭제했다. 연구논문을 인용한 기사 원본을 찾아 읽고자 하는 호기심 많은 독자라면 'http://bit.ly/

PPNDCharStrengths'를 방문해길 바란다.

기사 다음에는 각 강점마다 당신의 몸과 마음속에 잠든 성격강점을 일깨워주는 낭독문이 적어도 한 가지 포함돼 있다. 낭독문의 종류는 시, 연설문과 편지에서 발췌한 글, 연극의 독백 등 다양하다. 이러한 낭독문을 왜 큰 소리로 읽어보라고 하는지 그 이유를 알고 싶다면 앞서 소개한 섀넌 폴리의 '가장하기 해보자!'를 읽어보길 바란다.

마지막으로 성격강점을 키우는 방법이 나온다. 이 방법은 타이얍 라시드의 허락을 받았다. 〈당신의 성격강점 키우기(Building Your Strengths)〉는 각각의 성격강점이 지나치게 강하거나 지나치게 약할 때 어떻게 되는지를 설명해준다. 라시드는 또한 성격강점을 구현해보여주는 영화 목록도 제공한다. 라시드가 제시한 전체 목록은 'http://bit.ly/BuildVIAStrengths'에서 찾아볼 수 있다.

1. 창의성 강점

창의성은 자신이나 타인 혹은 양쪽 모두에게 긍정적인 영향을 미치는 유연하고 독창적인 아이디어와 행동을 이끌어내는 것과 관련된 능력이다. 모든 인간은 어느 정도의 창의성을 지니고 있어 그 누구도 사용하지 않았던 새로운 문장을 만들어낸다. 성격강점 가운데 특히 창의성이 뛰어난 사람은 자신과 가까운 사람 이외의 사람들에게까지 영향을 미치는 독창적인 해결책을 생각해낼 수 있다. 창의성의 반의어로는 따분함, 단조로움, 상상력 없음, 독창성 없음이 있다.

아이처럼 창의적으로 생각하라

– 톰 헤프너(Tom Heffner)

"아들, 네 속옷 안에 뭐가 들어 있니?" 나는 아들의 속옷 가운데 부분에 하얀색 천 조각이 번쩍거리는 걸 보고 의아해서 이렇게 물었다. 그때 우리는 막 저녁을 먹은 참이었고, 나는 여느 때처럼 아들의 목욕물을 버리다가 뭔가 이상한 것을 발견했다. 알고 보니 세 살배기 아들이 엄마의 생리대 하나를 슬쩍해 자기 속옷에 붙여놓은 것이었다.

"봐요, 아빠. 내가 바지에 쉬해도 옷이 더러워지지 않을 거예요. 이거 진짜 멋지죠, 아빠?"

나는 아들의 말이 옳다는 것을 인정할 수밖에 없었다. 게다가 그것은 아들의 힘겨운 배변훈련 문제를 해결해주는 창의적인 해결책이었다. 나는 껄껄 웃으면서 아들의 창의성에 감탄했다. 그 이후로 아들은 다른 대표 강점뿐만 아니라 창의성을 표출하는 법을 배워나가면서 독창적인 행동을 끊임없이 보여줬다.

성격강점의 하나로 봤을 때 창의성은 상당히 파악하기 쉬운 특성이다. 창의성은 자신이나 주변 사람들의 삶에 긍정적인 영향을 미치는 참신하고 적응력이 뛰어난 아이디어를 생산하는 능력이다.

창의성을 지닌 사람은 앞으로 닥칠 문제나 도전, 기회를 자신 있게 마주할 수 있다. 개인적 삶이든 조직 생활이든 삶은 모두 도전과 문제, 기회로 가득 차 있다.

창의성을 발휘해 인생에서 직면하는 도전과 문제를 자신 있게 마주하면 무기력에 빠지지 않는다. 무기력을 감지할 수 있는 상태까지 가지 않는 것이 행복을 유지하는 핵심 방법이다.

지금까지의 주장을 뒷받침해주는 논리와 과학을 믿는다면 이제는

'어떻게 하면 보다 창의적인 사람이 될 수 있을까?'라는 의문이 떠오를 것이다. 이 질문의 답은 간단하면서도 간단하지 않다. 그 답은 바로 이것이다. '아이들처럼 생각하고 행동하라!' 아이들만큼 창의적이고 호기심 많은 사람은 없다. 아이들은 호기심에 이끌려 이 세상에 나왔기 때문에 이 세상을 이해할 수 있다. 아이들은 호기심을 느끼기 때문에 새롭고 다양하고 탐구적인 행동과 아이디어를 끊임없이 찾아다닌다. 더 나아가 창의성과 상상력을 발휘한다.

아이들은 주저하지 않고 색다르게 생각할 뿐만 아니라 잘못되고 모순된 것이나 당혹스러워 보이는 것, 심지어 터무니없어 보이는 것도 거리낌 없이 시도해본다. 틀릴까 봐 두려워하지 않고 한계나 제약을 받아들이지 않기 때문이다.

이런 창의성이 잘 드러났던 실례를 하나 들자면 내가 다섯 살 된 아들과 함께 로켓 모델을 만들었을 때다. 로켓을 다 만들고 나서 낙하산을 묶으려고 할 때 아들이 장난감 병정을 낙하산에 매달 수 있는지 물어보았다.

"아니, 그건 안 돼."

"왜요? 장난감 병정이 낙하하는 게 아주 멋져 보일 거예요."

전자공학을 전공한 나는 잘난 척하며 이렇게 말했다.

"아냐, 아들. 그렇게 하면 균형이 잡히지 않아 낙하산이 엉켜버릴 거야."

하지만 아이들이 항상 그렇듯 아들은 고집을 꺾지 않았고 결국 내가 물러서는 수밖에 없었다. 그날 늦게 장난감 병정을 태운 로켓을 발사했다. 그런데 와우, 이게 무슨 일인가! 로켓 모델에 장난감 병정을 태우자는 아들의 아이디어가 멋지게 성공한 것이다.

나는 엔지니어이자 혁신 상담자이기 때문에 그러한 창의성을 매일같이 목격한다. 하지만 아이처럼 호기심을 품은 채 창의적으로 생각하고 행동하는 것이 쉽지 않다는 사실도 잘 알고 있다. 그렇지만 창조적 자신감을 되찾는 몇 가지 방법을 소개하고자 한다. 헌신적으로 연습하고 또 연습하면 우리 모두에게 내재한 어린아이의 창의성을 되찾을 수 있다.

너무 빤한 이야기처럼 들릴지 모르겠지만 다르게 생각하거나 새롭고 색다른 아이디어를 창조하고 싶다면 자신과 전혀 다른 사람들과 이야기를 나눠야 한다. 예컨대 당신이 새로운 포트폴리오 투자 전략을 찾고 있는 투자은행 직원이라고 가정해보자. 동료들하고만 일한다면 완전히 새롭고 색다른 전략을 찾아낼 가능성이 얼마나 될까. 아마도 아주 낮을 것이다.

하지만 동료 집단 너머로 눈을 돌린다면 어떨까. 예컨대 교사에게 학생의 학업 실력을 높이기 위해 시간과 자원을 어떻게 투자하는지 물어본다면 어떨까. 혹은 군사 지도자에게 장래 지도자로 키워내기 위해 물적 자원과 인적 자원, 시간을 어떻게 투자해 젊은 장교를 훈련시키는지 물어본다면 어떨까. 이렇게 해서 투자은행에 필요한 완전히 새로운 투자 전략을 찾아낼 가능성은 얼마나 될까. 아마도 그 가능성은 훨씬 높아질 것이다.

관점과 경험이 달라지면 완전히 새로운 아이디어가 나올 수 있다.

따라서 자신과 다른 사람을 만나는 일을 최우선 과제로 삼아라.

자신의 아이디어가 완전하다는 생각을 버려라. 모든 아이디어는 가설이라고 볼 수 있다. 초등학교에서 배웠듯이 가설은 언제나 실험해봐야 한다. 실험할 때는 새로운 시제품이나 아이디어를 제시한다. 나는 엔지니어이기 때문에 신형 안테나 같은 새로운 하드웨어 장치를 디자인할 때 항상 그렇게 한다. 그러한 실험에서 좋은 점과 나쁜 점, 놀라운 점을 관찰하다 보면 언제나 뭔가 새로운 것을 얻게 된다. 그렇다고 해서 반드시 엔지니어가 돼야 당신의 아이디어로 시제품을 만들 수 있다는 것은 아니다.

또 다른 실례로 선거를 살펴보자. 정치가는 언제나 예비 선거를 실험의 장으로 활용한다. 마을회관 모임과 토론, 방송 출연 같은 기회를 빌려 새로운 정치적 사상을 시험해본다. 그래야 어떤 사안에 찬성하고 반대하는지에 대한 유권자의 의견을 모을 수 있다.

요점을 말하자면 아이디어를 다른 사람들에게 시험해보고 피드백을 수집한 다음, 그렇게 얻은 피드백과 다른 사람들의 아이디어 혹은 둘 중 하나를 토대로 삼아 처음의 아이디어를 계속 다듬어야 한다는 것이다.

내가 가장 좋아하는 창의적 사고방식은 디자인 사고다. 이는 인간 중심의 디자인 접근법으로, 많은 아이디어 창출과 신속한 시제품화, 다양한 관점을 강조한다.

많은 아이디어를 창출하는 한 가지 방법은 '오픈 IDEO' 모임에서 제시한 다음 규칙을 따라 브레인스토밍하는 것이다(http://bit.ly/

BrainstormRules).

- **판단 보류하기** 아이디어가 물 흐르듯 하는 분위기를 조성하는 가장 좋은 방법은 비판을 보류해 참여자들의 긍정감정을 고무시키는 것이다. 사람들은 긍정감정을 많이 느낄수록 훨씬 더 창의적으로 변하기 때문이다.
- **터무니없는 아이디어 고무하기** 터무니없는 아이디어는 두 가지 용도가 있다. 첫째, 사람들을 안전지대에서 새롭고 색다른 영역으로 밀어 넣는 역할을 한다. 둘째, 재미있는 분위기를 조성해 사람들의 긍정감정을 더욱 많이 이끌어낸다.
- **타인의 아이디어를 토대로 삼기** 역사적으로 유명세를 떨쳤던 창의적이고 혁신적인 사람들 중 몇몇은 다른 사람들의 아이디어를 토대로 삼았다. 마이크로소프트가 처음으로 내놓은 윈도즈 인터페이스는 최초의 애플 인터페이스에서 영향을 받았다. 좋은 아이디어는 언제나 우리 주변에 있다. 그러므로 그런 아이디어를 토대로 삼아 자신의 아이디어를 개선해야 한다.
- **주제에 집중하기** 집중이 흐트러져서는 안 된다.
- **한 번에 한 사람씩 말하기** 여러 사람이 한꺼번에 말하면 상대의 이야기를 들을 수 없다. 상대의 이야기를 들을 수 없다면 다른 사람들도 당신의 창의적인 아이디어를 듣지 못할 가능성이 크다.
- **시각적으로 제시하기** 그림 한 장이 백마디 말보다 낫다. 그렇다고 해서 이야기 요점을 전달하기 위해 화가가 돼야 한다는 뜻은 아

니다. 아이디어를 전달하려고 애쓸 때 간단하게 막대기 사람만 그려도 결과가 크게 달라질 수 있다.

- **양을 추구하기** 틀에서 완전히 벗어난 진짜 창의적인 아이디어를 찾아내려면 많은 아이디어가 필요하다. 내 경험상, 네 명에서 여섯 명 정도 모이면 30분에서 45분 동안 브레인스토밍해 100개 이상의 아이디어를 도출해낼 수 있다.
- **아이디어 선택하기** 긴 아이디어 목록이 나오면 이제는 판단력을 발휘해 시제품을 만들어 시험해볼 아이디어를 고른다.

창의성을 부르는 낭독문

창의성을 이끌어내고 싶다면 다음의 두 글을 큰 소리로 읽어보라.

진짜인 것(연극 중 독백)

– 톰 스토파드(Tom Stoppard)

헨리 날 좀 가만 내버려둬. 그런 것들은 중요하지 않아. 브로디가 부당한 대우를 받았을 수도 있고, 아닐 수도 있지. 난 잘 몰라. 사실 그건 중요하지 않아. 브로디는 언어에 무지한 사람이야. 그런 사람은 도와줄 수 없어. 신문을 편집하는 게 검열이고, 고층 빌딩을 건설하는 게 사회적 폭력 행위인 반면 벽돌을 던지는 행위는 시위라고 생각하는 사람이니까. 혹은 화자의 말을 중간에 끊는 행위가 언론의 자유를 행사하는 것인 반면 자기 구미에 맞지 않는 말은 도발로 취급하는 사람이니……. 단어는 그런 허튼소리와는 거리가 멀어. 단어는 순수하고 중립적이고 정확해서 이것을 의미하거나 저것을 묘사하고 다른 뭔가를 뜻하는 거야.

그러니까 단어를 잘 사용하면 몰이해와 혼돈을 뛰어넘는 다리를 건설할 수 있어. 하지만 단어를 모나지 않게 다듬으면 아무짝에도 쓸모가 없어져. 브로디가 그런 짓을 하지. 나는 작가들이 신성하다고 생각하지 않아. 하지만 단어는 신성한 존재지. 단어는 존경할 만한 가치가 있어. 적절한 단어를 적절한 순서대로 배열하면 이 세상을 슬쩍 움직이거나 당신이 죽은 후에도 아이들이 당신을 대변해 낭송할 시를 지을 수도 있다고.

창의적 자신감을 쌓는 방법(발췌)

– 데이비드 켈리(David Kelley)

오늘은 당신을 초대해 이 여행이 어떻게 펼쳐지는지 보여드리겠습니다. 제게 이 여행은 더그 디에츠(Doug Dietz) 같아 보입니다. 디에츠는 기술자죠. 디에츠는 의료영상 장비를 디자인하는데 그중에서도 대형 장비를 취급합니다. 제너럴 일렉트릭(GE)에서 근무한 그의 경력은 아주 화려했죠. 하지만 그에게도 위기의 순간이 있었습니다.

어느 날, 디에츠는 병원에서 자신이 만든 MRI(자기공명영상장치) 기기가 어떻게 사용되고 있는지 살펴보다 한 젊은 가족을 발견했죠. 그 가족의 어린 여자아이가 겁에 질려 울고 있었어요. 알고 보니 그 병원에서 소아과 환자의 80%는 진정제를 맞아야 디에츠의 MRI 기기 안으로 들어갈 수 있었죠. 디에츠는 그 사실에 크게 실망했답니다. 그 전까지만 해도 자신이 이뤄낸 업적을 무척 자랑스러워했거든요. 디에츠는 MRI 기기로 수많은 사람의 생명을 구해내고 있었으니까요. 하지만 아이들이 그 기기를 얼마나 무서워하는지 알고는 마음의 상처를 크게 받았죠.

그 당시 디에츠는…… 스탠퍼드대에서 수업을 듣고 있었어요. 디자인 사고와 공감, 반복적 시제품화에 대한 수업이죠. 디에츠는 그 수업에서 배운 새로운 지식을 활용해 놀라운 일을 해냈습니다. MRI 스캔 경험 전체를 완전히 새롭게 디자인한 것입니다. 그가 생각해낸 아이디어는 바로 이것이었죠.

MRI 기기를 아이들이 모험을 즐기는 공간으로 바꾼 것입니다. 디에츠는 검사실 벽을 색칠해 수평선을 표현했고 벽과 바닥, 스캐너, 심지어 촬영 기술자의 방 창문에도 그래픽 스티커를 붙여 해적선 같은 분위기를 연출했어요. 촬영 기술자도 어린이 박물관 직원처럼 아이들을 잘 아는 사람한테 재교육받도록 했죠. 이제 아이들이 MRI 검사실로 들어서면 경험의 장이 열립니다. 의료진은 아이들에게 해적선이 어떻게 움직이고 어떤 소리를 내는지 이야기해주죠. 그러고는 마침내 아이들이 검사실에 들어섰을 때 이렇게 말합니다. "좋아, 이제 해적선에 들어가는 거야. 그런데 여기서는 꼼짝도 하지 말고 가만히 있어야 해. 그래야 해적들이 널 찾지 못할 테니까."

그 결과는 극히 놀라웠습니다. 진정제를 맞아야만 했던 어린이 환자 비율이 80%에서 10%로 급격하게 줄었으니까요. 결국 병원과 GE 모두가 행복해졌습니다. 매번 마취 전문의를 부를 필요가 없어졌기 때문에 하루에 더욱 많은 아이를 검사할 수 있었거든요. 덕분에 검사 횟수가 양적으로 크게 증가했죠. 하지만 디에츠는 질적인 결과에도 더욱더 신경 썼습니다. 한 번은 디에츠가 한 아이의 엄마와 함께 있었는데 그녀는 검사를 받으러 들어간 아이를 기다리고 있었죠. 얼마 후 여자아이가 검사실에서 나오더니 엄마에게 달려가 이렇게 말했어요. "엄마, 내일 또 올 수 있어요?"(웃음소리가 터져 나옴)

디에츠는 개인적으로 크게 변모했고 혁신적 디자인을 창조했던 이 이야기를 내게 수차례 들려줬지만 그 여자아이 이야기를 할 때마다 어김없이 눈물을 글썽거렸죠.

아이들을 염두에 두고 의료기기를 개조하는 문제에 대한 디에츠의 의견을 살펴보고 싶다면 'http://bit.ly/DougDietzTEDx'를 찾아 들어가보세요.

창의성을 키우는 방법

1. 관심 있는 분야에 대한 독창적인 아이디어를 적어도 매주 하나씩 생각해 다듬는다. 그 주제에 대한 기존 자료를 정독하고 지금껏 아무도 다루지 않았던 주제를 숙고해보면 새로운 아이디어를 얻을 수 있다.

2. 형제자매나 친구 가운데 어려움을 겪고 있는 사람에게 최소한 한 가지 창의적인 해결책을 제시한다. 친구들과 함께 브레인스토밍

해 힘겨운 도전과제를 해결할 방법을 찾는다. 친구들이 어떻게 창의적인 사고를 이끌어내는지 유심히 지켜본다.

3. 창의성으로 명성을 떨치는 사람들의 이야기를 읽고 그들이 어떻게 그처럼 독특한 사람이 됐는지 알아낸다. 내 삶의 독특한 면을 찾아보고 그러한 측면을 창의적인 목적에 활용할 방법을 생각해본다.

4. 찌꺼기(남은 음식이나 문방용품 등)로 새로운 물건을 만들어본다. 쓰다 남은 것을 무조건 버리지 말고 예술작품이나 실용적인 물건으로 바꿀 수 있는지 생각해본다.

5. 내가 가장 잘하는 일을 더 많이 할 수 있는 색다르고 창의적인 방법을 찾아본다. 이러한 창의적인 방법으로 일이나 허드렛일을 더욱 즐겁게 한다.

6. 매주 적어도 한 가지 일을 색다르고 창의적인 태도로 처리한다. 창의성을 발휘할 여지가 거의 없는 일이라면 색다르고 새로운 환경에서 해본다.

7. 일주일에 한 번 나의 열정을 기사나 에세이, 짧은 글, 시, 그림에 담아본다. 그러고는 그 결과물을 취미가 같은 다른 사람들에게 보여줄 수 있는 길을 찾아본다.

8. 나와 내 동료의 공동 문제를 해결할 수 있는 독창적이고 실질적인 방안을 적어본다. 그 목록을 신문이나 소식지, 웹사이트에 공개한다.

9. 지역 극단이나 합창단 오디션을 본다. 연기와 노래에 관심이 없다면 세트 디자이너나 무대 담당자, 기금 모집자로 활동해본다.

10. 방이나 집을 새롭게 꾸며본다. 새로운 것을 사지 않더라도 기존의 가구를 재배치해 공간을 넓게 활용해본다.

11. 도자기나 사진, 스테인드글라스, 조각, 회화 수업을 듣는다. 이 중 한 가지 분야에 재능이 있다면 강사로 일해본다.

12. 풍수나 꽃꽂이 같은 이국적이고 독창적인 문화를 배운다. 문화적 배경이 다른 친구들에게 그들의 문화를 배우려면 어떻게 해야 하는지 물어본다.

13. 카드를 사지 않고 직접 만들어본다. 상대의 첫인상 묘사와 같은 개인적 내용을 카드에 적는다.

2. 호기심 강점

호기심과 흥미를 느끼고, 새로운 것을 추구하며, 모든 경험에 마음을 활짝 여는 것은 경험과 지식을 갈구하는 인간의 본질적인 욕구다. 호기심은 도전적인 기회가 왔을 때 경험을 능동적으로 인지하고 추구하며 규제하는 것과 관련된 능력이다. 호기심이 많은 사람은 새롭고 다양하고 도전적인 경험을 추구한다. 호기심의 반의어로는 무관심, 비관성, 권태가 있다.

호기심은 행복의 엔진

– 캐스린 브리턴(Kathryn Britton)

나는 조지메이슨대 심리학과 교수이자 『행복은 호기심을 타고 온다(Curious Discover the Missing Ingredient to a Fulfilling Life)』의 저자인 토드 카시단(Todd Kashdan)을 만나 인터뷰를 했다. 그와 함께 토론했던 몇 가지 논제를 여기서 소개하고자 한다.

브리턴 무슨 계기로 호기심에 대한 책을 쓰게 됐나요?

카시단 인간은 소유와 의미, 자신감과 자발성, 영성과 성취감, 창의성을 갈구하죠. 이런 욕구뿐만 아니라 행복의 모든 측면과 밀접하게 연관된 특성으로 호기심만 한 게 없어요. 그런데도 호기심이 등한시되고 있어서 이에 대한 책을 쓰고 싶었어요. 현재 시중에 나온 호기심 관련 책들은 대학교 도서관 책꽂이에서 먼지를 뽀얗게 뒤집어쓰고 있죠. 과학자들은 호기심에 대한 학문을 사람들에게 알리기 위해 직접 책을 써야 합니다.

브리턴 어떤 영감을 받아 책을 계속 쓸 수 있었나요?

카시단 전 언제나 불안을 연구했습니다. 특히 평가받는 걸 심각하게 부끄러워하고 두려워하는 사람들의 사회적 불안을 연구했죠. 그러다가 사회적 상호작용을 매우 의미 있게 의욕적으로 해나가는 사람들에게 눈을 돌리기 시작했어요. 전 그들에게 사회적 상호작용을 하면서 어떤 동기를 얻고 어떤 감정을 느끼는지 물어보았죠. 그러자 "흥미를 느꼈어요"나 "호기심이 생겼어요"라는 대답이 계속 나오더군요. 거기서 전 호기심이 불안을 억제한다는 사실을 알아차렸죠.

새로운 사람을 만나고, 새로운 도전을 할 때는 누구나 이럴까 저럴까 하는 내면의 갈등을 느낍니다. '여기서 도망치면 실패할 일도 없고 바보처럼 보일 일도 없지 않을까? 아니면 내 호기심이 이끄는 대로 행동하고, 잠재적으로는 내 기술을 넓혀나가며, 내 장점에 대해 더 많이 배우고, 어떤 보상을 얻을 수 있을지 알아볼까?' 하는 생각을 하는 거죠. 이런 불안과 호기심의 싸움은 일상생활의 근본적인 일부분이라는 사실을 깨달았어요. 그러고 나자 불안의 정체를 진심으로 파악하고 싶다면 호기심을 연구해야 한다는 것을 알게 됐죠.

호기심과 불안은 동시에 일어납니다. 호기심이 생기면 불안하지 않거나 불안하면 호기심이 생기지 않는 게 아니죠. 호기심과 불안은 가능한 한 모든 조합으로 결합합니다.

브리턴 불안 증세만 연구하다가 불안 증세와 호기심을 함께 연구하면서 어떤 점이 달라졌나요?

카시단 제 인생의 근본적인 목적이 행복해지거나 긍정정서를 자주 느끼는 게 아니라 풍요롭고 의미 있는 존재가 되는 것이라는 사실을 깨달았죠. 다른 사람들에게도 이런 깨달음을 안겨주고 싶어요. 그런 존재가 되면 긍정정서와 부정정서 모두 넘치도록 많이 느끼게 됩니다. 실수를 전혀 하지 않고 부정정서와 극한 불안을 조금도 느끼지 않는다면 모험을 하지 않는다는 뜻이죠. 위험한 것을 피해 살려고만 한다면 창의적이 될 수도 없고, 자신의 강점을 발견해 활용하는 방법도 알아낼 수 없어요.

사실 저도 지금까지는 긍정적인 것만 추구했지만 이제는 의미 있는 삶을 살게 됐습니다. 삶이란 실험하고 탐구하며 발견하는 것이죠. 10년 동안 호기심을 연구하고 이 책을 쓰면서 얻은 소득이 있다면 그건 제가 익숙한 것과 새로운 것 가운데 하나를 고른다는 사실을 깨달았다는 겁니다. 예를 들면 레스토랑에 가서 제가 좋아하는 요리를 고를 수도 있고, 아니면 주방장의 추천요리를 시킬 수도 있어요. 물론 이국적이고 눈길을 잡아끄는 주방장 추천요리를 시켰다가 실망할 수 있습니다. 하지만 높은 위험을 감수하고 큰 보상을 얻는 게 삶의 묘미죠.

브리턴 그러니까 '긍정적으로 살자'에서 '불안을 위험에 도전하는 삶의 필수 요소로 받아들이자'라고 삶의 태도를 바꾸라는 말이죠?

카시단 네, 그렇습니다. 이따금씩 사람들은 뭔가 중요한 일이 생길 때 불안을 느끼죠. 이 책에서는 자신이 가장 열정적으로 하는 일을 해야 한다고 주장합니다. 호기심이 이끄는 대로 가다 보면 자신에게 중요한 것을 찾아 확인할 수 있어요.

호기심은 행복의 다른 모든 측면에 중요한 영향을 미칩니다. 감사하는 마음이 어떤 건지 한 번 생각해보세요. 누군가가 감사할 줄 안다는 것은 그 사람이 행복한 삶을 살고 있다는 확실한 증거입니다. 그런데 '나도 모르는 새 도움을 받았는데 누가 날 도와준 걸까?'라고 의문을 품지 않는다면 어떻게 감사할 수 있겠습니까. 그렇기 때문에 호기심은 감사하는 마음을 갖게 해주는 원동력이죠.

자신의 강점을 찾아 색다르게 활용하는 건 어떨까요. 이것은 "난 어떤 사람인가?" "내가 언제 최고의 실력을 발휘하는가? 내가 언제 가장 의욕적으로 행동하는가?" 같은 질문을 던질 때 가능해지죠. 이와 같은 자기탐구는 호기심을 느끼는 상태입니다. 자기내면에 호기심을 느끼는 거죠.

브리턴 그렇다면 호기심이 행복의 원동력이라는 말인가요?

카시단 제 책에서는 호기심을 성장 엔진이라고 정의했습니다. 시행착오를 거치지 않고는 자신의 열정이나 목표를 찾을 수 없죠. 호기심은 삶에 의미를 부여하고 찾아나가도록 도와줍니다. 그 과정에서 밀물처럼 들어왔다가 썰물처럼 빠져나가는 행복을 살짝살짝 맛보는 거죠.

행복을 삶의 근본적인 목적으로 삼고 행복에 지나치게 집착하는 건 좋지 않아요. 플로리시한 삶이란 여러 요소가 얽힌 회로판 같아요. 어떤 요소가 가장 많은 요소와 연결돼 있나요? 제 인생이나 제 고객의 인생 혹은 어떤 조직에서 바꾸려고 애쓰는 요소와 관련된 요소는 무엇인가요? 그 요소를 모두 알아내 긍정 결과를 이끌어주는 요소를 정확하게 집어낼 수 있나요?

행복이란 개념은 무척이나 광범위하고 불투명합니다. 그렇기 때문에 행복에만 집중하면 행복을 손안에 넣을 수 없어요. 이미 존재하고 있지만 아직 당신의 삶에 받아들이지 않는 보다 구체적인 요소로 눈을 돌려야 합니다. 어떤 사람들은 의욕적으로 열정을 다해 일하지만 영성이나 사랑, 삶에 의미를 부여해주는 의미심장한 근원을 갈구하는 사람들의 욕구를 무시하죠. 만약 그런 다른 요소들을 집중적으로 살핀다면 보다 의욕적이고 열정적인 업무 환경을 조성할 수 있지 않을까요? 저도 그 답은 잘 모르겠습니다. 이런 의문들은 아직 연구해보지 못했어요.

스트레스를 잘 다루는 사람의 비결은 뭘까요? 성취감과 창의성을 잘 발휘하는 사람의 비결은 또 뭐고요? 이런 특성들은 모두 행복의

한 측면입니다. 모든 사람이 자신의 장단점을 보여주는 프로필을 구체적으로 제시한다면 그 사람이 얼마나 행복한지를 보다 정확하게 파악할 수 있죠. 예컨대 이렇게 이야기하는 사람이 있을 수도 있어요. "그래서 말인데 그건 제가 그다지 많이 생각해보지 못한 분야입니다. 제게 중요할지도 모르는 것인데 말이죠." 반면 광범위한 차원에서 행복이나 플로리시(충만)한 삶을 추구하는 데 집중한다면 인생이 어떻게 흘러나가는지를 보여주는 개개인의 구체적인 프로필을 보지 못할 가능성이 있어요.

브리턴 선생님은 개인과 개인의 차별성에 대해 이야기할 때 호기심을 많이 언급하는 것 같더군요.

카시단 그렇습니다. 탐구와 실험은 행복을 증진해가는 모든 일의 일부죠. 저는 이 책을 통해 호기심이라는 단순해 보이는 정서를 사람들에게 되찾아주고자 합니다. 그렇게 하면 눈길을 사로잡는 신기한 일이 생길 때만 호기심을 느끼는 것이 아니라 전혀 궁금할 게 없는 상황에서도 호기심을 발동할 수 있으니까요. 호기심은 사람들이 자유자재로 사용할 수 있는 능력입니다. 전 새로운 것을 찾아보기로 마음먹을 수 있죠. 어떤 사람을 새로운 관점에서 바라볼 수도 있고요. 사람들에게 절 만나기 전에는 어떤 사람이었는지를 물어볼 수도 있어요. 또 사랑하는 사람에게 제가 없었을 때는 어땠는지 물어볼 수도 있죠. 일이 잘 풀릴 때 대응을 잘한다는 것은 주변 사람들에게 일어나는 좋은 일들에 흥미를 느낀다는 뜻입니다.

브리턴 호기심은 사람마다 다양하게 나타난다고 생각하나요?

카시단 물론입니다. 사람들은 모두 저마다 다른 유전적 성향을 지니고 있어요. 그렇기 때문에 새로운 것에 얼마나 민감하게 반응하는지, 낯설고 불확실한 상황에서 당황하는지 그렇지 않는지가 저마다 다르죠. 또한 연령도 호기심에 영향을 미칩니다. 아이들은 끝없는 탐구심을 가지고 있죠.

그러다가 어른이 되면 뭔가 달라집니다. 어른은 규칙을 배우고, 뭔가 매듭을 짓고 싶어 하며, 똑똑해지고 싶어 하고, 자신의 인생에서 어느 정도 확신을 얻고 체계를 세우고 싶어 하죠. 장례식장의 규칙과 다르고, 엘리베이터와 칵테일파티에서 지켜야 할 규칙과도 다른, 일터에서 지켜야 할 규칙을 배우고 나면 새로운 것을 원하는 욕망이 뒷전으로 물러나버립니다. 결국 불확실성을 제어하려고 고군분투하게 되죠. 사실 그렇게 하는 건 불가능한데도 말입니다.

브리턴 이 책을 집필하면서 발견한 가장 놀라운 것은 무엇인가요?

카시단 파킨슨병과 알츠하이머병에 대한 두뇌과학 연구 결과에 무척 놀랐어요. 파킨슨병과 알츠하이머병의 신경학적 첫 징후 가운데 하나가 새로운 것을 처리하고 다루지 못하는 것이랍니다. 이것이 바로 퇴행의 초기 징후죠. 낯선 것은 쳐다보지도 않고 익숙한 것에만 매달릴 뿐만 아니라 한 번도 본 적 없는 것을 마주하기 싫어하는 것도 그 징후에 속합니다. 도파민은 보상 기대심리와 연관돼 있고 그렇기 때문에 호기심과도 밀접한 관계를 맺고 있죠. 사람들은 뭔가 새로운 것을 보면 도파민이 나옵니다. 그런데 파킨슨병과 알츠하이머병 초기 단계에서는 도파민 회로가 끊겨버리죠.

새로운 활동에 적극적으로 참여하면 인지 노화를 늦추고 파킨슨병과 알츠하이머병의 발병 위험을 낮출 수 있어요. 그러니까 새로운 것을 탐구하는 것은 퇴행성 뇌질환을 치료해줄 가능성이 있는 잠재적 해독제 같은 거죠.

브리턴 호기심이 감사하는 마음과 어떤 관련이 있는지는 이미 설명해주셨죠. 그렇다면 호기심과 마음챙김은 어떤 관련이 있나요?

카시단 호기심은 마음챙김의 두 가지 주요 측면 가운데 하나라고 생각합니다. 호기심을 느끼지 않고서는 마음챙김을 할 수 없죠. 대부분 사람은 관심 대상을 선택하고 집중력을 흩뜨리는 것을 멀리해서 지금 이 순간에 집중합니다.

마음챙김의 또 다른 요소는 관심의 질입니다. '비분석적이다'는 말은 부정적이고 당혹스러운 표현이에요. 관심의 질이란 무엇이든 간에 관심 대상을 열린 마음으로 받아들이고 그 대상에 호기심을 느끼는 태도를 말합니다. 이런 의미가 마음챙김의 정의에서 누락된 것 같아요.

브리턴 다른 종류의 호기심도 있나요?

카시단 500명이 넘는 사람을 대상으로 호기심을 가장 자극하는 것이 무엇인지 조사하는 연구를 한 적 있어요. 다른 사람들의 삶과 자신의 삶, 그러니까 자기성찰에 가장 큰 호기심을 느낀다는 대답이 1, 2위를 다퉜죠. 자아에 호기심을 갖는 자기성찰에 대해서는 충분하게 말씀드리지 못했어요. 자기성찰을 하지 않으면 목표를 정하거나 자신의 강점을 찾아낼 수 없죠. 호기심이 없어도 마찬가지고요.

브리턴 좀 더 많은 연구가 이뤄졌으면 좋겠다 싶은 문제가 있나요?

카시단 당연히 있죠! 현재 연구가 진행되고 있기는 하지만 아직 충분한 답이 나오지 않은 문제가 있어요. 장기적인 관계에서 열정과 헌신, 친밀감을 어떻게 유지할 수 있을까 하는 문제가 바로 그것이죠.

제 첫 스승인 아서 아론(Arthur Aron)이 명쾌한 해답을 내놓았어요. 사랑하는 사람과 새롭고 흥미로운 일을 함께하라는 것이죠. 그냥 즐거운 일이 아니라 완전히 새로운 영역의 일을 함께한 다음에 풀리지 않는 갈등을 해결하는 겁니다. 그렇게 새로운 활동을 함께하고 나면 훨씬 더 따뜻하게 열린 마음으로 서로를 대하고 서로의 의견에 쉽게 동조하게 되죠.

이것이 바로 동반자에게 흥미와 호기심을 느낄 때 얻을 수 있는 가치입니다. 요즘은 평균수명이 점점 길어지고 있죠. 서른 살에 결혼했거나 누군가와 헌신적인 관계를 맺었다면 앞으로 70년 동안 그 관계를 어떻게 유지할 수 있을까요? 70년 동안이나 말입니다. 전 바로 이 분야의 연구가 이뤄졌으면 좋겠어요. 사람들이 일상생활에서 어떻게 행동해야 흥분과 흥미를 유지하고, 생기 넘치고 활력 있는 관계를 이어나갈 수 있는지 연구하는 것은 진짜 어렵고 오랜 시간이 걸리는 일이죠.

더없이 행복하고 열정적인 연인이나 부부의 비결은 뭘까요? 그들한테서 뭘 배울 수 있을까요? 결혼이라는 분야에서 마틴 루서 킹 목사와 테레사 수녀 같은 사람이 될 수 있는 부부는 어떤 사람들일까요? 본보기가 될 만한 사람들을 찾아보고 싶어요. 그런 사람들을 제시해 그들의 행동이 어떻게 다른지 보여줄 수 있다면 좋겠어요. 그들은 어떻게 서로에게 맞춰나가는 걸까요? 각자 개별적으로 성장하는 동시에 함께 성장하는 과정을 얼마나 개방적으로 받아들일까요? 서로에게 어떤 공간을 마련해줄까요? 이런 것들은 측정하기 어렵지만 너무나 중요해 반드시 연구해야 하는 문제입니다.

호기심을 부르는 낭독문

호기심을 이끌어내고 싶다면 다음의 시를 큰 소리로 읽어보라.

가르치는 것에 대해

- 칼릴 지브란(Kahlil Gibran)

그대들의 지식이 동틀 때 이미 반쯤 잠들어 누워 있는 것 이외의 뭔가를 그대들에게 알려줄 수 있는 사람은 아무도 없도다.

제자들을 거느리고 사원의 그늘을 걷는 스승은 제자들에게 믿음과 사랑을 주지만 자신의 지혜를 주지는 못하나니.

진정으로 현명한 스승은 그대들에게 지혜의 집으로 들어오라고 하지 않고 그대들을 그대들 마음의 문턱으로 이끄노라.

천문학자가 그대에게 우주의 지식을 들려줄 수 있을지는 몰라도 그대의 것으로 만들어줄 수는 없도다.

음악가가 모든 곳에 존재하는 리듬을 그대에게 불러줄 수 있을지는 몰라도 그 리듬을 포착하는 귀도, 리듬을 울려 퍼트리는 목소리도 주지 못하나니.

수의 학문에 통달한 스승은 그대에게 도량형에 대해 말해줄 수 있지만 그대를 그쪽으로 끌고 갈 수는 없도다.

통찰력을 얻은 사람이 그 날개를 다른 사람에게 빌려줄 수는 없기 때문이노라.

신이 그대들 한 명 한 명을 각각 다른 존재로 이해하듯이 그대들도 저마다 다르게 신을 알고 이 땅을 이해해야 하나니.

호기심을 키우는 방법

1. 일주일에 세 번 30분 동안 책이나 저널, 잡지, 텔레비전, 라디오, 인터넷을 이용해 관심 분야에 대한 지식을 넓혀나간다. 그 분야의 전문가에게 부탁해 좋은 자료를 추천받는다.

2. 별로 접해보지 못했거나 전혀 모르는 다른 문화의 음식을 먹어본다. 그 음식의 문화적 배경을 알아보고 그에 대한 생각을 점검해본다. 친구와 함께 식사를 하고 나서 서로의 평가를 비교해본다.

3. 적어도 한 달에 두 번은 다른 문화권 사람을 만나 한 시간 동안 이야기를 나누며 그 사람의 문화를 배운다. 나의 문화를 호기심 어린 시각으로 탐구하고 비판하지 않으며 개방적으로 받아들인다.

4. 매년 최소 한 번은 새로운 마을이나 도시, 나라를 여행한다. 이때 가능한 한 자동차보다 자전거를 타거나 걸어서 다닌다. 그 지역에 사는 몇몇 사람과 이야기를 나누며 그 지역 공동체에 대해 더 많이 배운다.

5. 제약을 두지 말고 학습을 보다 넓게 확장한다(예를 들어 아이스크

림을 만들면서 물리학 혹은 화학을 공부하거나 요가를 배우면서 각기 다른 근육 집합에 대해 배운다). 이러한 학습 경험을 친구와 함께해보고 서로의 생각을 나눈다.

6. 기자나 연구학자, 교사처럼 새로운 정보를 매일 얻을 수 있는 직업을 찾아본다. 이런 일에 종사하면 언제나 생기와 활력이 생긴다.

7. 다른 문화권의 강의나 학회에 참석한다. 판단을 보류하고 내가 속한 문화권과 다른 문화권의 유사점과 차이점을 생각해본다.

8. 관심사가 같은 사람을 찾아 그 분야에서 실력을 키우는 방법을 배운다. 매주 혹은 격주로 그 사람과 점심을 먹으면서 서로의 지식을 나눈다.

9. 내가 좋아하는 주제에 대해 알려지지 않은 것을 목록으로 작성하고 그것을 깊이 연구해 답을 찾아낸다. 관심사가 같은 전문가와 친구한테서 큰 도움을 받을 수 있다.

10. 내가 이미 갖고 있는 지식과 기술에 반하는 것을 시도해본다. 관심 있는 주제에 대한 프레젠테이션을 하거나 세미나를 연다. 혹은 그 주제를 잘 모르는 친구들에게 상세하게 설명해준다.

11. 한 분야에서 호기심을 감소시키는 요소를 찾아내고 호기심을 되살릴 수 있는 세 가지 새로운 방법을 찾아낸다. 그 주제에 대한 회담과 쇼 혹은 모임에 참석하는 방법도 고려해본다.

12. 매주 적어도 한 시간씩 숲과 공원, 개울, 뜰 등에서 시간을 보내며 자연의 섭리를 탐구해본다. 그 과정에서 받은 인상과 느낌을 글이나 그림으로 표현한다.

3. 학구열 강점

학구열이라는 강점을 지닌 사람들은 지적 활동에 종사한다. 이들은 전형적으로 기술을 습득하고, 호기심을 충족시키며, 기존의 지식을 넓혀나가고, 뭔가 완전히 새로운 것을 배우면서 긍정정서를 느낀다. 이들은 종종 지식과 기술을 통제 하에 조직적으로 구축하고, 심지어 즉각적인 혜택을 얻을 수 없을 때도 지식이나 기술을 계속 습득한다. 학구열의 반의어로는 지식에 대한 저항, 무관심, 권태가 있다.

지도자들에게 가장 사랑받는 강점, 학구열

- 리안 니믹

2009년 열린 국제긍정심리협회 헌장 회의에서 오늘날 긍정심리학 분야의 우수한 전문가와 연구학자, 치료사 16명과 한자리에 앉았을 때 나는 긍정정서, 몰입, 의미를 동시에 경험할 수 있는 기회를 얻었다. 우리는 영상 인터뷰를 하면서 인터뷰 대상자의 업무와 성격강점 및 덕목의 연관성을 연구했다. 편안하게 앉아서 영상 인터뷰 녹화 테이프를 살펴보고 검토한 끝에 여기서 소개하고 싶은 몇 가지 주제를 찾아냈다.

나는 모든 지도자에게 자신들의 가장 뛰어난 성격강점이 무엇인지 말해달라고 했다. 지도자들에게 가장 사랑받는 성격강점이 학구열이라는 사실은 어쩌면 놀랄 일이 아닐지도 모른다. 실제로 지도자 16명 가운데 10명이 학구열을 자신의 대표 강점이라고 말했다.

나는 그 이유가 이렇다고 생각한다. 성격강점 중 하나인 학구열은 지식과 지혜를 체계적으로 구축한다는 점에서 호기심과 다르다. 조사, 특히 우수한 과학적 조사는 새로운 지식이나 기존 지식을 이해하는 새로운 방식을 찾는 체계적인 연구와 관련 있다. 학구열을 대표 강점으로 보유한 사람들은 학습하는 과정을 즐기는 자신의 능력을 자신하며, 학습 그 자체가 본질적인 보상이 된다고 생각한다.

학구열은 그처럼 훌륭한 사상가와 연구학자의 생활과 밀접하게 연관된 핵심 기제다. 예컨대 긍정심리학자이자 저자인 에드 디너와 토드 카시단은 실험실에서 데이터를 처리하고, 새로운 발견에 흥미를 가지며, 기회가 있을 때마다 새로운 지식을 열렬히 탐구하는 일을 잘 해내고 있다. 두 사람은 모두 자기 일에 몰두하면서 편안함을 느끼고 그 와중에도 목표를 지향한다.

이 두 사람은 본인들이 설명한 것처럼 일할 때 몰입 상태(자동적인 몰입경험)와 감상 상태(의식적으로 경험을 즐기는 상태)가 교대로 나타난다는 사실을 깨달았다. 이 같은 과정이 학구열을 북돋아준다. 실제로 디너와 카시단은 그 자체가 보상이 되는 활동을 하면서 통제력을 만끽하다 보면 시간이 어떻게 가는지도 몰랐다.

학구열은 대부분의 성격강점과 의미 있는 형태로 결합한다. 그중 학구열과 가장 자주 결합되는 성격강점은 호기심이다. 호기심은 학구열이라는 전동기계에 치는 기름과 같아 전동기계가 최고 성능을 유지하도록 해준다. 감상력과 판단력(개방성), 감사를 연구하는 조너선 헤이트는 호기심과 학구열이 결합하면 탐험가가 된 것 같은 매력적인 경험을 할 수 있다고 말했다. 새로운 문화 연구에 빠진 민족지학자처럼 헤이트는 정치와 도덕, 성격 분야를 탐구한다. 이런 분야에 관심을 갖는 사람은 많지 않고, 만약 있다면 사회심리학자뿐이다.

긍정심리치료 개발자인 라시드는 학구열과 사회적 지능이 자신의 가장 뛰어난 성격강점이라고 했다. 이처럼 대인관계 성격강점과 인지적 성격강점이 결합되면 고객의 진정한 모습을 알아내는 데 유익하다. 사회적 지능 덕분에 타인의 감정과 동기를 간략하게 물어보고 확인하며 이해하는 능력이 생기기 때문이다.

긍정정서를 연구하는 긍정심리학자 바버라 프레드릭슨은 학구열이라는 대표 강점과 아름답고 훌륭한 것을 즐기는 감상력을 결합시켰다. 이것은 그녀가 관심을 갖는 실제 연구에 상당히 잘 들어맞는 조합이다. 이러한 조합 때문에 프레드릭슨은 긍정경험이 얼마나 아름다운지를 더 알고 싶어 하고, 그 아름다움에 끌려 긍정정서를 연구한다.

피터슨과 그의 동료는 학구열이라는 성격강점이 유쾌한 삶이나 의미 있는 삶보다 몰입적인 삶과 강력한 상호관계를 맺는다는 사실을 발견했다. 그렇기 때문에 학구열은 업무와 놀이, 인간관계에서 몰입과 유대감을 키우고 싶은 사람에게 가장 좋은 성격강점이 된다. 긍정심리학의 많은 지도자는 학구열이라는 성격강점을 높이 평가한다. 따라서 앞으로 인류 번성에 대한 연구가 잘 이뤄질 것이라고 낙관할 만하다.

학구열을 부르는 낭독문

학구열을 이끌어내고 싶다면 다음의 글을 큰 소리로 읽어보라.

애비게일 애덤스의 편지(발췌)

'학습은 우연히 얻을 수 있는 것이 아니다. 부지런하게 열심히 노력해야 얻을 수 있는 것이다…….'

'천재가 살고 싶어 하는 시대가 있다. 훌륭한 인물이 등장하는 시기는 삶이 변함없이 차분하거나 평화로운 상태가 아니다. 열정적인 사람의 습관은 역경에 맞설 때 형성된다. 필요성이 크게 대두될 때 덕망 높은 훌륭한 인물이 나타난다. 사람이 마음이 동하는 상황에 자극받고 활기를 얻으면 그렇지 않을 때 잠들어 있던 자질이 깨어나 영웅과 정치인…… 등의 성격이 형성된다.'

‘나는 언제나 사람의 지능이 동일한 주제에 대해 상충하는 의견을 얼마나 많이 내놓을 수 있느냐와 직결돼 있다고 느꼈다.’

‘영웅과 정치인, 철학자가 존재하는 게 필연이라면 여성에 대해 배워야 한다. 이런 의견 때문에 내가 조롱당하고 오만하다고 비난받을지도 모른다. 하지만 내가 아는 당신은 넓고도 자유로운 정신을 지니고 있어 그러한 정서를 무시하지 못한다. 많은 것이 젊은이의 조기 교육과 그들의 마음속에 가장 깊이 뿌리내린 최초의 원칙에 좌우된다면 여성의 문학적 업적이 어마어마한 혜택을 낳을 것이다.’

학구열을 키우는 방법

1. 매달 새로운 박물관을 방문하고 새로 배운 것에 대한 글을 쓴다. 이 새로운 경험을 친구나 가족과 함께하고 그 소감을 물어본다.

2. 신문이나 텔레비전, 인터넷에서 현재 진행되는 세계적인 행사를 찾아본다. 다양한 출처의 보도기사를 비교해 차이점을 살펴보고 각각의 보도를 비판적으로 평가한다.

3. 사랑하는 사람들과 함께 기사를 큰 소리로 읽어본다. 돌아가면서 읽을 자료를 선택해 서로의 관심사를 나눈다.

4. 친구와 함께 교습과 학습의 날을 정해 친구에게 한 가지 기술을 배우면서 내가 잘하는 것도 가르쳐준다. 완전히 새로운 것을 접할 수 있게 관심사가 다른 친구를 찾아본다.

5. 새로운 장소를 즐겁게 여행하면서 배운다. 새로운 곳에 가면 관광하거나 지역 박물관을 찾아 그 지역 문화와 역사에 대해 더욱 많이

배운다.

6. 일주일에 적어도 두 번 새로운 단어를 다섯 개씩 배우고 그 뜻과 사용법까지 익힌다. 사전이나 웹사이트를 이용하거나 이메일로 새로운 단어를 받아 학습한다.

7. 관심 있는 주제에 대한 논픽션을 매달 한 권씩 읽는다. 관심사가 같은 사람을 찾아 다 읽은 책을 서로 바꿔 읽는다.

8. 일주일에 적어도 한 번 도서관을 찾아가 한 가지 주제에 대한 책을 읽고 조사한다. 그 분야의 발전에 도움이 되는 실용적인 생각을 적어보고, 관심사가 같은 사람들과 그에 대해 이야기를 나눈다.

9. 관심사가 같은 사람과 대화를 한다. 정기적으로 점심시간에 만나거나 함께 프로젝트를 수행할 계획을 세운다.

10. 지역 북클럽에 참가한다. 지역 도서관에서 북클럽에 대한 정보를 찾아보고 만약 북클럽이 없다면 도서관의 도움을 받아 북클럽을 만들 수 있다.

11. 동네에 새로 생긴 박물관이나 미술관에 가본다. 거기서 화가나 작품 출품자를 직접 만날 수도 있다.

12. 동료에게 내 지식을 알려줄 수 있는 주제를 찾아보고 겸손한 태도로 정보를 나눠준다.

13. 관심 있는 세미나와 워크숍, 회의에 참여해 관심사가 같은 사람들과 어울리고 이후에도 만남을 계속 갖는다.

14. 지역 공장과 실험실을 방문해 생산 과정을 파악한다. 이때 아이를 데려가 아이가 호기심을 보이는지 살펴본다.

4. 개방성(판단력) 강점

개방성은 판단력과 비판적 사고와도 일맥상통한다. 개방성은 자신의 신념과 계획 혹은 목표에 반하는 증거를 적극적으로 찾고, 그런 증거를 찾을 수 있다면 찾아서 공정하게 검토하고자 하는 의지다. 이러한 강점은 많은 관점을 취할 수 있고, 그 관점을 비판적으로 분석할 수 있으며, 현명한 판단을 내릴 수 있는 능력이다

훌륭한 판단력은 부분적으로는 좋은 결정을 이끌어낼 수 있고, 또 다른 측면에서는 일관적인 세계관을 길러주기 때문에 만족스러운 능력이다. 개방성은 시험적인 삶을 실현시켜준다. 개방성의 반의어로는 권위적, 고정관념, 독단적 선입견이 있다.

부족하지도 과하지도 않은 적정 수준을 찾아라

– 샌디 루이스(Sandy Lewis)

나는 이 성격강점을 약칭해 개방성이라고 부르지만 판단력과 비판적 사고라는 개념도 여기에 포괄돼 있다는 사실을 명심하길 바란다. 이 성격강점을 잘 이용하면 탁월하게 문제를 해결할 수 있다. 중대한 결정을 탄탄한 근거에 바탕을 두고 명확하게 내릴 수 있다. 또한 모호하거나 극히 편파적으로 될 수도 있는 상황을 객관적으로 바라보는 뛰어난 지도자가 될 수 있다.

개방성을 적절하게 사용할 경우 먼저 성격강점 검사에서 개방성이 가장 높게 나타났고, 그 능력을 자신과 타인의 이익을 위해 사용하는 사람을 살펴보자. 그랜트(Grant)는 라틴아메리카에서 대규모 기술회사를 이끌어나가는 미국 태생의 공학자다. 그런데 미국으로 이사하는 문제 때문에 라틴계 아내와 다투고 있었다. 그랜트의 거주 지역은 성장하는 추세였고, 그랜트는 자신이 신생 팀에서 떨어져나갔을 때 발생할 영향을 우려했다.

나는 그랜트를 처음 만났을 때 자기인식이 아주 날카로운 사람이라는 인상을 받았다. 사업 감각이 면도날처럼 날카로웠고, 실행에 능했으며, 팀과 가족의 감정적 요구를 개방적으로 수용하고 그들과의 소통에도 개방적이었다. 그랜트는 3년 가족 계획을 세워야 할 필요성을 깨달았을 때 아내의 참여를 이끌어내 아내와 더욱 나은 관계를 맺어나갔다. 또한 합리적인 일정을 짤 때도 직원들과 감정적으로 소통

할 수 있게 정기회의 체계를 만들었다.

그랜트는 가족과 팀 모두의 요구를 살피고 그에 적절한 행동을 취할 수 있었다. 타인의 생각과 요구, 흥미를 개방적으로 수용하면서 장애를 헤쳐 나가 명확하게 생각을 정리했다.

개방성이 뛰어난 사람들은 종종 공식적인 추론이 필요할 때 뛰어난 수행 능력을 발휘한다. 예컨대 새로운 상품의 작업 흐름(혹은 워크플로)을 디자인하거나 버그 발생이 잦은 프로그램의 문제를 해결할 때 그렇다. 이들은 도전을 해결할 수 있는 문제로 보고 새로운 아이디어와 대안을 개방적으로 받아들인다.

개방성을 충분히 사용하지 못할 경우 이 성격강점을 충분히 사용하지 않는 사람들은 결정을 내릴 때 편협하거나 엄격해 보일지도 모른다. 조세(Jose) 박사는 뛰어난 생화학자였다. 35년의 연구 경력을 자랑하는 조세는 자기 분야에서 해결 불가능해 보이는 기술적 문제의 해결책을 찾아내는 사람으로 유명했다.

하지만 동료와 효율적인 관계를 맺지 못해 어려움을 겪고 있었다. 정책이나 절차에 대해 개방적인 토론을 할 때마다 조세는 다른 좋은 정보가 있음에도 섣불리 판단을 내리고 성급하게 조치를 취했다. 이런 행동은 조직 내에서 조세의 성장을 제약하는 한계가 됐다. 조세는 모든 사람이 자신에게 반대한다고 생각하기 시작했다. 또한 자신의 본래 생각을 확증해주는 정보만 수용하는 '확증 편향'에 빠지는 경우가 잦았다.

조세는 자의식을 들여다보면서 자신의 그러한 행동이 인간관계와 장래를 망치고 있다는 사실을 깨달았다. 즉시 결정을 내리기 전에 타인의 조언에 귀 기울이고 새로운 자료를 수집하기 시작했다. 다시 말해 조세는 개방성이라는 성격강점을 보다 충분히 활용한 것이다.

개방성을 과하게 사용할 경우 어떤 사람들은 개방성을 과하게 사용해 너무나 많은 선택권을 고려한다. 이러한 경우 종종 지나치게 많이 생각하거나 너무 깊이 심사숙고하는 문제가 발생한다. 지나친 심사숙고는 우울증을 유발할 수 있다.

시카(Shikha)는 고등학교 성적이 좋았지만 대학교 1학년 때 낙제했고 우울증 진단을 받았다. 시카가 성격강점 검사를 받자 개방성이 가장 높은 대표 강점으로 나타났다. 그제야 시카는 수업 시간에 지나치게 많이 생각하는 바람에 질문하려고 손을 들지 않는다는 사실을 깨달았다. 또한 충분히 잘했다는 생각이 들지 않아 과제를 늦게 제출했다. 그는 판단력의 화살이 '자기 내면으로 굽어 있는 것' 같아서 어떤 한 가지 관점을 취하기가 어려웠다고 말했다.

시카는 또한 대학교 1학년 때 자신의 개방성을 발휘할 수 있는 수업을 하나도 듣지 않았다는 사실을 깨달았다. 지금은 과학과 수학 과목에서 실력을 발휘하고 있다. 개방성의 화살을 외부로 돌려 건전한 방식으로 개방성을 발휘하는 방법을 배웠기 때문이다.

지나친 생각에 사로잡히면 한 가지 문제의 여러 측면이 너무 많이 보이기 때문에 자신의 의견을 내세우지 못하고 가치 있는 기여를 할 수 있는 기회를 놓친다.

개방성 인지 자신이나 타인에게 개방성이 있는지 없는지를 어떻게 알아낼 수 있을까. 나는 리더십 개발 분야에서 오랜 시간을 보내면서 사람들과 함께 일할 때 그들의 성격강점을 찾아내는 법을 배웠다. 그 방법은 탐구적인 질문을 던지는 것이었다. 예컨대 "자신을 잊어버릴 정도로 일에 몰두할 때는 언제인가요?" "무엇을 할 때 가장 행복한가요?" "어떤 경우에 짜증이 나나요?" "당신의 인생이 당신이 바라는 대로 된다면 그 인생은 어떤 모습일까요?"라는 질문을 던진다. 사람들이 체계적인 사고방식을 취하거나 아이디어와 구조에 흥미를 갖는다면 판단력과 비판적 사고, 개방성이 높은 편이며, 그 능력을 적절하게 사용하고 있는 것이다.

이와는 반대로 사람들이 좋은 아이디어를 공유하고도 부정적으로 바꿔놓거나 자신과 동료 혹은 가족을 비판하는 목소리를 지나치게 높인다면 개방성을 과도하게 발휘하는 것은 아닌지 의심스럽다. 또한 나는 사람들이 언제 지나치게 많이 생각하고 재고하는지도 감지할 수 있다.

라본다(Lavonda)는 국제 재정회사에서 높은 지위에 있는 존경받는 지도자였다. 동료와 상사들에게 칭찬받는 사람이었지만 자신의 능력을 의심하고 있었다. 라본다는 내게 이렇게 말했다. "제가 이 분야에서 일을 잘해내고 있다고 생각하지만……." 이 이야기의 결말은 보나마나 뻔했다. 라본다의 이런 성격은 자신을 믿고 새로 맡은 임무를 수행하는 데 해가 됐다. 회의 중에도 자신의 의견을 선뜻 제시하지 못했고 새로운 동료와 상사를 지나치게 존중했다.

하지만 종국에는 자기 내면의 목소리를 보다 정확하게 듣고 자신이 지나치게 비판적으로 변하는 순간을 감지해내는 법을 배웠다. 또한 자신의 뛰어난 비판적 사고 능력을 활용해 팀의 업무 진척 상황을 보여주는 프로그램과 사업 계획을 개발했다. 라본다는 자신의 강점을 언제, 어디에, 어떻게 사용해야 하는지를 알아내 보다 효과적으로 활용할 수 있었다.

그렇다면 어떻게 해야 개방성 과용의 잠재적인 부작용을 해소하고 개방성을 보다 충분히 활용할 수 있을까. 자신의 대표 강점을 사용할 때 생기는 감정을 파악하면 자신들의 강점을 스스로에게 유익하게 사용하는 순간을 보다 잘 알아낼 수 있다. 또한 사람들이 자신의 강점을 보다 자주 의식해 사용하도록 격려할 수도 있다. 성격강점을 새로운 방식으로 활용하면 장기적인 행복에도 긍정적 영향을 미칠 수 있다. 어쩌면 사람들이 성격강점을 이롭게 활용하는 순간을 보다 잘 인지할 수 있기 때문에 가능한 일인지도 모른다.

개방성은 또한 보완적인 성격강점에 대해 이야기할 때도 도움이 된다. 개방성은 '적절하게' 사용하기가 유독 어려운 성격강점이지만 다른 성격강점과 함께 발휘될 때 다루기가 훨씬 쉬워진다. 라울(Rahul)의 경우 성격강점 중 가장 높은 것은 개방성이고 그다음 유머, 리더십, 아름다운 것을 느끼는 감상력, 사랑 순이다. 라울은 매일 점심시간에 산책하면서 아름다움을 느끼는 감상력을 활용하는 법을 배우자 업무에서 보다 훌륭하고 균형 잡힌 결정을 내릴 수 있었다. 또한 사랑이라는 강점도 발휘할 여지가 생겨 가족과의 관계가 개선됐다!

각각의 성격강점은 지나치게 사용하거나 충분히 사용하지 못할 수 있다. 자의식을 높이면 최상의 성격강점을 최상으로 발휘하는 데 도움이 된다.

개방성을 부르는 낭독문

개방성을 이끌어내고 싶다면 다음의 글을 큰 소리로 읽어보라.

인간의 맹점에 대해

– 윌리엄 제임스(William James)

몇 년 전 노스캐롤라이나주의 산맥을 여행하다 많은 '코브'를 지나쳤다. 코브는 그 지역 사람들이 언덕 사이의 작은 계곡 입구를 개간해 나무를 심어놓은 곳을 가리키는 말이었다. 거기서 내가 받은 느낌은 극한 불쾌감이었다. 정착민이 비교적 처리하기 쉬운 나무들을 베어버렸고 까맣게 타버린 그루터기만 남겨두었다. 그보다 훨씬 큰 나무들은 나뭇잎 때문에 그늘이 진다는 이유로 둘둘 감싸 죽였다. 그러고는 통나무집을 지어 틈새에 진흙을 바르고, 그 끔찍한 파괴의 현장 주위에 '갈지자'로 높은 가로장 울타리를 쳐 돼지와 소가 밖으로 나가지 못하게…….

그렇게 숲은 파괴됐다. 숲을 '개간'한다는 것은 상실된 자연의 아름다움을 복구하고자 하는 일말의 친절도 찾아볼 수 없는, 일종의 궤양과도 같은 극악무도한 짓이었다. 사실 추한 것은 불법 거주자의 삶

같았다. 선원들의 말을 빌리자면 돛을 올리지 않은 채 항해하고, 멀고 먼 옛날 우리 조상이 시작했던 곳에서 다시 시작하는 것 같다. 단 하나의 요소로 그간의 세대들이 이뤄낸 모든 업적을 능가할 수는 없다.

이야기가 잠시 옆길로 샜다. 자연으로 회귀하는 이야기로 다시 돌아가보자. 나는 그곳을 지나쳐가면서 따분함에 사로잡혀 이렇게 혼잣말을 중얼거렸다. '자신의 노년과 자식을 위해 전원생활로 돌아간다고! 불모지에서 맨 손으로 싸우겠다는 생각으로 그렇게 해서는 안 된다! 문화의 최상급 전리품 없이 전원으로 돌아가서도 안 된다!' 오랜 세월의 산물인 아름다움과 물건은 신성한 것이다. 그것들은 우리의 유산이자 생득권이다. 그 어떤 현대인도 그처럼 황폐하고 원시적인 상태에서는 단 하루도 살고 싶어 하지 않는다.

그때 나는 운전을 하고 있던 등산가에게 물었다. "대체 어떤 사람들이 이런 빈터를 만들어야 한다고 생각하는 걸까요?" 그러자 그가 대답했다. "우리 모두가요. 안 될 거 없잖아요? 여기 사는 우리는 이 코브 가운데 하나를 경작하지 않으면 행복하지 않거든요." 순간 나는 그 상황의 내적인 중요성을 보지 못했다는 사실을 깨달았다. 내 눈에는 그 빈터들이 벌거벗은 황무지 같아 보였기 때문에 튼튼한 두 팔과 말 잘 듣는 도끼로 그곳을 개간한 사람들도 나와 같은 이야기를 할 거라고 생각했다. 하지만 그들은 그 흉측한 그루터기를 바라볼 때면 개인적인 승리를 떠올렸다…….

그들이 케임브리지에서 살아가는, 낯설기 그지없는 학구적인 내 생활을 엿보았더라면 내게 이상적인 상황을 전혀 이해하지 못했을 것이다. 마찬가지로 나도 그들의 독특한 이상향을 전혀 보지 못했다.

이 모든 생각과 인용문을 늘어놓은 지금의 결과는 어떨까. 그 결과는 어떤 면에서는 부정적이지만 또 다른 면에서는 긍정적이다. 우선 우리 자신의 생활이 아닌 다른 형태의 생활을 의미 없다고 섣불리 말하지 않는다. 또한 아무리 이해할 수 없다 해도 순수하게 자신의 방식에 관심을 갖고 행복해하는 사람을 용인하고 존중한다.

남의 일에 간섭하지 마라! 진실이나 선의 모든 측면이 단 한 사람의 관찰자에게 드러나는 일은 절대 없다. 비록 모든 관찰자가 자신이 처한 독특한 상황에서 부분적으로 뛰어난 통찰력을 얻기도 하지만 말이다. 감옥과 병실에도 그곳만의 특별한 진실이 있다. 그러므로 다른 사람들의 세계를 통제할 수 있다고 생각하지 말고 자신의 기회에 충실하고 자신의 축복을 최대화하라는 충고는 아무리 해도 지나치지 않다.

개방성을 키우는 방법

1. 내가 가장 최근에 탐탁지 않게 여겼던 행동(목표를 끝까지 추구하지 않은 행동 등) 세 가지를 찾아보고, 더 나은 대안을 브레인스토밍해 찾아본다. 행동했을 경우와 아무것도 하지 않았을 경우를 모두 고려한다.

2. 신뢰할 수 있는 현명한 친구에게 최근의 전형적인 내 행동 세 가지를 비판해달라고 부탁한다. 그들의 평가를 듣고 화내거나 방어적으로 대응하지 않겠다고 약속한다.

3. 내가 강력하게 지지하는 문제에 일부러 반대하는 입장을 취한다. 논쟁할 때 상대편 입장에서 생각해보면 새로운 견해를 열린 마음으로 받아들일 수 있거나 나의 원래 주장이 훨씬 더 타당해질 수도 있다.

4. 가장 최근에 충분히 생각하지 않고 행동했던 일 세 가지를 찾아본다. 다음 번에는 행동하기 전에 숫자를 열까지 세보거나 생각할 시간을 갖는다거나 하는 조치를 취한다.

5. 민족이나 종교적 배경이 다른 사람에게 조언을 해준다. 학생이 스승한테 배우는 만큼 스승도 학생한테 배울 수 있다는 사실을 명심한다.

6. 일주일에 적어도 한 번은 중요한 문제에 대한 인종과 종교를 초월하는 공통의 주제를 생각해본다. 또한 종교에 따라 관점이 달라지는 이유도 생각해본다.

7. 어떤 활동을 시작하고 나서 '왜? 언제? 어떻게?'라고 자문해본다. 이 같은 소크라테스식 접근법으로 일상을 새롭고 신선하게 만든다.

8. 다문화 행사에 참여하고, 내가 그 행사를 어떻게 생각하는지 비판적으로 살펴본다. 그 행사를 대표하는 문화권 사람에게 내 생각을 이야기한다.

9. 과거의 실패나 실망의 원인을 찾아본다. 거기에 어떤 패턴이 있는지, 어떻게 하면 나아질 수 있을지 곰곰이 생각해본다.

10. 중요한 문제에 대한 결정을 내릴 때 찬반 의견을 적어보고 휴식 시간에 양측 의견을 되짚어본다. 휴식 시간에는 앞일을 미리 생각

하기보다 예전의 논점을 돌이켜본다.

11. 내가 종종 내 의견을 확고히 하는 데 필요한 정보를 찾는지, 아니면 내 견해를 넓히기 위해 새로운 정보를 찾는지 생각해본다. 그러면 최신 정보를 많이 보유할 수 있다.

12. 다음 번에 힘든 일이 생길 때는 먼저 최상의 시나리오와 최악의 시나리오를 생각해보고 가장 현실적인 행동 노선을 정한다. 이 기본적인 계획을 따르면 목표뿐만 아니라 목표 달성 수단까지 갖게 되므로 궁극적으로는 시간이 절약된다.

5. 예견력 강점

예견력은 자신과 타인을 이해할 수 있게 삶을 연구하는 능력이다. 예견력은 또한 삶을 연구해 얻은 정보를 조정하고 사용해 행복을 증진하는 것이다. 사회적 맥락에서 예견력이 있는 사람은 타인의 말에 귀 기울이고 그들의 이야기를 평가해 좋은(현명한) 조언을 한다.

예견력과 지혜가 있는 사람들은 처세술과 삶의 의미에 대한 중요하고도 어려운 질문에 답할 수 있다. 그렇기 때문에 이들에게 조언을 얻으려고 찾아오는 사람이 많다. 예견력의 반의어로는 아둔함, 어리석음, 생각의 부족이 있다.

기대에 부응하지 못할 때는 그만둬라

- 댄 토마술로(Dan Tomasulo)

지난해 심리학 박사학위 과정을 밟을 때 돈이 다 떨어져 정규직을 구해야 했다. 게다가 뉴욕주에서 학생들을 소홀히 대하고 학대하기로 악명 높은 윌로브룩(Willowbrook)에서 정신박약아들을 데리고 나와 그룹홈을 운영하기 시작했다.

그런데 정말이지 감당하기 어려운 일이었다. 나는 그룹홈에서 살았고 하루 열여덟 시간씩 일했다. 고객들이 서로를 죽이지 못하게 막으려고 안간힘을 쓰는 동시에 학생들을 가르치기 위해 공부를 하고, 논문도 구상하느라 진이 다 빠졌다. 직원들이 하나둘씩 일을 그만두었고, 그룹홈 운영 규칙 때문에 머리가 터질 것 같았으며, 마을 사람들의 냉대에 마음이 너덜너덜해지고 불안해졌으며 좌절감에 빠졌다. 그래서 내 논문 지도교수이자 스승인 코언(Cohen) 교수님에게 조언을 구하기로 마음먹었다.

코언 교수님은 대학교에서 논문을 가장 많이 발표했지만 친절하면서도 현명하기로 유명했다. 뛰어난 예견력을 발휘해 사람들을 자주 도와주었다. 혼란한 상황을 명확하게 정리해줄 수 있었다.

널찍하고 인상적인 코언 교수님의 사무실은 지성인의 왕국이었다. 바닥에서 천장까지 책과 저널로 가득 차 있었다. 코언 교수님은 언제나 책꽂이에 책을 정리해 넣느라 바빴다. 내가 코언 교수님을 찾아갔을 때 그는 내게 앉으라고 하고는 나와 이야기를 하는 동안에도 계속

해서 책을 정리했다.

“안녕하세요?” 내가 먼저 인사를 건넸다.

코언 교수님은 사무실 중앙에 놓인 책상 맞은편의 의자를 가리켰고, 나는 그 자리에 앉았다.

“요즘 일을 감당하기 힘든 지경에 처해 뭘 어떻게 해야 할지 모르겠어요. 너무 많은 일이 일어나고 있어요.” 나는 바로 본론으로 들어갔다.

“어떤 일을 말하는 거지?”

“제가 정신적 장애가 심한 사람들과 뭘 하고 있는지 모르겠어요. 잠도 못 자고, 직원들이 그만두지 못하게 붙잡아둘 수도 없어요. 지금 제 주변에는 IQ 36에 비언어적 폭력을 행사하는 여성과 키가 2미터나 되는 거인증 남성, 공감각자이면서 이식증과 변실금 증세를 보이는 남성, 프래더윌리증후군과 간헐적 폭발성 장애를 가진 여성, 알아들을 수 없는 말을 웅얼거리는 다운증후군 환자, 긴장증 여성이 있다고요.”

코언 교수님은 책 정리에 몰두하느라 대답을 하지 않았다.

“제 직원들은 어떤지 아세요? 일주일 내내 면접을 봐서 누군가를 고용하면 겨우 이틀 버티다 나가버려요. 지금 전 혼란스럽기 짝이 없는 상태예요.”

코언 교수님은 여전히 책을 정리하고 있었다.

“폭력적인 여자, 거인증 남자, 공감각자이면서 이식증과 변실금 증세에 걸린 남자라.” 코언 교수님은 말을 하다가 잠시 멈췄다. “흥미로운데. 거기다 프래더윌리증후군, 간헐적 폭발성 장애, 긴장증, 다운증후군 환자까지 있다니, 정말 흥미로워. 게다가 괜찮은 직원은 없고 자넨 혼란스럽다는 거지?"

"네, 이게 제 인생이에요. 학위를 따지 못하면 대학교에서 일하지 못하거나 허가증을 얻지 못해요. 이 모든 일을 다 해낼 수 없어요." 나는 두 손을 높이 쳐들면서 말했다. "제가 통제할 수 없는 상황에 처했다고요. 그 모든 사람과 저 자신을 다 돌볼 수 없어요. 문서 작업과 관료 체계를 감당할 수 없다고요. 다 할 수 없어요!"

코언 교수님은 내게 다가와 옆에 나란히 섰다. 그러고는 왼손을 내 오른쪽 어깨에 올려놓더니 깊은 한숨을 쉬었다.

"그럼 포기해."

"뭐라고요?"

"난 지금 그만두라고 충고하는 거야."

코언 교수님이 내 어깨를 두 번 툭툭 두드리더니 책꽂이로 돌아갔다.

"그만두라고요?"

"그래, 그냥 그만두는 거야. 자네 계획대로 되는 일이 하나도 없고, 개인적인 삶이 혼란에 빠진 데다 책임감이 무거워 감당할 수 없는 지경이고, 앞으로 무슨 일이 일어날지 전혀 모르겠다는 거지?"

"네, 맞아요."

"그럼 그만둬."

"제 논문은 어떡하고요?"

코언 교수님은 거만하게 손을 내저었다. "그것도 잊어버려. 논문이 무슨 필요가 있겠나? 논문을 써봤자 정신 장애가 있는 사람들을 돌보는 일을 하게 될 테니까 두통이 잦아지고 실망이 깊어지며 장애가 많아질 거야. 다 잊어버리게." 코언 교수님은 이렇게 말하고는 바닥에 놓인 상자를 살펴보았다.

"그냥 그렇게요?"

"그래, 그냥 그렇게."

"그냥 다 그만두라고요?"

"그래, 다 그만둬." 코언 교수님이 책 한 권을 살펴보면서 말했다. "다 그만두고 아무것도 하지 않는 거야. 어쩌면 핫도그 수레를 하나 구할 수도 있겠지. 거리에서 핫도그를 파는 거야. 그것도 괜찮은 인생이지. 자네가 사장이 돼 독립적으로 일할 수 있으니까. 그래, 핫도그 장수가 되는 거야."

"저보고 핫도그를 팔라고요?"

"그래, 질 좋은 핫도그를 파는 거야."

나는 무슨 말을 해야 할지 몰랐다.

"물론 시에서 노점 허가를 받아야 할 거야." 코언 교수님이 무심하게 말했다. "핫도그가 설익었다고 자네를 고소하는 사람이 있을지도 모르니까 보험도 들어야겠지."

나는 고개를 끄덕였다.

"위생과에서 받은 검사증도 걸어놔야 할 거야. 위생과 사람들이 까다롭고 다루기 힘들지만 자네라면 잘할 수 있겠지."

나는 내가 제대로 들었는지 내 귀를 의심했다.

"게다가 사람들은 자네와 자네의 질 좋은 핫도그를 비평할 거야.

깡패들은 자네의 좋은 음식을 훔쳐가고, 한밤중에 현금을 들고 집으로 들어가는 자네 주머니를 노리겠지."

나는 자동차 뒷좌석에서 고개를 까닥거리는 인형처럼 고개를 끄덕였다.

"자네는 집에 가는 길이 무섭겠지만 경호원을 고용할 수도 있지. 게다가 아침 일찍 일어나야 할 거야. 그래야 자네가 잡아둔 좋은 자리를 아무도 차지하지 못할 테니까. 주먹질은 좀 하는 편인가?"

마침내 나는 교수님의 말뜻을 알아들었다.

"감사합니다, 교수님." 나는 이렇게 말했다. 코언 교수님은 계속 책을 정리했다.

"그래, 다 그만두고 편한 삶을 택하게나."

코언 교수님의 예견력 덕분에 나는 다시 목표에 매진하고 보다 효과적이고 효율적으로 일할 수 있었다. 그해 나는 논문을 끝냈고, 교수직을 얻었으며, 결국에는 허가증도 얻었다. 코언 교수님이 쉬운 일은 없다는 사실을 깨우쳐준 덕분에 나는 제자리로 돌아갈 수 있었다.

예견력은 지혜라는 덕목 내부에 있는 하나의 발전소다. 결정을 내리기 전 모든 측면에서 상황을 바라보는 것과 관련됐기 때문에 단순하게 높은 지능이 아니라 그 이상의 능력이다. 연구 결과에 따르면 예견력은 직장에서 많이 사용하는 성격강점 10위 안에 들고, 고등학생들이 높이 평가하는 능력이며, 행복을 찾아가는 여정의 핵심이다. 또한 학생들의 GPA 성적을 잘 예측해주며 스트레스와 정신적 외상의 부정적 영향을 막아주는 중요 요소다.

나는 현재 대학원생들을 상담해주는 위치에 있다. 대학원생들은 혼란에 빠지고 감당할 수 없는 상황에 처하거나 방향을 잃었을 때 나를 찾아온다. 그들은 아마도 나를 예견력 있는 사람이라고 생각할 것이다. 그들에게 내가 해줄 조언이 뭐냐고? "핫도그를 팔아보는 게 어떻겠니? 그것도 질 좋은 핫도그로."

예견력을 부르는 낭독문

예견력을 이끌어내고 싶다면 다음의 글을 큰 소리로 읽어보라.

게티스버그 연설(연설문)

– 에이브러햄 링컨(Abraham Lincoln), 1863년 11월 19일

87년 전, 우리 조상은 자유 속에 잉태되고 모든 인간이 평등하게 태어났다는 명제에 헌신하는 새로운 나라를 이 땅에 건설했습니다.

지금 우리는 그렇게 잉태돼 그러한 명제에 헌신하는 이 나라가, 아니 그런 나라라면 어떤 나라이든지 오랫동안 존속할 수 있을지를 시험하는 대규모 전쟁을 치르고 있습니다. 우리는 그 전쟁터에서 이렇게 만났습니다. 이 전쟁터의 일부를 나라를 살리기 위해 목숨을 바친 이들의 마지막 안식처로 바치기 위해 이곳에 모였습니다. 이것은 우리가 반드시 해야 하는 적절하고도 적합한 일입니다.

하지만 더 큰 의미에서는 우리가 이 땅을 바치거나 신성한 곳으로 만들 수 없습니다. 산 자, 죽은 자 할 것 없이 이 땅에서 싸웠던 용감

한 사람들이 이 땅을 신성하게 만들었기 때문에 거기에 의미를 더하거나 빼는 것은 우리의 미약한 힘을 넘어서는 일입니다. 이 세계는 우리가 이곳에서 하는 말을 경청하거나 오랫동안 기억하지 못하겠지만 용사들이 이곳에서 한 일은 절대 잊지 못할 겁니다.

이곳에서 싸운 이들이 고귀하게 진척시켰지만 끝내지 못한 일에 헌신하는 것은 살아 있는 우리의 몫입니다. 우리 앞에 남아 있는 위대한 과제에 헌신해야 하는 사람은 바로 우리입니다. 우리는 영예롭게 죽은 이들의 헌신을 더욱 증폭시켜 그들이 마지막 헌신의 힘까지 바쳤던 대의를 지켜나가야 합니다. 우리는 그들의 죽음이 헛되지 않게 하겠다고 굳게 다짐합니다. 하나님의 가호 아래 이 나라는 새로운 자유를 탄생시킬 겁니다. 국민의, 국민에 의한, 국민을 위한 정부는 이 지상에서 사라지지 않을 것입니다.

예견력을 키우는 방법

1. 가장 최근의 대표적인 내 행동과 결정 다섯 가지를 찾아보고 그 동기를 떠올려본다.

2. 현명한 사람(현존하는 사람이나 별세한 사람)을 찾아보고, 그 사람의 삶을 그린 글을 읽거나 영화를 감상하고 나서 그들의 삶이 나의 결정과 행동에 어떤 영향을 미칠지 알아본다. 그 사람의 철학을 자신의 철학과 비교해본다.

3. 누군가에게 조언할 때는 먼저 그 사람의 이야기에 충분히 공감한다. 가까운 시일 내에 나도 그 사람에게 조언을 구한다.

4. 나와 관점을 달리하는 친구와 친한 사람들로 인맥을 구성한다. 전문 지식이 필요할 때 그들을 소집하고 그들이 요구한다면 내 관점도 제시한다.

5. 이웃에 사는 아이의 스승이 된다. 내가 어릴 때 존경했던 역할모델을 떠올리고 그 사람과 똑같은 자질을 기르려고 노력한다.

6. 매주 연습 삼아 나의 방대한 인생관을 한두 문장으로 설명해본다. 일시적인 사건에 영향을 받아 내 전체적 관점이 달라진다면 일상의 기쁨과 고난 속에서 내 관점을 유지하는 방법을 브레인스토밍해본다.

7. 지혜로운 인용문을 읽어보고 실천할 수 있는 작은 행동 방침을 적어본다. 그것을 사무실 책상 서랍이나 휴대전화 같은 힘든 과제 보관소에 넣어둔다.

8. 향후의 내 행동으로 어떤 도덕적 영향력과 잠재적 결과가 생길지 의식하고 고려해본다.

9. 내 인생에 직접적인 영향을 미치는 과학적 연구의 도덕적 영향력을 숙고해본다. 과학계의 논쟁적인 문제 때문에 해를 입거나 혜택을 누릴 사람이 누구인지 생각해본다.

10. 이 세상에 중대한 영향력을 가하려고 노력한다. 국제기구 활동에 시간과 자원을 투자하거나 세계적으로 중요한 문제에 대한 글을 편집자에게 보낸다.

11. 가장 힘든 일을 낙관적으로 끈기 있게 처리하는 연습을 한다. 그러한 일이 모여 보다 큰 그림이 된다는 사실을 명심한다.

12. 세계적인 사건 하나를 역사적 관점과 문화적 관점, 경제적 관점에서 분석해본다. 각기 다른 관점에서 바라볼 수 있게 다양한 관련 집단의 자료를 이용한다.

13. 적어도 석 달에 한 번은 남에게 조언을 해준다. 과거 나의 관점에 영향을 미쳤던 사람에게 고맙다고 말한다.

14. 모호한 것 같은 문제에 대해 깊이 생각하고 분석해 종합할 수 있는 시간을 마련한다. 다른 사람의 관점을 수용하는 동시에 내 관점도 잃지 않아야 한다.

15. 어떤 문제에 대한 개인적인 경험을 담은 책을 읽거나 영화를 보고 나의 신념과 감정을 연계해본다. 내 의견이 너무 격해질 때 그 문제의 인간적인 측면을 떠올려본다.

6. 용감성 강점

용감성은 두려워도 해야 할 일을 하는 능력이다. 용감성이란 다치거나 죽을지도 모른다는 두려움에도 행동하는 육체적 용기를 말한다. 또한 조롱당하거나 배척당할지도 모른다는 두려움에도 옳다고 생각하는 일을 하는 정신적 용기나, 불안에 떨게 될지도 모른다는 두려움에도 근심거리를 직시하는 심리적 용기를 뜻하기도 한다. 용감성의 반의어로는 비겁함, 겁이 많음, 용기 없음, 지나친 걱정이 있다.

용감성을 재는 단위는 무엇인가

- 리사 샌솜(Lisa Sansom)

나는 『용감성 지수(Courage Quotient)』의 저자인 로버트 비스워스 디너(Robert Biswas Diener)를 만나 인터뷰를 했다. 우리는 그 자리에서 용감성과 성격강점, 자기회의, 긍정심리학의 미래에 대해 토론했다.

샌솜 전 이 인터뷰를 준비하면서 제 아이들에게 용감성에 대해 궁금한 점이 있는지 물어봤어요. 그러자 열 살 난 아들이 이렇게 묻더군요. "용기를 어떻게 재나요? 용기를 재는 단위는 뭐예요?"

디너 그거 아주 굉장한 질문이군요. 아이들은 언제나 최고의 질문을 던진다니까요. 촉광이 광도를 재는 단위이듯 용감성의 단위는 의지력이라고 할 수 있답니다. 용감성은 대부분 두려움을 극복하고 행동하려는 의지를 뜻합니다. 자기통제력과 의지력이라는 성격강점이 바로 용감성의 가장 중요한 요소죠.

샌솜 용감성을 어떻게 정의 내리나요?

디너 용감성을 연구한 다른 사람들의 자료를 살펴보고 나서 몇 가지 특징적인 공통점을 발견했어요. 개인적 위험 인지, 두려움, 불확실한 결과가 바로 그 공통점이죠. 이 세 가지가 바로 결정적인 요소입니다. 용감한 행동은 위험과 두려움, 불확실성을 극복했을 때 나오죠.

샌솜 당신이 책 전반부에서 소개했던 육체적 용감성에 대한 전형적인 이야기는 사람들이 충분히 예상할 수 있는 것이었죠. 그 책을 집필하면서 발견한 가장 뜻밖의 사례는 무엇이었나요?

디너 사람들은 보통 용감성 하면 육체적으로 용감한 행동을 제일 먼저 떠올립니다. 가장 이해하기 쉬운 행동처럼 보이니까요. 하지만 한 기업 간부는 사람을 고용하는 게 가장 용감한 행동이라고 말했죠. 사람을 고용한다는 말은 그 사람에게 투자한다는 뜻입니다. 게다가 어떤 사람을 고용하느냐에 따라 팀의 역학관계가 달라지죠. 팀의 문화도 달라집니다. 누군가를 해고하는 일이 훨씬 더 간단하고 그 결과도 훨씬 더 잘 알 수 있죠. 단기적으로 감정적 반발이 일어날까 봐 걱정스러울지도 모르지만 6개월 지나면 그 영향력이 그다지 남아 있지 않기 때문에 그런 감정은 상당히 다스리기가 쉬워요. 하지만 누군가를 고용하면 6개월 후 엄청난 결과가 나타날 수도 있죠.

제가 찾아낸 또 다른 용감성의 사례는 새로운 것을 시작하는 겁니다. 학교에 가거나 새로운 일을 찾는 것, 누군가와 결혼하는 것, 새로운 도시로 이사 가는 것 등이 용감한 행동이죠. 이런 일은 거의 매일 일어나고 있지만 낙관적이고 용감한 행동입니다.

샌솜 매일 일어나는 행동도 용감성 범주에 들어가나요?

디너 용감성에 대한 주제 가운데 제가 가장 좋아하는 게 나오는군요. '용감성을 깨닫지 못하는 무지'라는 거죠. 사람들은 자신이 했던 용감한 행동을 낮춰 말하는 경향이 있어요. "난 그냥 누구라도 했을 행동을 했을 뿐이야"라고 말하거나 "내가 진짜 용감했다면……" 하는 이야기를 자주 하죠. 하지만 이런 비교는 진정으로 용감했던 행동을 깎아내리는 것입니다.

샌솜 사람들이 자신들의 용감한 행동을 높이 평가한다면 어떤 이득을 얻게 되나요?

디너 본질적으로는 사람들이 자신들의 일반적인 강점을 이해할 때와 마찬가지로 자애심과 자부심, 더욱 많은 에너지, 어려운 과제를 수행하는 끈기를 얻게 됩니다. 그렇게 되면 자신의 가장 좋은 모습을 볼 수 있죠.

샌솜 용감성에서 가장 중요한 점은 무엇이라고 생각하나요?

디너 저는 사람들에게 책을 증정할 때 '용기는 행복한 삶을 찾아가는 가장 빠른 길이다'라는 글을 써주죠. 용기는 행복한 삶과 같은 말이라고 생각합니다. 두려움은 매우 정상적이고 이성적인 감정이지만 풍요롭고 가치 있는 삶을 만들어나가는 행동을 저지하죠. 활동적인 삶을 살아가는 사람들은 어느 정도 용기를 발휘하고 있는 거랍니다. 용기는 무언가를 기꺼이 하고자 하는 마음을 뜻하죠.

하지만 두려움은 또한 선물이 되기도 합니다. 자기회의도 엄청난 시사적 가치를 지닌 선물이죠. 사람들은 때때로 회의적이 돼 자신에게 의문을 품습니다. 그건 아주 건전한 일이죠. 그런 성찰은 자기계발에 중요한 요소이며 일을 시작하는 중요한 과정입니다. 하지만 두려워할 때가 아닐 때 두려움에 사로잡혀 물러서고 싶지는 않죠. 그렇기 때문에 양쪽의 균형을 맞춰주는 행동이 필요합니다. 용감성은 행동해야 할 때와 행동하지 말아야 할 때를 아는 지혜이기도 합니다.

샌솜 용감성은 필요할 때만 솟아난다고 말하는 사람들이 있어요. 용감성은 후세에도 사람들에게 본받을 만한 성격강점으로 남을까요?

디너 전 일반적으로 성격강점이 모두 그렇다고 생각합니다. 성격강점은 잠재 능력이어서 모든 사람에게 내재돼 있지만 동등하게 나눠진 것은 아닙니다. 창의적인 사람은 창의성을 드러내기가, 용기 있는 사람은 용감성을 발휘하기가 훨씬 쉽죠. 그렇다고 해서 용감한 사람이 모든 상황에서 항상 용감하게 행동한다는 말은 아닙니다. 몇 초만 더 생각하고 나서 행동해야 할 때도 있죠. 이처럼 상황을 조금만 바꿔도 큰 변화를 이끌어낼 수 있습니다.

샌솜 용감성을 키워나가라고 사람들을 격려할 건가요?

디너 물론입니다. 기꺼이 행동하고자 하는 마음이 두려움보다 커야 하고, 인생이 행동의 연속이라는 사실을 깨닫는다면 당연히 각자가 자신의 용기 지수를 높여야 합니다. 자신이 이미 용기가 충만한 상태라고 생각하지 않는다면 말이죠. 하지만 모든 영역에서 항상 충만한 용기를 발휘하는 사람은 별로 없어요. 물론 지나치게 자신만만하거나 용감한 사람도 있죠.

샌솜 사람들이 용감성에 대해 가장 잘못 알고 있는 점은 뭔가요?

디너 용감성이 육체적 용기만을 뜻한다고 생각하는 게 가장 흔한 착각이죠. 사람들은 또한 용감성이 하나의 자질이어서 습득할 수 없는 것이라고 생각합니다. 그뿐만 아니라 용감성이 다른 누군가에게 있는 것이지 자신에게는 없는 것이라는 잘못된 생각에 빠져 있죠. 누구에게나 용기를 내는 순간이 있어요. 그렇지 않은 사람이 있다면 한번 만나보고 싶군요.

샌솜 당신은 초청받은 후보자들을 근거로 용기상을 수여했죠. 대부분 후보자가 육체적 용기를 발휘한 사람들이었나요?

디너 아니요, 그렇지 않았어요. 사실 그 문제는 너무 까다로워서 저도 아직 풀지 못했습니다. 미국에는 만성질환 환자가 용감한 사람이라는 통념이 있어요. 그런데 한 유럽인이 그러더군요. 그건 미친 생각이라고요. 병 앞에서는 용기 있는 행동이라는 게 없다는 겁니다. 병에 걸린 사람이 달리 할 수 있는 행동이 뭐가 있겠어요. 이렇게 말하면 좋은 소리를 못 듣겠지만 그 유럽인의 말이 일리가 있습니다. 만성질환 환자가 용감하다고 주장한다면 그 사실을 입증할 수 있어야 하죠. 용기상 후보자 대부분은 만성통증이나 만성질환을 갖고 있었어요. 그 사람들에게 용기라는 망토를 둘러주는 게 정당한 일일까요? 이 답을 찾는 일은 아마도 흥미로운 연구가 될 겁니다. 사람들에게 암에 걸린 가상의 환자를 소개하면서 자료를 조작해 그 환자의 나이를 바꿔 말한다면 그 환자에 대한 사람들의 생각이 달라질까요? 암에 걸렸다고 해서 무조건 용감한 사람이 되는 것은 아닙니다.

저는 제 책에서 아이들은 용감하지 않다고 주장하기도 했습니다. 그 때문에 많은 사람이 말도 안 되는 소리라고 흥분해 날뛰고 있죠. 하지만 피터슨이 부모들에게 자식들의 성격강점이 무엇이라고 생각하는지 물어봤을 때 용감성이라고 답한 사람은 몇 명 없었어요. 아이들은 일반적으로 겁이 많죠. 사실 전 이 이야기가 논란의 대상이 될 거라고는 상상도 하지 못했어요. 용감성은 자기통제력과 깊은 관련이 있는데 아이들은 어른들만큼 자기조절을 잘하지 못하니까요. 하! 그런데 그 말이 사람들의 심기를 건드린 거죠.

샌솜 하지만 아이들이 훨씬 겁이 많다 하더라도 어른들이 아니라 아이들 기준에서는 용감하다고 볼 수 있지 않나요?

디너 그렇기는 하지만 아이들은 보통 공포에 사로잡혀 주저하죠. 새로운 음식을 먹기 꺼리고, 지하실에 들어가거나 수영장에 뛰어드는 걸 주저합니다. 물론 아이들도 용감해질 수 있지만 용감성은 아이들의 특징적인 성격이 아니죠.

샌솜 용감성을 전문적으로 다루는 저널이 나오면 좋겠다는 생각을 해봤나요?

디너 이건 처음 받는 질문이군요. 정말 멋진 질문입니다. 용감성이 지속적으로 연구하고 평가할 만한 주제라고 생각하느냐고요? 물론입니다. 용감성에 대한 연구가 별로 없다는 게 참으로 흥미로운 현상이죠. 행복에 대한 연구는 아주 많아요. 물론 행복은 우리 모두의 마음에 와 닿는 주제죠. 하지만 용감성도 행복만큼이나 중요하다고 저는 생각합니다. 용기가 없으면 행복하거나 충만한 삶을 살아갈 수 없으니까요. 용기는 제 책뿐만 아니라 베스트셀러 20위에 드는 모든 책에서 다룰 만한 가치가 있는 주제입니다.

용감성을 부르는 낭독문

용감성을 이끌어내고 싶다면 다음의 글을 큰 소리로 읽어보라.

승리의 연설(발췌)

- 윈스턴 처칠(Winston Churchill), 1940년 5월 10일

더없이 통탄스러운 시련과 수개월 동안 이어질 투쟁과 고난의 세월

이 우리를 기다리고 있습니다.

우리의 정책이 무엇인지 물으셨나요?

우리의 정책은 육해공 전투를 벌이는 것입니다. 우리는 하나님께서 주신 모든 힘과 능력을 동원해 어둡고 통탄스러운 일련의 인간 범죄 가운데 한 번도 추월당한 적이 없는 극악무도한 독재정부에 맞서 싸워야 합니다. 그것이 우리의 정책입니다.

우리의 목표는 무엇이냐고요?

그건 한마디로 대답할 수 있습니다. 바로 승리죠. 어떤 희생을 치르더라도 거머쥐고 아무리 두렵고 힘들고 시간이 걸리더라도 쟁취해야 하는 승리가 우리의 목표입니다.

그래서 저는 피와 노고, 눈물, 땀 등을 제외하면 줄 것이 아무것도 없다고 의회에 말합니다.

(……)

하지만 다시 일어나 희망을 갖고 맡은 임무를 수행합니다. 사람들이 우리의 대의를 저버릴 리 없다고 확신합니다. 지금 이 순간, 저는 모든 사람에게 도움을 청할 자격이 있다고 생각하기 때문에 이렇게 말합니다. "자, 우리 모두 힘을 합쳐 함께 앞으로 나아갑시다."

용감성을 키우는 방법

1. 한 집단에서 인기가 없는 아이디어를 말이나 글로 강력하게 옹호한다. 내 의견을 굽히지 않으면서도 다른 사람들의 의견을 존중한다.

2. 자신뿐만 아니라 다른 사람들에게도 현실을 일깨워주는 까다로

운 질문을 던져본다. 상냥하고 친절하게 질문을 던지되, 말하거나 답하기 어렵다는 이유만으로 떠오르는 의문을 마음속에 담아두지 않는다.

3. 힘겨운 상황에 처했을 때 내 가치가 내게 어떻게 힘이 돼줬는지를 생각해보고 그 가치를 명확하게 정립한다. 또한 그 가치가 걸림돌이 되는 상황도 생각해보고 해결책을 찾아본다.

4. 보통 내가 어떤 분야를 직시하지 않으려 하는지 파악하고 이 문제 해결에 도움이 되는 말과 어조, 태도를 연습한다.

5. 일상생활에서 용감하게 행동한 현대인의 사례를 수집하고 그와 관련된 신문이나 잡지 기사를 스크랩한다.

6. 사회적 압박이나 동료의 압박에 굴하지 않고 고귀한 가치와 대의를 실행할 수 있는 의미 있는 방법을 택한다. 예컨대 글을 쓰거나 소리 높여 말하고 시위에 참여하거나 운동 조직에 가입한다.

7. 건설적인 사회적 변화를 이끌어내기 위해 작지만 실질적인 조취를 취한다. 지역의 자원봉사 조직에 참가하는 것이 가장 좋은 방법이다.

8. 나와 가까운 사람이 저지른 일이라 할지라도 불의와 학대, 뻔뻔한 비도덕적 행위 혹은 권력이나 자원 남용은 관계당국에 보고한다. 그 사람이 더 이상 불의를 행하지 못하게 하는 것이 그 사람을 돕는 일임을 명심한다.

9. 어린 동생이나 구타당하는 여자처럼 스스로를 지키지 못하는 사람을 보호해주거나 두둔해주고 앞으로 내게 의지해도 된다는 믿

음을 그들에게 심어준다.

10. 역경을 극복하고 용감하게 행동하는 사람이 되려고 애쓴다. 용감하게 행동하는 다른 사람들을 칭찬한다.

11. 남과 다르다고 두려워하지 말고 긍정적인 태도를 취한다. 나의 믿음과 개성에 어긋나지 않는 행동을 한다.

12. 다른 사람과 친구가 되는 것을 두려워하지 않는다. 친구의 강점에 힘입어 내 강점까지 키울 수 있는 방법을 생각해본다.

7. 끈기 강점

끈기는 한번 시작한 것을 끝내고, 어떤 장애가 있어도 포기하지 않으며, 사업을 돌보고, 일을 종결짓고, 일을 계속해서 끝까지 해나가는 것 등을 말한다. 끈기는 지루하거나 좌절해도 혹은 어려워도 일을 계속하는 것이다. 또한 더 쉽고 어쩌면 더 재미있을지도 모를 다른 뭔가를 해볼까 하는 유혹을 물리치는 것이다.

그러므로 끈기는 장애와 어려움에 부딪히거나 낙담할 때도 목표지향적인 행동을 자발적으로 계속해나가는 것이다. 끈기의 반의어로는 게으름, 포기, 좌절, 비관성이 있다.

투지를 가지라고? 마음가짐부터 고쳐라

- 에밀리야 지보톱스카야(Emiliya Zhivotovskaya)

인간은 습관의 동물이다. 그렇기 때문에 소비한 에너지로 최대의 이득을 얻는 패턴과 틀, 지름길을 찾는다. 일을 빨리 처리해야 할 때는 즉각적으로 감사를 받고 싶은 욕망이 증가한다. 이메일과 온라인 쇼핑, 문자메시지 대화 시대에는 원하는 일이 빨리 일어나기를 바라기 쉽고 그렇게 되지 않을 때는 포기하기 쉽다.

랜디 포시(Randy Pausch) 카네기멜론대 교수는 죽음을 3개월에서 6개월 정도 앞두고 한 마지막 강의에서 스크린에 벽 그림을 붙였다. 그러고는 원하는 것 앞에 벽이 나타난다면 그 벽은 '하지 마라'고 말하는 것이 아닌, '얼마나 간절하게 원하는 것인가?'라고 묻는 것이라고 했다. 포시 교수는 청중에게 끈기와 열정, 종종 집념이라고도 하는 자질을 동원해 목표를 추구하는 능력을 키우라고 말했다.

집념이 있는 사람들은 성공을 향해 끈기 있게 나아가는 경향이 있다. 연구 결과에 따르면 집념이 있는 사람들은 나이와 교육 수준을 감안해도 투지가 약한 사람들보다 훨씬 더 행복하다고 한다. 또한 투지가 없는 반 친구들보다, 심지어 표준화 시험에서 훨씬 높은 점수를 받은 학생들보다도 평균 점수가 더 높다고 한다.

작가 잭 캔필드(Jack Canfield)는 나무를 베는 게 목표라면 밖으로 나가 매일 다섯 번씩 나무를 후려치라고 말했다. 그러면 결국에는 나무가 쓰러질 테니까. 목표를 달성하기 위해 끈기 있게 노력하면 마침

내 목표를 달성할 수 있다는 것은 이치에 닿는 말이다. 문제는 왜 많은 사람이 꾸준히 노력하지 못하는가다.

우리 세계에는 집념을 기르는 데 방해가 되는 장애들이 있다.

인터넷과 텔레비전 광고, 무한한 선택권이 있는 시대에 관심은 잘 팔리는 인기 상품이다. 선택의 세계에 휩쓸리기 쉽지만 다수의 프로젝트에 관심을 갖다 보면 관심을 유지하고 투지를 기르기가 어렵다. 나는 코치로 일하면서 다음 프로젝트로 넘어가고 싶은 열의가 넘쳐 2단계에서 20단계로 바로 건너뛰고 싶어 하는 사람을 많이 만났다.

나는 그처럼 참을성 없는 사람들을 도와주고 싶어서 그들에게 앞으로 성취하고 싶은 일을 목록으로 작성하라고 조언했다. 잠재적인 프로젝트를 목록에 넣어두면 지금 당장은 그 일을 잊어버릴 수 있다. 언제든지 목록을 꺼내 확인해볼 수 있으니까 말이다. 또한 현재의 프로젝트에 집중할 수도 있다. 이뿐만 아니라 현재 프로젝트를 좀 더 그럴싸하게 포장하고 자신들의 성격강점을 보다 잘 활용하는 방법도 찾아낼 수 있다. 어디 그뿐인가. 대형 프로젝트를 관리하기 쉽고 성취할 수 있는 작은 과제로 쪼갤 수도 있다. 그러고는 규칙과 지침이 있는 게임을 즐기듯이 일을 처리해나갈 수 있다.

집념의 또 다른 중요한 측면은 노력이다. 성취는 어떤 과제에 재능과 시간을 쏟아부은 산물이다. 어떤 사람은 과제를 수행할 때 시간을 투자해야 한다는 사실을 받아들이기 힘들어한다. 캐럴 드웩(Carol Dweck) 박사는 그런 사람들이 '고착형 사고방식'을 가지고 있다고 말한다. 고착형 사고방식을 가진 사람은 노력이 나쁜 징조라고 생각한다. 필요한 능력을 모두 갖추고 있고 선천적으로 영리하고 재능 있는 사람이라면 그다지 많은 노력을 기울일 필요가 없지 않겠는가. 이러한 생각 때문에 장기적인 목표를 달성하기 위해 열심히 노력하려는 의욕이 감소한다.

드웩의 주장에 따르면 흥미롭게도 고착형 사고방식이 무엇인지 알기만 해도 사람들의 신념 체계가 달라진다. 도전을 받아들이고 배움의 기회를 추구하는 노력이 천부적인 능력보다 성공에 더 큰 영향을 미친다고 생각하는 성장형 사고방식을 수용할 가능성이 훨씬 커지는 것이다. 또한 보다 집념이 넘치는 관점에서 보다 많은 노력과 시간을 투자하게 된다.

나는 몇 년 전 뉴욕시 하프마라톤을 완주했다. 그것은 상당히 도전적인 목표였다. 내 평생 6킬로미터 이상 달려본 적이 없었으니 말이다. 마라톤 대회에 참가하는 데도 집념이 필요했지만 완주하려면 더 강력한 투지를 불태워야 했다. 그럼에도 마라톤을 완주하고 나자 나 자신이 무척 자랑스러웠고 긍정정서가 솟아나 훨씬 더 강인해졌다. 또한 내가 힘든 일도 해낼 수 있고 시간과 노력을 투자하면 내 수행 능력을 높일 수 있다는 믿음이 생겼다.

끈기를 부르는 낭독문

끈기를 이끌어내고 싶다면 다음의 글을 큰 소리로 읽어보라.

갈매기(독백)

- 안톤 체호프(Anton Chekhov)

니나 제가 밟고 선 땅에 키스를 하겠다니, 그게 무슨 뜻인가요? 전 살아 있을 가치도 없는 여자예요. 너무 피곤해요. 쉴 수만 있다면 얼마나 좋을까? 정말 휴식이 필요해요! 전 갈매기랍니다. 아니, 사실은 그렇지 않아요. 전 여배우죠. 이럴 줄 알았어요. (아르카지나와 트리고린이 웃는 소리가 들린다.) 그이도 여기에 있군요. ……뭐, 그래도 상관없어요. 그이는 연극을 믿지도 않고, 유명 인사가 되고 싶다는 제 꿈을 언제나 비웃었으니까요. 그러다 보니 저도 꿈을 이룰 수 있다는 믿음을 점점 잃어가면서 낙담하게 됐죠. ……게다가 다른 걱정거리가 있어요. 사랑과 질투…… 그리고 아이는 언제나 걱정거리죠. 이런 걱정에 사로잡혀 저는 보잘것없는 평범한 사람이 돼버렸어요. 제 일도 아무런 의미가 없어졌죠. 무대에 올라가면 손을 어떻게 해야 할지, 어떤 자세로 서 있어야 할지, 목소리를 어떻게 조절해야 할지 알 수 없어요. ……자신이 무대에서 형편없는 연기를 하고 있다고 느낄 때 그 심정이 어떤지 당신은 모를 거예요.

그 갈매기 기억나세요? 아니요, 저 말고요. ……당신이 총으로 쏘아 죽인 갈매기요. 한 남자가 한 여자를 만나 달리 할 일이 없어서 여자를 망쳐놓죠. 단편소설의 소재랍니다. ……아니, 그것도 아니에요. 제가 무슨 이야기를 하고 있었죠? 아, 연기 이야기였죠. ……더 이상 그런 배우가 아니랍니다. 이제 진짜 배우가 됐어요. 전 연기를 좋아해요. 무대에 올라가면 연기의 순수한 즐거움에 취하는 것 같고 제가 아름답게 느껴져요. 여기에 돌아와서는 많이 걸으면서 생각을 해요. 저는 정신이 점점 더 강인해지는 것 같아요.

코스티야, 전 깨달았어요. 우리가 작가든 배우든 진정으로 중요한 것은 명성과 영광을 꿈꾸는 것이 아니라…… 끈기예요. 그 어떤 상황에서도 포기하지 않고 계속 앞으로 나아가고 자신을 믿는 법을 아는 게 중요하죠. 전 지금 제 자신을 믿고 있어요. 덕분에 고통도 사그라졌죠. '넌 지금 무대 위에 있어!'라고 생각하면 인생이 어떻게 펼쳐지든 조금도 두렵지 않아요.

끈기를 키우는 방법

1. 매주 작은 목표를 다섯 가지 정한다. 그 목표를 실질적인 실천 단계로 나눠 기한 내에 완수하고 진행 과정을 매주 점검한다.

2. 인내를 보여주는 역할모델을 정해 그 사람의 발자취를 따라갈 수 있는 방법을 정한다. 내가 알고 있는 현존 인물을 역할모델로 삼았다면 끈기라는 강점에 대해 그 사람과 이야기를 나눠본다.

3. 꽃 피는 식물을 이른 봄에 심어 여름까지 가꿔본다. 식물의 수명주기를 관찰하고 식물을 돌보는 자신을 높이 평가한다.

4. 시간관리에 대한 세미나나 워크숍에 참여한다. 거기서 배운 핵심 아이디어를 기록해 매주 검토한다.

5. 끈기가 필요 없는 일을 수행할 때 손실을 줄이는 방법을 알아낸다. 가장 생산성이 뛰어난 분야에 에너지를 쏟아붓는다.

6. 대형 프로젝트를 계획해 기한보다 일찍 끝낸다. 도중에 예상치 못한 장애를 만나도 포기하지 않는다.

7. 의미 있고 마음에 드는 활동 두 가지를 선택해 거기에 100% 몰입한다.

8. 가장 중요한 목표를 달성하기 위해 평소보다 더 열심히 일하고 탄력을 받아 생산성이 증가하도록 한다.

9. 목표 달성의 동기를 제공해주는 영감 넘치는 인용문이나 시를 읽는다. 이런 글은 영감이 필요할 때를 대비해 종이에 적어 휴대하고 다닌다.

10. 내 목표를 적어 정기적으로 읽어보고 영감을 받을 수 있는 곳에 붙여둔다. 목록을 감당할 수 없을 정도로 길게 만들지 않는다.

11. 어려운 과제를 처음부터 끝까지 해내 나 자신과 동료에게 끈기를 증명해 보인다.

12. 집이나 직장에서 내가 다룰 수 있는 한 가지 새로운 상황을 통제한다. 실패해도 포기하지 않고 대신 계획을 수정한다.

13. 동기와 끈기를 잃지 않도록 정기적으로 목표를 구체적인 행동방침으로 세분한다.

14. 할 일 목록을 작성하고 정기적으로 갱신한다. 비교적 수행하기 간단한 일을 목록으로 작성하면 항목이 줄어드는 만족감에 앞으로 더욱 박차를 가해 목록을 수행할 수 있다.

15. 사랑하는 사람과 목표를 공유한다. 사랑하는 사람의 격려와 충고를 기꺼이 받아들인다.

8. 정직 강점

정직(Honesty)과 진정성(Authenticity)은 자신에게 진실해지는 성격강점으로, 자신의 내적 상태와 의도, 책임을 사적으로나 공적으로 정확하게 드러내는 것이다. 이 성격강점은 행동과 감정, 생각을 책임지는 것과 정직을 포괄한다. 정직을 지닌 사람들은 쉽지 않더라도 자기 내면의 빛을 따라 옳은 일을 한다. 정직의 반의어로는 거짓말, 기만, 핑계, 가식이 있다.

있는 그대로의 자기 모습에 익숙해지기

– 얀 스탠리(Jan Stanley)

가을이 다가오면서 기온이 떨어지면 나는 편안하고 따뜻한 울 스웨터를 꺼내 입는다. 그중에서도 금색 단추가 달린 회갈색 파인 게이지 카디건을 제일 좋아한다. 그 카디건은 모양도, 냄새도, 감촉도 모두 진짜 울 같다. 손 닿는 곳에 현미경이 있었다면 그 카디건의 가느다란 울 섬유를 관찰할 수 있을 것이다. 우리 자신은 어떠한가. 우리 몸의 섬유 조직 하나하나까지 모두가 진짜인 우리 자신에 대해서는 뭐라고 말할 수 있을까.

내 울 스웨터처럼 하나에서 열까지 모두 자기가 말하는 그대로의 모습을 보여주는 사람들이 지니고 있는 성격강점이 하나 있다. 이 성격강점은 조금씩 다른 세 가지 특성을 지니고 있다.

첫째, 정직은 자신이 정한 약속이나 기준에 따라 살아가는 것, 즉 자기가 한 약속을 지키는 것이다.

둘째, 정직은 진실한 말과 행동에 전념하는 것이다.

셋째, 진정성은 자신의 가치와 신념에 따라 살고, 자신에게 진실하며, 그 진실을 바깥 세상에 알리는 것이다. 진정성 있는 사람은 허울만 근사하게 자신을 포장하지도 않고, 그 어떤 가식도 떨지 않는다. 그렇기 때문에 우리는 진정성 있는 사람들에게 끌린다.

내가 가장 흥미를 느끼는 특성은 바로 진정성이다. 진정성은 시간과 지리, 문화를 초월해 언제 어디서나 가치 있는 성격강점이다. 하지만 그에 대한 경험적 연구, 특히 행복과의 관련성에 대한 연구는 감사, 희망, 낙관성 같은 다른 성격강점에 대한 연구보다 뒤처져 있다. 다행스럽게도 지금은 그러한 상황이 달라지고 있다. 진정성은 우리의 행복에 영향을 미치는 핵심 요소이기 때문이다.

한 연구는 진정성과 행복의 연관관계를 보여주는 결과와 더불어 진정성 척도를 소개했다. 이러한 진정성 평가 도구에는 '인기를 얻기보다 본래 모습 그대로 있는 것이 훨씬 좋다고 생각한다'와 '난 언제나 내가 믿는 것을 지지한다' 같은 자기보고식 문항이 포함돼 있다. 연구학자들은 진정성 평가 도구를 약간 개선해 진정성을 정의하는 열두 가지 문항으로 축약했고, 그 문항들을 세 가지 하위척도로 분류했다. 진정한 삶과 외부적 영향을 수용하는 정도, 자기소외가 바로 그 하위척도다.

제1 척도: 진정한 삶 진정한 삶은 행복과 긍정적 연관성을 갖고 있다. 진정한 삶을 살 수 있는 용기를 낼 때 기분이 훨씬 좋아진다! 그런데 시대를 초월한 지혜를 깨우쳐준 사례가 있다. 다름이 아니라 셰익스피어의 작품 『햄릿(Hamlet)』에서 폴로니우스(Polonius)가 레어티스(Laertes)에게 한 조언이 진정한 삶의 정의를 말해준다.

'무엇보다도 너 자신에게 진실해져라.
그렇게 하면 밤이 가고 낮이 뒤따라오듯
너는 그 누구에게도 거짓된 사람이 되지 않을 것이다.'

셰익스피어가 오늘날 글을 썼다면 새로운 연구 결과를 반영해 마지막에 이렇게 한 줄을 더 첨가했을지도 모른다. '별이 북쪽 하늘에서 밝게 빛나듯 네 행복도 밝게 빛날 것이다.'

제2 척도: 외부적 영향 수용 이 척도는 우리가 다른 사람들의 제안이나 기대에 어느 정도 순응하는지를 측정하는 것이다. 외부적 영향이란 사회적 기대나 좀 더 구체화해 우리가 사랑하는 사람들의 기대를 말한다. 이러한 외부적 영향 수용은 심리적 행복감 감소와 스트레스 증가와 연관돼 있다

나는 그러한 연관성을 직접 깨달은 적이 있다. 수년 전 내 경력을 완전히 바꿔놓는 확고한 결정을 힘들게 내리고 난 후였다. 한 친구가 내 지식과 기술이 가치 있는 대의를 실현하는 데 반드시 도움이 될 거라면서 일자리를 제의했고, 나는 그 제의를 받아들였다. 1년 동안만 그 일을 하기로 했지만 그 일은 시작부터 내가 정해놓은 방향과 충돌했다. 이처럼 외부적 영향을 받게 되자 스트레스가 급증했고 결과적으로 건강도 심각하게 나빠졌다. 내가 진정으로 그 일과 일체가 됐다면 좀 더 효율적으로 해냈을지도 모른다.

제3 척도: 자기소외 자기소외란 진정성과 정반대되는 개념이다. 이 척도에서 높은 점수를 받으면 스트레스와 불안 수치가 훨씬 높아지고 행복 수치는 더 낮아진다. 그러므로 사람들이 무엇 때문에 자신들의 신념이나 이상에서 멀어지는지를 파악하고 그 원인을 제거하면 훨씬 더 행복해질 수 있다. 물론 모든 스트레스가 자기소외 때문에 생겨나는 것은 아니다. 하지만 이 연구가 암시하는 바에 따르면 사람들이 자신들의 가치와 이상, 진정한 자아 이미지와 좀 더 정확하게 일체가 되는 방법을 찾는 것이 바로 보다 행복한 삶으로 나아가는 길이다.

그렇다면 자기소외의 대가는 무엇일까. 그 답은 영화 〈죽은 시인의 사회(Dead Poet's Society)〉에 잘 나타나 있다. 키팅 선생님(Mr. Keating·로빈 윌리엄스 분)은 자신의 진정성을 지키려다 웰턴 학교에

서 쫓겨나는 희생을 치른다. 키팅 선생님이 학교를 떠나려고 교실을 나섰을 때 자신의 진정한 목소리를 찾으려고 애썼던 토드를 비롯한 아이들이 모두 책상을 밟고 올라가 "오 캡틴, 마이 캡틴(O Captain, My Captain)!"을 외친다. 이 장면을 잊을 수 있는 사람이 누가 있겠는가. 이처럼 자신에게 진실해지는 대가는 상당히 비싸 보인다. 반대로 키팅 선생님이 학교 방침에 수긍하고 스스로를 외면하며 남은 몇십 년 동안 아이들을 가르쳤다면 어떤 대가를 치렀을지 짐작만 할 수 있을 뿐이다. 어쩌면 소로(Thoreau)가 말했듯이 '조용한 절망감' 속에서 살아갔을지도 모른다.

진정성이 대표 강점인 사람들에게는 진정한 삶을 살아가는 것이 자연스러운 일이다. 그렇지 않은 사람들은 진정성을 키우기 위해 좀 더 고심하고 좀 더 행동해야 한다. 그 효과가 증명된 몇 가지 방안을 소개하자면 다음과 같다.

제1 방안: 마음챙김과 호기심 마음챙김 명상을 배울 때는 '초심자의 마음'이라는 용어가 가끔씩 나온다. 이것은 익숙한 것들, 심지어 마음챙김 명상에서 자주 사용하는 건포도처럼 흔한 사물도 마치 처음 보는 것처럼 바라본다는 뜻이다. 초심자의 마음이라는 이 강력한 도구를 사용해 우리 자신을 처음 보는 것처럼 살펴본다면 어떨까.

진정성이 우리의 진실한 자아를 세상에 표출하는 것과 얼마나 밀접하게 관련돼 있는지를 고려한다면 마음챙김과 호기심을 이용해 우리의 이상적 자아와 실질적 자아의 격차를 메워나갈 수 있다.

제2 방안: 자신의 동기 이해 외부적 영향을 받으면 행복감이 감소하고 스트레스가 증가할 수 있다. 제일 먼저 우리 자신의 동기와 외적 동기의 차이를 알아야 한다. 인기와 이미지, 재정적 성공 같은 외적 동기의 가치가 감소하면 행복감이 증가한다.

그러므로 자신의 시간과 에너지를 어떻게 사용하는지 점검해볼 때 자신의 동기가 내적인지 외적인지 자문해보자. 자신의 가치가 물질적인 면에 치중해 있다면 내적 가치와 목표에 보다 일치하는 삶을 꾸려야겠다고 마음먹을 수도 있다.

제3 방안: 인생 성찰 개인적 가치와 믿음을 성찰하는 것도 진정성에 영향을 줄 수 있다. 한 연구에서는 참가자 각각이 개인적으로 의미 있는 내적 가치 두 가지를 선택했고, 도움이 되는 인용문이나 글귀와 함께 그 가치를 상기시켜주는 이메일을 매주 받았다.

또한 참가자들은 모두 부탁받은 대로 개인적인 가치를 숙고해보았다. 그러자 그 즉시 행복감이 커졌다. 4주 후에는 내적 동기와 행복감이 증가한 반면 외적 동기 요인이 감소했다. 참가자가 자기성찰을 열심히 할수록 외적 가치는 더욱 많이 감소하고 행복감은 더욱 커졌다.

자신의 동기를 깊이 생각해보면 진정한 자아를 찾아줄 수 있는 마음속의 작은 목소리가 커져 행복감도 증가하는 것 같다.

마음챙김과 동기 평가, 인생 성찰은 상당히 어려운 일처럼 느껴질지도 모른다. 그런데 왜 그 일을 하려는 건가. 그것도 인생의 상당 부분을 이미 살아온 지금 말이다. 보다 행복해지고 싶은 것 이외에도 몇 가지 중요한 이유가 있다.

인간관계 개선 진정성이 부족한 사람은 어떠할지 한번 생각해보자.

이런 사람들은 기만적이고 정직하지 못하다는 소리를 듣거나 심지어 으스대는 사람 혹은 사기꾼으로 불릴지도 모른다. 이들은 우리 대부분이 알고 지내고 싶어 하는 그런 부류가 아니다. 우리가 보다 진실하게 삶을 살아갈수록 호감을 사고, 친구들의 지지를 받으며, 다른 사람들과 협력하는 것과 같은 사회적 혜택을 누릴 가능성이 커진다.

활력 증가 사람들이 내적 동기에 따라 행동할 때는 활력이 유지되거나 향상된다. 활력은 성과와 인내, 행복을 포함한 많은 좋은 것과 연관돼 있다. 우리가 다른 사람들의 기대에 순응하거나 다른 사람들의 영향을 받지 않고 우리 자신의 동기에 따라 행동할 때 보다 진정한 삶을 살아가며 살아 있는 느낌을 만끽할 수 있다!

후회 없는 삶 브로니 웨어(Bronnie Ware)라는 한 호주인 호스피스는 죽음을 앞둔 환자들이 후회하는 내용을 분류했다. 환자들이 마지막 남은 몇 주를 편안한 집에서 보내기로 했을 때 웨어는 그들과 함께 시간을 보냈다. 웨어가 환자들한테서 가장 자주 들은 후회의 말은 "다른 사람들이 기대하는 삶이 아니라 나 자신에게 진실한 삶을 살 용기가 있었더라면 좋았을 텐데"였다.

당신이 지금 이 글을 읽을 수 있다면 아직 늦지 않았다. 자신의 삶을 보다 진실하게 살기 위해 어떤 용기 있는 행동들을 할 수 있을까. 한 올 한 올까지 모두 진짜 울인 스웨터처럼 자신에게 진실해져라.

정직을 부르는 낭독문

정직을 이끌어내고 싶다면 다음의 글을 큰 소리로 읽어보라.

앉은 황소(연설)

- 시팅 불 훙크파파 부족 추장

당신이 무슨 일을 하는지에는 관심이 없다. 당신이 무엇을 갈망하는지 알고 싶다.

당신 나이에는 관심이 없다. 당신이 사랑에 빠진 얼간이처럼 위험을 감수할 수 있는지 알고 싶다.

당신이 돈을 얼마나 많이 버는지에는 관심이 없다. 당신이 당신 영혼의 중심에 도달했는지 알고 싶다.

당신이 하는 이야기가 진실인지 아닌지에는 관심이 없다. 다른 누군가를 실망시키더라도 당신 자신에게 진실해질 수 있는지 알고 싶다.

당신이 신의가 있어 믿을 만한 가치가 있는 사람인지 알고 싶다.

항상 예쁘지 않은 것에서도 아름다움을 찾아낼 수 있는지 알고 싶다.

당신 자신은 물론이고 나의…… 실패까지도 안고 살아갈 수 있는지 알고 싶다.

슬픔과 절망을 딛고 일어서 해야 할 일을 할 수 있는지 알고 싶다.

나와 함께 불 한가운데 서서 뒷걸음질치지 않을 수 있는지 알고 싶다.

정직을 키우는 방법

1. 아무리 사소한 거짓말이라도 기억해두고 거짓말을 매일 조금씩 줄여나가도록 노력한다.

2. 내가 중요한 사실을 빼놓고(중고 상품을 팔 때 중요한 정보를 밝히지 않은 경우 등) 말하지 않은 적이 있는지 돌이켜보고, 내가 그 피해자가 된다면 기분이 어떨지 생각해본다. 다른 사람들과 거래할 때는 정보를 기꺼이 제공하도록 노력한다.

3. 다음 번에 도전적인 과제를 맡을 때는 내 지위나 인기의 변화에 연연하지 않고 공정하게 생각하고 행동한다. 결정을 내릴 때는 동료의 사회적 압력에 굴하지 않는다.

4. 나의 중요한 행동 다섯 가지가 내 말과 일치하는지, 아니면 역으로 내 말이 행동과 일치하는지 살펴보고 언행을 일치시킨다.

5. 내가 도덕적으로 가장 확고하게 확신하는 분야를 알아내고 그 확신에 비춰 장기적인 측면에서 우선시해야 할 것을 정한다.

6. 친구와 가족에게 사소한 선의의 거짓말(빈말)도 하지 않는다. 만약 했다면 바로 사과한다.

7. 다른 사람들과 창의적이지만 정직하게 대화를 나누는 방법을 생각해보고 나 자신의 진실한 모습을 드러낸다.

8. 진실하고 정직한 행동을 할 때와 그렇지 않은 행동을 할 때 내가 얼마나 만족감을 느끼는지 살펴보고, 그 만족도로 나의 정직을 평가한다.

9. 생각을 확고히 하고 종합하기 쉽도록 도덕적 의무감에 대한 의견을 적어본다.

10. 진실하고 정직하게 행동할 수 있는 일을 찾아본다. 정직과 솔직한 소통을 장려하는 조직에서 일한다.

11. 내가 하는 일의 윤리규범을 배우고 지킨다. 윤리규범을 성실하게 지키지 않는 동료에게도 가르쳐준다.

9. 열정 강점

활기는 살아 있는 느낌, 열정으로 가득한 상태, 모든 활동에 의욕을 보이는 것이며…… 삶에서 가치 있는 활동에 집중될 때 의욕과 충만함으로 나타나는 열정이다.

활기는 어렵고 진이 빠질지도 모르는 상황에서 가장 두드러지게 나타난다(그러므로 가장 높이 평가할 만한 능력이다). 열정의 반의어로는 무기력, 혼란함, 게으름, 지침이 있다.

열정과 열의를 되찾아라

- 파울라 데이비스 락(Paula Davis-Laack)

어떤 사람은 지치고 녹초가 된 상태로 잠에서 깨어난다. 반면 넘치는 에너지로 하루를 시작할 준비가 된 상태로 깨어나는 사람도 있다. 활기차게 하루를 시작할 준비 태세를 갖춰주는 능력은 매일 아침을 깨워주는 스타벅스 커피에 든 카페인이 아니다. 그보다 훨씬 심오한 것이다. 그것은 바로 열정과 열의라는 성격강점이다.

열정은 정신적·육체적인 활력처럼 수동적인 성격강점으로 정의된다. 마지못해서가 아니라 활기차게 삶에 임하고 살아 있음을 느끼는 것이다.

열정이라는 성격강점에 대한 흥미로운 연구 결과가 많다. 열정은 희망과 팀워크라는 성격강점과 더불어 미국인 성인보다는 미국인 청년한테서 더욱 자주 나타난다. 성인이 돼가면서 열정이 식어가는 것 같다.

모든 성격강점이 저마다 장점을 지니고 있지만 열정과 감사, 희망, 사랑 같은 '감성' 성격강점을 지닌 사람들이 판단력과 학구열 같은 '이성' 성격강점을 지닌 사람들보다 훨씬 더 쉽게 자신들의 삶에 만족한다.

9000명 넘는 근로자를 대상으로 실시한 조사에서 열정은 업무 만족도와 사람들이 자신의 직업을 얼마나 천직으로 생각하는지를 예측해주는 요소였다. 안타깝지만 오늘날에는 많은 사람이 열정이 아니라 그 반대의 감정을 느낀다. 진이 빠져 피곤해한다.

몇 년 전 그런 사람을 만난 적이 있었다. 나는 7년 동안 상업용 부동산법 변호사로 일했는데 마지막 해에는 뭔가 잘못됐다고 느꼈다.

만성적으로 피곤했고 짜증이 났으며 아팠다. 변호사로 일하면서 아드레날린과 스트레스 공급관이 막히자마자 내 몸은 무너져 내렸다. 내가 변호사로 일했던 마지막 12개월 동안 했던 일이 그 자리에 오르기까지 했던 일보다 훨씬 많았다. 게다가 소화불량으로 세 번이나 응급실에 실려 갔고 매주 공황발작을 일으켰다. 하지만 내가 소진 상태에 처해 있다는 사실을 몰랐다.

지금은 소진 상태와 그 상태가 사람들과 조직에 미치는 영향을 연구하고 있다. 소진 상태는 보통 열정의 부재 상태다. 소진 상태의 세 가지 중요한 요소 가운데 하나는 탈진이다. 소진 상태는 직무 요구가 너무 많고, 직무 자원이 너무 적으며, 스트레스에서 충분히 회복하지 못할 때 나타난다. 압박감이 너무 크고 업무량이 처리할 수 없을 정도로 많거나 의뢰인이나 동료와 소통하는 게 감정적으로 힘들어질 때 직무 요구가 감당할 수 없을 만큼 많아진다. 또한 정보와 자발성, 새로운 것을 배울 수 있는 기회, 힘이 돼주는 지도자, 동료와의 질 높은 관계 같은 직무 자원이 부족해질 수도 있다. 한편 육체적 활동과 취미를 즐기고 다른 사람들과 어울리기 시작하면 상처에서 회복될 수 있다.

어떤 활동을 할 때 활기가 생기는지 알아내 그 활동을 하는 것이 소진 상태를 예방하고 열정을 회복하는 결정적인 방법이다.

나는 군인에서 복지시설 전문가, 변호사에 이르기까지 다양한 집단 사람을 대상으로 성격강점 검사를 했다. 그런데 열정을 대표 강점으로 지닌 사람이 너무나 적다는 사실에 언제나 크나큰 충격을 받는다.

내가 2009년 초반 처음으로 성격강점 검사를 받았을 때 열정과 열의는 나의 24가지 성격강점 가운데 거의 최하위권에 속했다. 내가 소진되고 탈진한 상태였기 때문에 그럴 만도 했다. 나는 월요일에 일하러 가기가 두려웠고 한때 내게 크나큰 에너지를 안겨줬던 많은 사람과 활동으로부터 단절된 상태였다. 결국 2009년 6월 변호사 일을 그만두고 그해 말 긍정심리학 석사학위 과정을 밟기 시작했다. 그 후 수업 과제로 강점 검사를 다시 받아야 했다. 이번에는 열정과 열의가 내 24가지 성격강점 순위에서 4위를 차지했다.

나는 법조계를 떠나 내게 진정으로 중요한 일을 하기로 결정한 덕분에 에너지와 활력을 얻을 수 있는 일을 다시 시작하게 됐다. 열정을 키우려고 일을 그만둬야 할 필요는 없지만 자신의 에너지를 높여주거나 소모시키는 활동에 얼마나 많은 시간을 투자하고 있는지는 파악해둬야 한다.

열정을 키우고자 한다면 '에너지 파괴와 키우기'라는 내 훈련법을 시도해보길 바란다. 먼저 가로 2칸, 세로 2칸의 표를 그린다. 그러고 나서 다음과 같이 제목을 적어 넣는다.

직장에서 내 에너지를 키워주는 활동: _______ % 여기에 투자하는 시간 비율	가정에서 내 에너지를 키워주는 활동: _______ % 여기에 투자하는 시간 비율
직장에서 내 에너지를 소모시키는 활동: _______ % 여기에 투자하는 시간 비율	가정에서 내 에너지를 소모시키는 활동: _______ % 여기에 투자하는 시간 비율

각각의 칸에 해당하는 활동을 적어 넣는다. 이 단계가 끝나면 투자 시간 비율을 기록한다. 나와 함께 일하는 대부분 사람은 가정과 직장에서 자신들의 에너지를 소모시키는 활동에 상당히 많은 시간을 투자하고 있다는 사실을 깨닫는다. 이 훈련의 목적은 에너지를 키워주는 활동을 더 많이 하는 것이다.

열정이라는 성격강점은 당신이 직장과 인생에서 어떻게 생활하는지를 보여주는 중요한 지표가 될 수 있다. 기업과 개인 모두 열정에 좀 더 많은 관심을 기울이는 것이 현명할 것이다.

열정을 부르는 낭독문

열정을 이끌어내고 싶다면 다음의 글을 큰 소리로 읽어보라.

일인자가 되는 데 필요한 것(연설)

– 빈스 롬바르디(Vince Lombardi)

승리는 언젠가 쟁취하는 것이 아니다. 항상 쟁취해야 하는 것이다. 때때로 승리해서도 안 되고, 이따금씩 제대로 해서도 안 된다. 항상 제대로 해야 한다. 승리는 습관이다.

축구 선수가 경기를 뛸 때는 모든 기능이 하나도 빠짐없이 언제나 작동해야 한다.

머리로 뛰는 사람들이 있다. 어떤 분야에서든 일인자가 되려면 영리해야 한다. 하지만 그보다 중요한 것은 가슴으로 뛰어야 한다는 것이다.

운이 좋아 머리와 가슴을 모두 많이 쓰는 사람을 찾는다면 그 사람은 잠시도 경기장에서 떠나지 않을 것이다.

경쟁적인 삶이 우리의 현실이다. 우리의 목적은 공정하고 규칙을 지키며 당당하게 승리하는 것이다. 우리의 목적은 오직 승리뿐이다.

고된 훈련의 진가를 끝까지 가슴 깊이 깨닫지 못하는 사람은 보지 못했다. 사람들 내면에는 훈련을 간절하게 갈망하는 뭔가가 있다.

인간에게 가장 황홀한 시간, 자신이 소중하게 여기는 모든 것을 얻는 가장 위대한 시기는 대의를 위해 마음을 바쳐 일하고 전쟁터에서 지쳐 쓰러지는 순간이다. 이때가 바로 승리를 쟁취하는 순간이다.

열정을 키우는 방법

1. 내가 '하지 않아도' 되고 아무도 강요하지 않는 신체 활동을 하나 선택한다. 그 활동으로 내 에너지 상태가 어떻게 달라지는지 주의 깊게 살핀다.

2. 규칙적인 수면 시간을 정하고, 잠자기 서너 시간 전에는 아무것도 먹지 않고, 침대에서는 일하지 않으며, 저녁 늦게 카페인을 섭취하지 않는 습관을 들여 수면위생을 개선한다. 그러고 나서 내 에너지 상태가 어떻게 달라지는지 살핀다.

3. 일을 시작하기 전에 어떻게 하면 그 일을 적극적으로 신나게 할 수 있을지 생각해본다.

4. 시트콤이나 코미디 영화를 매주 시청한다. 친구들을 초대해 함께 본다.

5. 하이킹이나 자전거 타기, 등산, 경보, 조깅 같은 바깥활동을 매주 한 시간 동안 한다. 바깥활동과 나의 내적 감각을 모두 음미한다.

6. 이미 하고 있는 일을 창의적으로 색다르게 보다 열정적으로 한다.

7. 일주일에 적어도 두세 번 운동하고 내 몸의 에너지가 어떻게 달라지는지 살펴본다. 꾸준하게 실천하고 기록할 수 있는 규칙적인 운동 습관을 키워나간다.

8. 항상 하고 싶었지만 하지 못했던 육체적 소모가 큰 활동(자전거 타기, 달리기, 스포츠, 노래, 연기)을 한다. 그 활동이 즐겁다면 계획을 세워 규칙적으로 한다.

9. 성가대에서 노래하고 악기를 연주하거나 연기를 한다. 다른 사

람들 앞에서 연기할 때 치솟는 흥분을 즐긴다.

10. 댄스클럽이나 콘서트장, 공연 예술행사에 간다. 춤출 기회가 있다면 주저하지 않고 춤춘다.

11. 진심으로 웃고 싶어 하는 친구들과 어울린다. 웃음이 얼마나 잘 전염되는지 눈여겨본다.

12. 나의 다음 번 성취와 승리 두 가지를 축하하고 다른 사람들을 초대해 기쁨을 함께 나눈다.

13. 오랜 친구를 찾아가 좋았던 옛 시절을 회상하며 내 기분을 살펴본다.

10. 사랑 강점

사랑은 세 가지 형태를 띤다. 우리를 돌보고 보호해주는 사람들을 사랑하는 것과 우리가 보호하고 돌보는 사람들을 사랑하는 것, 서로를 특별한 존재로 만들어주는 배우자를 사랑하는 것이다. 한 사람에게 한 가지 형태 이상의 사랑을 느낄 수 있고, 그러한 사랑의 형태는 시간이 지나면서 달라질 수 있다. 사랑의 특징은 도움과 위로, 수용을 주고받는 것이다. 사랑은 강렬한 긍정정서와 헌신, 심지어 희생까지도 포괄한다. 사랑의 반의어로는 미움, 증오, 고독, 외로움, 소외감이 있다.

진실된 사랑과 거짓된 사랑을 구분하는 법

- 조지 베일런트(George Vaillant)

그렇다면 진실한 사랑이란 무엇일까. 고대 그리스인과 시인, 심리학자, 심지어 큐피드까지도 원래는 매우 유용한 인적자원이지만 사랑에 대해서는 조금도 우리를 도와주지 못한다. 이들 전문가는 욕망에 집착해 지속적인 애착을 간과한다. 부처도 지속적인 애착을 높이 평가해 연민에 치중하기 때문에 실망스럽기는 마찬가지다. 사랑은 연민이다. 하지만 연민이 언제나 사랑이 되지는 않는다. 진실한 사랑은 애착을 느끼는 것이고 선택적이며 지속적이다. 이와는 대조적으로 연민은 무심해지고 현재에 뿌리를 둘 때 가장 강렬해진다. 인간의 사랑만이 아니라 다 자란 포유류의 사랑도 지속적이고 놀랍도록 이타적인 애착을 느끼는 것이다. 짝짓기를 하는 행위는 대체로 자발적인 것이 아니라 옥시토신 분비와 거울신경세포에 영향을 받는 생물학적 반응이지만 이타심에서 나오는 것이기도 하다.

그리스 철학자는 애착을 이해하지 못했고, 인지심리학자는 언제나 그렇다. 그리스의 아가페(보편적이고 이타적인 사랑)는 선택적이지 않고, 에로스(테스토스테론과 에스트로겐 분비, 나만 생각하는 욕망)는 지속적이지 않다. 사랑은 신성한 신의 이미지처럼 세월이 흘러도 변치 않는 성질을 지니고 있다. 신약성서에 나오는 '하나님은 사랑이다'는 구절에 담긴 정신은 남을 의식하는 무신론적 성격을 띤 『소비에트대백과사전』에서도 찾아볼 수 있다. 이 사전에 정의된 사랑은 '서로 상반되는 생물학적인 것과 영적인 것, 개인적인 것과 사회적인 것, 친밀한 것과 일반적인 것이 교차하는 지점'이다. 소설가 로렌스 더럴(Laurence Durrell)은 이렇게 말했다. "가장 풍요로운 사랑은 시간의 중재를 받는 것이다." 이와는 대조적으로 욕망을 좇다 보면 아주 멋지지만 무척 다급해 보이는 드럼 연주자에게 뛰어들게 된다. 열정적인 하룻밤 잠자리 상대는 다음 날 다시 봤을 때 따분하고 추해 보일 수도 있다. 하지만 그 사람과 보낸 하룻밤은 정말 근사하지 않았는가!

부처는 애착을 우려했다. 정확하게 말해 애착이란 많은 슬픔의 근원이라고 보았다. 사랑의 세계가 바로 그러하다. 사랑은 위험하다. 실제로 많은 사람이 때로는 기쁨처럼 사랑도 감당하기 힘들어한다. 기쁨과 감사를 표현할 때처럼 사랑을 느낄 때도 상처받기 쉬워지는 것 같고, 때로는 자신이 너무나 약해지는 것 같아 사랑을 되돌려주기는커녕 받아들이기도 두려워한다. 아이가 죽거나 사랑하는 사람이 떠난다면 어떻겠는가. 이와는 대조적으로 윌리엄 블레이크(William Blake)는 애착의 상실과 회복을 포괄해 애착이 얼마나 중요한지를 이해했기 때문에 이렇게 말했다. "기쁨과 슬픔은 훌륭하게 짜여 있어…… 모든 슬픔과 비애 아래에는 언제나 두 겹으로 짜인 기쁨의 비단이 깔려 있다." 그러니 사랑을 잃었다고 너무 슬퍼하지 마라.

그렇다면 중독과 애착의 차이점은 무엇일까. 고독한 냉소주의자는 '사랑에 빠지는 것'은 중독의 또 다른 형태에 불과하다고 말한다. 옥시토신 분비로 깊어지는 애착은 사실 상당히 위험한 감정이다. 애착이 생기면 사랑에 빠져 절대 헤어 나오지 못한다. 돈 후안과 부처의 생각이 옳았다. 애착을 갖지 마라! 영화 〈마이 페어 레이디〉에 등장한 언어학자 헨리 히긴스(Henry Higgins)는 이렇게 한탄했다. "그녀를 만나기 전에는 독립적이고 만족스러운 삶을 차분하게 살아왔어. 물론 언제나 그 시절로 다시 돌아갈 수 있지만……. 난 이미 그녀의 모습과 목소리, 그 얼굴에 길들어져버렸네. 젠장! 젠장! 젠장!" 그렇다면 중독과 포유류의 사랑은 어떻게 다를까.

지금부터 차근차근 따져보겠다. 먼저, 포유류의 사랑은 독특하게도 옥시토신 분비로 생겨나고 중독과는 상관이 없는 대뇌변연계와 연관돼 있다. 중독과 사랑이라는 감정이 모두 훨씬 덜 국한적인 도파민이라는 신경전달물질의 영향을 받는다는 사실은 나도 인정한다. 흥미롭게도 도파민은 아편 수용체가 있는 뇌의 영역에 집중돼 있다. 이러한 뇌 영역은 거짓 사랑이자 종종 치명적 '사랑'이라고도 하는 선택적이고 지속적인 헤로인 중독과 연관돼 있다.

하지만 헤로인 중독과 사랑을 구분해주는 결정적인 차이가 하나 더 있다. 중독은 나 자신만을 생각하는 것이고, 애착은 상대가 전부라고 생각하는 것이다. 중독은 이렇게 소리친다. "아아, 난 정말 불쌍해!" 하지만 사랑은 다른 사람들에게 애정 어린 목소리로 이렇게 묻는다. "기분이 좀 나아졌어요?"

세 번째 차이점은 사람들이 빠르게 중독에 익숙해진다는 것이다. 그렇기 때문에 똑같은 효과를 맛보려면 점점 더 많은 것이 필요하다. 이와는 반대로 진정한 사랑의 부드러운 손길은 절대 식상해지지 않는다.

네 번째 차이점은 중독을 끊으면 교감신경이 흥분된다는 것이다. 예컨대 발열이나 발한, 심장박동 상승, 고혈압이 동반되고, 누구라도 자신을 껴안으려고 하면 그 사람에게 짜증스러운 고함을 지르게 된다. 이와는 대조적으로 남편이 아내의 묘지를 찾아갔을 때는 부교감신경에 영향을 받은 금단증세가 나타난다. 예컨대 조용히 흐느끼고, 맥박이 느려지며, 자신의 어깨에 팔을 둘러 위로해주는 친구에게 감사함을 느낀다. 애정 어린 애착 때문에 느끼는 슬픔은 어떤 면에서는 우리의 확장과 구축(바바라 프레드릭슨의 긍정정서의 확장 및 구축 이론론-옮긴이)을 도와주는 긍정정서다. 반면 중독은 우리의 육체와 정신, 영혼을 파괴한다.

마지막으로 진정한 애착과 중독을 가려주는 결정적인 테스트는 언제나 '모닝 애프터(morning after)'다. 엄마 곰은 다음 날 아침 자기 품안의 새끼들을 발견하고 기뻐한다. 반면 떠들썩한 술판을 벌였던 원기왕성한 사람은 새벽에 자기 품안에 있는 사람을 보고 그다지 열광하지 않는다.

사랑이란 대체 어디서 나오는 걸까. 종교, 교육이나 인생 코칭을 통해 사랑하는 법을 배우지는 않는다. 사랑은 부처의 마음챙김에서 나오는 것도 아니다. 사랑은 우리의 유전자에 각인돼 있는 것이자 생리적 현상이며 우리를 사랑해주고 우리의 사랑을 받아주는 사람들로부터 배우는 것이다.

뇌 호르몬 옥시토신은 모든 포유류가 출산할 때 나온다. 이 호르몬은 극히 친밀한 접촉을 싫어하는 포유류의 자연스러운 반응을 극복할 수 있게 해주는 것 같다. 그렇기 때문에 옥시토신은 '포옹 호르몬'이라 부른다. 갓난아기 때는 단기적으로 옥시토신이 과다 분비된다. 이성에게 반하는 청소년기와 더불어 사춘기에도 옥시토신 수치가 상승한다. 갓난아기를 엄마 품에 안겨주거나 연인이 성행위에서 절정에 도달하도록 축복해준다면 뇌의 옥시토신 수치가 올라간다. 본래 일부일처제로 생활하며 모성이 깊고 애정이 많은 초원 들쥐(설치류)는 옥시토신을 제거당하면 비정하고 난잡하며 새끼를 돌보지 않는 산악 들쥐로 변한다. 옥시토신이 없으면 부모의 협력과 책임감이 사라진다.

하지만 사랑은 단순하게 유전자와 호르몬만의 문제가 아니다. 뮤지컬 〈남태평양(South Pacific)〉에서 프랑스인 농장주가 불렀던 노래 가사처럼 '증오하고 두려워하는 법을 배워야 한다'면 사랑하는 법도 배워야 한다.

사랑의 전부는 애착이나 음악, 향기다. 사랑은 말로 호소하지 않는다. 노래로 호소할지는 몰라도 말은 아니다. 그러므로 사랑과 관련된 행동적 자기통제력은 외톨이의 뇌에서 나오는 것이 아니다. 사랑하는 이에게 애착을 느끼면서 끝없이 발달하고 형성되는 뇌에서 나온다. 고립된 환경에서 자란 원숭이는 폭식을 하고 구석에서 웅크려 지낸다. 다른 원숭이들과 즐겁게 어울려 노는 것이 아니라 죽음을 불사하고 싸우며 교미할 줄 모른다. 이처럼 고립된 원숭이는 '자연스럽게 할 수 있는 일'을 평생 동안 제대로 하지 못한다.

이와는 반대로 고립된 원숭이가 어미나 형제자매와 단 1년이라도 함께 지낸다면 어울려 노는 법을 배울 수 있다. 사회적 지배 성향을 품위 있게 벗어버리고 솜씨 좋게 교미에 성공하는 법을 알게 된다.

마지막으로 사랑 노래도 사랑을 전하는 좋은 도구라는 사실을 독자들에게 상기시켜주는 것이 좋을 것 같다.

마음챙김 사랑

- 커스텐 크론룬드(Kirsten Cronlund)

휴일 내내 사랑하는 사람과 즐거운 시간을 보내는 일에만 신경 쓴다면 긍정정서를 키우고 다지며 감사하는 마음을 표현하고, 심지어 고마움을 느낄 수 있을 것 같다. 확신컨대 밸런타인데이를 낭만적으로 보내는 사람이 많을 것이다.

하지만 더없이 서로를 사랑하는 사람들에게도 굴곡이 있게 마련이다. 휴일 내내 낭만과 열정을 불태우는 데 집중한다면 스트레스를 받는 사람이 생길 수도 있다. 우리 인간은 모두 비교의 덫에 빠지기 쉬우니까 말이다. 다른 사람들은 모두 사랑하는 사람과 친밀감을 느끼는데 우리만 알콩달콩 재밌게 지내지 못한다면 우리 관계에 뭔가 문제가 생겼다고 생각하기 쉽다.

나는 냉소주의자가 아니다. 그러니 낭만이 과대평가돼 있다는 내 말을 오해하지 말길 바란다. 당신이 밸런타인데이를 특별하게 보내지 않더라도 잘못된 것은 하나도 없다. 설령 밸런타인데이에 옷을 근사하게 차려입고 사랑하는 이와 자극적인 대화를 나누기보다 혼자 욕조에 몸을 담근 채 소설책 한 권 읽는다고 해도 잘못된 것은 전혀 없다.

프레드릭슨은 자신의 저서 『러브 2.0(Love 2.0)』에서 긍정 공명이라는 측면에서 사랑을 긍정정서를 공유하는 상태이자 생화학적 동시성 상태, 서로의 행복에 투자하고자 하는 동기를 공유하는 상태로 정의했다. 당신은 어쩌면 일상적인 활동으로 사랑을 표현할지도 모른다. 예컨대 상대에게 좋은 일이 생겼을 때 열렬하게 반응해주거나 식기세척기에서 그릇을 꺼내주고, 축구 연습을 하러 간 아이를 데려오거나, 부엌에 페인트칠하는 일을 함께한다. 이것이 뭐가 잘못된 일일까. 전혀 그렇지 않다.

극대화에 치우쳐 '완벽한 것'이나 완벽한 결정을 추구하고 또 추구하다 보면 극히 불행해질 수 있다. 그 과정에서 엄청난 시간과 에너지를 투자했기 때문에 최종 결정을 내렸을 때 거의 불가능한 수준의 행복을 무의식적으로 바라게 되고 결국 실망할 수밖에 없다. 제일 좋은 식기세척기를 고를 때도 그렇고 인간관계도 마찬가지다. 그렇기 때문에 좋은 해결책의 상한 기준을 정해놓고 그 기준에 부합하는 해결책을 찾았을 때 그만둬야 가장 큰 행복감을 맛볼 수 있다. 이미 내린 결정을 재고하지 않고 가능한 한 다른 사람들과 자신을 비교하지 않는 것이 가장 좋다.

진공청소기를 살 때야 이런 충고를 따르기가 비교적 쉽겠지만 배우자에게 만족하는 것은 그다지 쉽지 않은 일이다. 모든 관계에는 충돌이 잠재해 있고, 서로 다른 두 개의 세계관과 생활방식을 융합하는 복잡한 협상 과정에서는 자신들이 적합한 짝을 선택했는가 하는 의구심에 주기적으로 사로잡힐 수밖에 없다. 무엇을 선택할지 그 기준을 정해놓고 뒤를 돌아보지 말라고 충고하기는 쉽지만 행하기는 어렵다. 하지만 인간관계에서 마음챙김을 연습하면 배우자에게 크게 만족하고 배우자와 상당히 평화롭게 지낼 수 있다.

그렇다면 마음챙김이란 대체 어떤 것일까. 외부 환경과 내부 환경의 모든 자극에 대한 판단을 보류하는 마음챙김은 만족스러운 인간관계로 나아가는 가장 좋은 방법인 것 같다. 배우자의 소비습관과 집안일을 더 많이 도와달라는 요구, 시어머니의 명절 전통을 지켜주길 바라는 기대, 이상적인 육아 방식에 대한 견해 차이 때문에 짜증 날 때가 있다. 이때 자신의 상태를 판단하지 않고 그 상태 그대로를 자각하면 자신의 내부와 외부 상황을 냉정하게 바라보는 관찰자가 될 수 있다. 이렇게 되면 '또 짜증이 나는군'이라고 혼잣말을 할 수는 있겠지만 그것을 '나쁜 것'으로 낙인찍지는 않는다. 짜증을 부정적으로 낙인찍으면 교감신경계가 활성화돼 투쟁·도피 반응 태세가 갖춰진다.

반면 관찰자가 되면 가장 효과적이고 긍정적인 방법을 취할 수 있다. 다시 말해 할 수 있는 모든 선택을 훑어보고 긍정적 결과가 나올 가능성이 가장 큰 행동을 찾아내 취할 수 있다. 이러한 마음챙김 접근법을 취하면 부교감신경계가 활성화되거나 진정 반응이 일어나기 때문에 긍정적 순간을 보다 많이 공유할 수 있다.

그렇다면 이렇게 판단을 보류한 채 검토하는 접근법의 목적은 무엇일까. 짜증을 제거하는 것이 아니라 짜증이 나는 상황에서도 계속

해서 앞으로 나아가는 것이다. 배우자에게 느끼는 짜증은 개울 속 바위와 같다. 화가 나서 배우자에게 욕설을 퍼붓거나 배우자가 당신 뜻을 따르게 만들려고 애쓰면서 그 개울 속 바위에 부딪히다 보면 긍정 결과를 얻지 못한다. 긍정 결과를 얻기는커녕 두 사람 모두 개울 속의 그 바위에 걸려 꼼짝도 못하는 신세가 된다.

마음챙김 접근법은 인간관계를 타개하는 수동적인 방법처럼 보일지도 모르지만 실제로는 그렇지 않다. 마음챙김 접근법을 취하는 사람들은 감정을 표현하기 가장 좋은 때와 감정 표현 방법을 정확하게 평가한다. 충돌을 피해가는 것이 아니라 보다 성공적으로 헤쳐 나간다. 이들은 또한 행동과 역학관계를 보다 명확하게 평가하기 때문에 배우자가 식료품 살 돈을 카지노에 써버리는 바람직하지 못한 상황에서도 어떤 조치를 취할 수 있는 보다 좋은 기회를 얻는다. 마음챙김 접근법은 기쁨과 열정의 표출을 가로막지 않고 무조건적인 사랑을 불러일으킨다. 하지만 대부분의 경우 우리 문화권에서 그다지 좋게 평가받지 못하는 만족이라는 긍정적 마음 상태를 증진해준다. 만족은 강력한 정서이며 높은 수준의 행복과 연관돼 있다.

마음챙김은 긍정정서를 공유할 수 있는 여유를 만들어준다. 그렇기 때문에 나는 밸런타인데이와 일반적인 사랑 문제에 마음챙김 접근법을 활용하라고 권하고 싶다. 당신의 인간관계에서 이치에 닿는 일을 하는 것이 어떻겠는가. 장미 열두 송이를 선물하고 사랑을 나누며 열정적인 하룻밤을 보낼 수도 있고, 다정하게 이야기를 나누거나 몇 시간 동안 각자에게 의미 있는 각각 다른 활동을 할 수도 있다. 무엇보다 중요한 것은 사랑 표현은 이러이러해야 한다는 고정관념을 버리는 것이다.

행복은 사랑과 같은 말

- 조지 베일런트(George Vaillant)

2009년 70년 세월에 걸쳐 지속된 하버드대 프로젝트인 성인 발달 연구(The Study of Adult Development)를 요약한 기사가 「애틀랜틱(The Atlantic)」에 실렸다. 나는 40년 연구 프로젝트 감독직을 맡아 인터뷰를 했을 때 두 가지 무모한 일반화를 도출했다. 하나는 '인생에서 유일하게 진정으로 중요한 것은 다른 사람들과의 인간관계다'였고, 또 하나는 '행복은 사랑과 동일하다'였다. 멋진 인생의 핵심 요소를 알아내기 위해 수백만 달러와 70년의 세월을 투자한 연구를 두고 내가 왜 감상적인 것처럼 보이는 일반화를 내렸는지 지금부터 설명해 보고자 한다.

인간관계를 높이 평가해 내뱉은 내 주장은 과학적 근거가 있는 것이 아니라 내 마음속에서 우러난 것이었을까. 나는 그 답을 알아내려고 자료를 다시 찾아보기 시작했다. 1938년에서 1942년 사이에 하버드대 2학년 학생 268명을 뽑아 2009년까지 향후 70년 동안 추적 조사한 연구 결과를 검토해봤다. 하지만 인간관계의 중요성을 강조하는 그 자료를 제시하기 전에 먼저 그 연구의 배경을 소개해야 할 것 같다.

1938년 시작된 이 연구는 질병보다는 건강에 영향을 미치는 요소를 파악하기 위해 의료학과 심리학을 이용했다. 이 연구를 계획한 사람은 앨리 보크(Arlie Bock) 학생건강서비스 이사(Student Health Service Director)였다. 보크는 이 연구가 미국에서 보다 훌륭한 장교 후보생을 선출하는 데 도움이 되길 바랐다. 그렇기 때문에 이 연구의 본래 목적은 최상의 친구가 아니라 지도자와 슈퍼맨을 찾아내는 것이었다.

이 연구의 예측 기준은 생체 영향과 운동선수다운 용맹성, 남성적 체격(여성적인 것과 대조됨), 지능, 러닝머신에서 오랫동안 달리는 끈기, 친절(친밀함보다 외향성과 더 깊이 연관된 변수)이다. 이러한 변수는 모두 상호 연관돼 있고 대학교 학기 말에 미래의 성공을 예측하기 위해 실시하는 남성 국제등급 평가와 깊이 연관돼 있다.

이 연구의 계획자 가운데 인간관계의 중요성을 고려한 사람이 아무도 없었다면 다른 어느 곳의 사회과학자도 따뜻하고 친밀한 인간관계를 떠올리지 못했을 것이다. 많은 정신과 의사는 체격이 인격을 결정짓는다고 믿었다. 또한 대영제국이 '총, 균, 쇠' 덕분에 운 좋게 건국된 것이 아니라 인종적 우월성을 기반으로 세워졌으며, 인간관계가 아니라 본능이 무의식을 지배한다고 믿는 사회과학자가 아직도 많다. 1940년대 나의 고등학교 영어 선생님은 '혼자 여행할 때가 제일 빠르다'는 키플링(Kipling)의 정신을 학생들에게 철저하게 주입했다.

사람들은 친밀한 인간관계의 중요성이 지속적인 관심을 받게 된 것이 얼마나 최근의 일인지를 잊어버린다. 앞서 소개한 이 연구에 참여한 남성들은 10시간 내내 인터뷰를 하면서 최고의 친구나 여자친구가 아니라 자위와 혼전 성교에 대한 질문을 받았다.

이런 배경을 바탕으로 다른 사람들과의 관계가 이 세상에서 그 무엇보다 더 중요하다는 증거, 그것도 70년간의 증거를 풀어놓고자 한다. 나는 50세에서 80세 사이의 사람들이 보람된 삶을 살 수 있을지 예측하기 위해 어린 시절과 초기 성인기라는 변수의 힘을 연구했다.

내가 보람된 말년 인생의 기준으로 삼은 것은 10종 경기 평가기준이다. 이 기준에서 경제적 성공을 나타내는 두 종목은 높은 소득과 높은 직위다. 생물학적 성공을 반영하는 네 종목은 80세까지 장수하는 것이다. 단, 객관적으로나 주관적으로도 건강할 뿐만 아니라 정신적으로나 신체적으로도 건강한 상태를 유지해야 한다. 원만한 인간관계를 나타내는 세 종목은 행복한 결혼생활(40세에서 70세)과 친밀한 부자관계, 70세에 누리는 사회적 지지다. 마지막 '종목'은 조기 금연이다. 계속된 흡연은 건강을 크게 해치는 요인으로, 인간관계를 파괴하는 두 가지 주된 요인인 알코올중독과 우울증을 예견해주는 표지였다.

이 열 종목 변수는 저마다 각각 달라 보이지만 긴밀하게 상호 연관돼 있었다. 그래서 경제적 성공과 관련된 종목을 이용해 내 주장을 펼치자 보람된 삶을 반영하는 다른 결과가 드러났다.

이 연구의 본래 연구자들은 보람된 말년 인생을 예측해주는 여덟 가지 예측인자를 전적으로 수용했다. 이러한 예측인자는 친밀한 인간관계와는 비교적 무관했다. 특히 IQ와 부모의 사회 계층은 의심할

바 없이 인간관계와는 상관이 없었다. 모든 하버드대생이 금수저를 물고 태어난 것이 아니라는 사실을 명심하길 바란다. 그들 가운데 절반은 어머니가 대학교를 다니지 않았고, 장학금을 받고도 학기 중에 일해야 하거나 장학금과 일자리 가운데 하나는 얻어야 학비를 낼 수 있었다.

이 연구에서 이론화한 다른 여섯 가지 예측인자는 훌륭한 장교와 상점 경영자가 될 수 있는가를 예측해주는 것이었다. 가능한 80개 조합(8개 예측인자에 10개 결과를 곱한 수) 중 8개 조합에서만 그러한 변수가 '보람된' 삶을 상당히 정확하게 예측해줬지만 그러한 예측이 확실하지는 않았다.

건강하게 잘 늙어가는 삶에 영향을 미치는 다섯 가지 공통된 위험 변수는 조상의 요절 이력과 알코올 중독자 친척의 존재 여부, 우울증 환자 친척의 존재 여부, 교육 기간, 어린 시절의 발달상 문제다. 이러한 변수는 50개 조합 가운데 10개 조합에서만 명확한 관련성을 갖고 있었다.

하지만 내가 21세기 과학의 힘을 빌려 인간관계가 멋진 인생을 결정짓는 가장 중요한 요인이라는 가설을 시험해보자 훨씬 더 정확한 예측이 가능해졌다. 1940년대는 말할 것도 없고 21세기의 따스한 인간관계를 측정하기는 어렵기 때문에 네 가지 간접적인 측정 단위를 사용했다.

그중 첫 번째 예측인자는 어머니와 아버지, 형제자매와 맺는 따스한 인간관계와 결부되는 화목한 가정생활을 평가하는 것이다. 이 지표는 남자 대학생들과 그들의 부모를 심층 인터뷰한 결과에 토대를 두었고, 1940년 이후의 사건을 모르는 독립된 두 평가자가 도출한 것이었다. 1972년까지는 이 지표가 그다지 중요해 보이지 않았다.

두 번째 예측인자는 연구진이 21세 남성의 전반적인 건전성을 평가한 A, B, C 합의 평점(Consensus Rating)이었다.

- A = '맞부딪힐 수도 있는 문제 상황을 큰 문제없이 잘 다룬다.'
- B = '타인과의 따뜻한 접촉이 부족하거나 타인과의 접촉에 지나치게 민감하다.'
- C = '눈에 띄게 변덕스럽거나 두드러지게 비사교적이다.'

세 번째 예측인자는 20세에서 35세 남성의 비자발적 대응 방식에서 나타나는 '성숙도'나 '미성숙도'였다. 성숙한 대처 기제는 '억제'(인내와 금욕)와 '이타심'(자신을 위해 하고 싶었던 것을 다른 사람을 위해 하는 것), '기대'(어떤 사건을 앞두고 고통스러운 감정을 의식적으로 떠올리는 것)다. 한편 미성숙한 대처 기제는 '공상'(가상의 친구들)과 '투사'(외적 요인 탓하기), '침울증'(불평하고 도움을 거부하는 증세), '행동화'(성질을 부림)다. 이처럼 미성숙한 행동을 하면 친구를 얻지 못한다.

마지막 예측인자인 '대상관계'(30세에서 47세)에서 감점 요인이 되는 항목은 결혼 기간 10년 이하, 자녀 없음, 자녀와의 관계 소원, 친구 없음, 결혼 전의 원래 가족과 연락하지 않음, 활동하는 클럽 없음, 다른 사람들과 게임을 즐기지 않음이었다. 이 변수는 47세 이전의 사람에게는 적용하지 않았지만 미래의 직업적 성공을 극적으로 예측해줬기 때문에 사용했다.

사랑은 수입과 직업적 성공을 예측해준다. 온화한 인간관계를 측정해주는 이 네 가지 단위는 서로 밀접하게 연관돼 있었다. 그보다 더 중요한 사실은 이 변수들이 수입과 직업적 지위를 상당히 잘 예측해줬다는 것이다. 가능한 8개 조합(4개 예측인자에 수입과 직업적 성공이라는 결과 두 개를 곱한 수) 모두가 명확한 관련성을 지녔다.

예컨대 '대상관계'에서 최고 점수를 받은 남성 58명은 〈후즈 후(Who's Who)〉 인명사전에 등재될 가능성이 세 배 더 높았고, 이들의 1977년 최대 수익은 연간 8만1000달러였다. 이와는 대조적으로 '대상관계'에서 최하 점수를 받은 남성 31명은 평균적으로 최대 3만6000달러를 벌었다. 가장 온화한 어린 시절을 보낸 남성 41명의 평균 연간 수익은 8만1000달러였다. 한편 불우한 어린 시절을 보낸 남성 84명의 최대 수익은 5만 달러였다.

가장 성숙한(공감적) 대응 방식을 갖춘 남성 12명은 연간 수익이 12만3000달러라고 했다. 한편 가장 미성숙한(자기애적) 대응 방식을 갖춘 남성 16명의 연간 수익은 5만3000달러였다. 최상층 부모 밑에서 자란 남성들과 중하층 부모 밑에서 성장한 남성들의 최대 수익 차이는 4000달러밖에 되지 않았다.

인간관계를 반영하는 이 네 가지 변수는 또한 우수한 건강 결과를 예측해줬다. 32개 조합(네 가지 변수에 건강 결과 여덟 가지를 곱한 수) 가운데 25개 조합이 명확한 관련성을 지녔고, 12개는 매우 명확한 관련성이 있었다.

청소년의 사회 계층과 지능, 러닝머신에서 오래 달리는 인내력, 체질은 1940년 하버드대 졸업생들이 잘 늙어가는 과정에 별다른 영향을 미치지 못했다. 이와는 대조적으로 공감적 인간관계 능력은 향후의 삶을 상당히 잘 예측해주는 요소였다.

그렇기 때문에 나는 맨 처음에 밝혔던 주장으로 이 글을 마무리 짓겠다. '행복은 사랑과 같은 말이다.'

사랑을 부르는 낭독문

사랑을 주고받는 강점을 이끌어내고 싶다면 다음의 글을 큰 소리로 읽어보라.

소네트141(시)

- 윌리엄 셰익스피어

사실 나의 눈으로는 그대를 사랑하지 않는다.
나의 눈은 그대의 수천 가지 잘못을 보니까.
하지만 내 가슴은 내 눈이 경멸하는 것을 사랑한다.
눈에 보이는 것에 굴하지 않고 기쁘게 사랑에 빠진다.
내 귀도 그대 혀의 선율에 기뻐하지 않고
내 촉각도 저속한 손길에 반응하지 않고
미각도, 후각도, 그대와 단둘이

감각의 향연에 초대받고 싶어 하지 않는다.

하지만 내 다섯 가지 기지도, 내 오감도
그대를 섬기는 어리석은 가슴을 설득하지 못하도다.
그대, 내게 사람의 탈만 남기고 떠나
나는 오만한 그대 가슴의 노예이자 가련한 신하가 됐으니
내가 받은 이 천벌이 지금까지 내게 유익하다 여겼기에
나를 죄인으로 만든 그녀가 내게 고통을 안겨주는구나.

사랑을 키우는 방법

1. 동반자와 함께 서로의 대표 강점을 모두 찾는 날을 정한다. 그날 하루 동안은 서로의 강점이 얼마나 보완적인지에 대해 이야기한다.

2. 시나 편지, 스케치 같은 창의적인 수단으로 사랑하는 내 마음을 표현한다. 상호적 사랑을 상기시켜주는 중요한 장소나 행사 혹은 상황을 촬영해둔다.

3. 하이킹이나 놀이공원 가기, 자전거 타기, 공원 산책, 수영, 캠핑, 조깅 등 좋아하는 활동을 누군가와 함께한다. 양쪽이 모두 좋아하는 활동이 없다면 아무거나 하나를 골라 함께한다.

4. 부모님의 젊은 시절 모습이 녹화된 비디오테이프를 아이들과 함께 틀어 본다. 이와 비슷한 방법으로 가족이 소중한 추억을 녹화하도록 도와준다.

5. 모든 가족이 자신에게 생긴 좋은 일을 매일 기록하는 가족 축복

일기를 쓴다. 일주일 중 하룻밤은 축복일기를 훑어보며 그동안 일어났던 일 가운데 가장 좋은 일 몇 가지를 큰 소리로 읽어본다.

6. 사랑하는 사람에게 무슨 일이 일어나도 무조건적으로 사랑하겠다고 말하거나 말이 아닌 다른 수단으로 표현한다. 항상 이 확고한 마음으로 사람을 대한다.

7. 포옹이나 키스, 부드러운 마사지 등 육체적 접촉으로 사랑을 표현한다. 사랑하는 사람의 화답하는 접촉도 받아들인다.

사랑하는 사람의 행동이 아니라 함축적 동기에 신경 쓴다. 그들의 영구적인 기질이 아니라 일시적인 기분이 어떤지 살피고 해로워 보이는 행동을 일깨워준다. 그들의 기질과 변덕스러운 기분을 받아들인다.

사랑하는 사람의 강점을 찾아보고 감사하게 여긴다.

8. 선물을 주며 사랑을 표현한다. 가능하면 선물을 사기보다 직접 만든다.

9. 서로에게 중요한 날이나 행사를 항상 챙긴다. 생일과 기념일에 여행, 파티 같은 특별한 계획을 세운다.

10. 사랑하는 사람을 위해 자기 향상 계획(새로운 수업 듣기, 몸무게 감량, 운동, 새로운 경력 쌓기 등)을 세워주고 실천할 수 있게 도와준다. 하지만 지나치게 강요하지 말고 잘할 수 있다고 격려한다.

중요한 사람과 함께하는 디너파티를 계획하고 주최한다. 준비 과정 자체를 즐긴다.

11. 하루가 끝날 무렵 다시 만나 하루를 어떻게 지냈는지 이야기한다. 나의 대표 강점을 어떻게 효과적으로 발휘했는지, 앞으로도 그렇

게 하려면 어떻게 해야 할지에 대해 이야기한다.

12. 사랑하는 사람과 함께 콘서트, 극장, 영화관에 가거나 춤을 추러 간다. 예전에 하지 않았거나 오랫동안 하지 않았던 활동을 해본다.

13. 아이의 스포츠 행사나 공연(발표회, 연극 등)에 함께 참여해 아이의 모습을 영상으로 촬영해 남겨둔다.

14. 배우자와 브런치나 저녁을 먹으러 나간다. 보모나 믿을 만한 친척에게 아이를 맡기고 두 사람만의 시간을 즐긴다.

사랑하는 사람이 대표 강점을 찾아 그것을 바탕으로 미래를 설계하도록 도와준다.

15. 사랑하는 사람을 돕고 싶다면 먼저 그 사람의 강점이 무엇인지 생각해보고, 그러한 강점을 바탕으로 사랑하는 사람을 어떻게 도울지 계획을 세운다.

11. 친절 강점

친절과 이타적 사랑은 어떠한 실리적인 이유가 있어서가 아니라 사람들 그 자체가 관심과 인정을 받을 가치가 있다는 보편적인 인간애에 단단히 뿌리를 두어야 한다. 친절은 감정에 기반을 두고 있기 때문에 단순한 의무 그 이상이다. 그러한 감정적 기반 때문에 친절한 사람은 타인의 욕구를 알아차리고, 보상을 바라지 않은 채 그러한 욕구를 기꺼이 충족시켜주려 노력한다. 친절의 반의어로는 이기심, 욕심, 옹졸함, 비겁함이 있다.

마지못해 도와주는 사람인가, 진심으로 도와주는 사람인가

– 브리젯 그렌빌클리브(Bridget Grenville-Cleave)

건물을 드나들 때 모르는 사람을 위해 문을 잡아준다든가, 식료품을 자동차까지 들어준다든가 하는 사소한 친절도 성심을 다해 베푼다면 보다 행복해질 수 있다. 자존감을 키워나가고, 긍정적인 사회적 상호작용을 주고받으며, 다른 사람을 돕고자 하는 마음을 키워나가다 보면 우리 자신이 더 행복해질지도 모른다. 친절한 행동은 인간관계의 질을 향상시켜준다.

내가 이스트런던대에서 MAPP 연구를 진행할 때 우리 팀의 한 소규모 그룹이 친절한 행동을 무작위로 실험해보았다. 어느 토요일 저녁, 우리 교수진은 여름 파티를 하고 남은 버드와이저를 다른 학생들, 즉 학교 기숙사로 돌아가는 길에 만난 학생들, 마을로 돌아가려고 정류장에서 학교 버스를 기다리는 학생들, 교내 빨래방에서 부지런히 세탁을 하는 학생들에게 나눠줬다. 물론 그 효과를 과학적으로 측정할 수 없었지만 물건을 공짜로 나눠주자 분명히 기분이 좋았다. 게다가 버드와이저를 공짜로 받은 사람들의 미소와 즐거운 표정, 감사의 말로 미뤄보아 그 사람들도 기분이 좋은 것 같았다. 몇몇 사람은 뭔가를 공짜로 받은 게 처음이라는 듯한 표정을 지었다. 우리는 물건을 공짜로 나눠주면서도 다른 꿍꿍이가 있는 게 아니라고, 예전 텔레비전 프로그램인 〈몰래 카메라(Candid Camera)〉에 나가는 게 아니라고 몇 번이고 말해줘야 했다.

네타 와인스타인(Netta Weinstein)과 리처드 리안(Richard Ryan)은 다른 사람을 돕는 일이 어떤 결과를 가져오는지 연구했다. 특히 자발적 도움과 비자발적 도움이 행복에 미치는 영향을 비교했다. 자발적으로 남을 도울 때는 남을 돕고 싶어 자기 것을 무료로 나눠준다. 반면 비자발적으로 남을 도울 때는 죄의식을 느끼거나 남을 도와주라는 지시를 받아서, 혹은 보상을 받을 수 있기 때문에 마지못해 자기 것을 나눠준다. 웨인스타인과 리안은 자발적 도움을 평가하는 방법과 비자발적 도움을 이끌어내는 지시 방법을 정해 연구했다.

그런데 놀라운 결과가 나왔다. 다른 사람을 돕는 일 그 자체는 주관적인 행복감과 활력, 자부심을 기준으로 측정해봤을 때 대체로 행복과 거의 관련이 없었다. 2주 동안 비자발적이었지만 남을 더 많이 도운 사람은 조금도 더 행복해지지 않았다. 누군가를 도와준 날이 그렇지 않은 날보다 더 행복한 것도 아니었다. 하지만 자발적인 도움은 행복에 실질적이고 지속적인 영향을 미쳤다.

이러한 연구 결과로 미뤄본다면 남을 돕는 사람은 남을 돕는 행위 그 자체가 아니라 그 행동의 동기가 무엇인가에 따라 보다 행복해질 수도 있고, 그렇지 않을 수도 있는 것 같다. 이것은 남을 도우면 자신이 행복해진다는 일반적인 통념을 좀 더 명확하게 정의한 중요한 연구 결과다.

그렇다면 도움을 받은 사람들도 훨씬 더 행복해졌을까. 자발적인 도움을 받은 사람들은 전보다 행복해졌지만 비자발적인 도움을 받은 사람들은 그렇지 않았다. 심지어 비자발적인 도움을 받느니 어떤 도움도 전혀 받지 않는 게 더 행복할 거라고 말하는 사람들도 있었다! 자발적인 도움을 받은 사람들은 자신들을 도와준 이들이 보다 열심히 노력했다고 생각했기 때문에 그들과 더 가까워졌다고 느꼈다.

이 연구에서 또 한 가지 짚고 넘어가야 할 사항은 도움을 받은 사람들에게 그들을 도와준 사람들의 동기를 말해주지 않았다는 점이다. 그렇기 때문에 도움을 받은 사람들은 도와준 사람과 부딪히며 겪은 질적인 경험에만 영향을 받았다. 자발적인 도움을 받으면 비자발적인 도움을 받을 때보다 자신이 훨씬 더 가치 있는 사람이라고 느끼게 된다는 것이다. 하지만 나는 개인적으로 이 주장이 전적으로 옳다고 확신하지는 못하겠다. 몇몇 사람은 자신을 도와주는 사람의 진정한 동기를 직관적으로 감지할 수 있을지도 모른다.

전적으로 옳지는 않더라도 이 연구는 자신의 도움이 다른 사람의 행복에 미치는 영향력에 대한 흥미로운 의문점을 제시해준다. 특히 남을 도울 수밖에 없는 상황이거나 처음부터 아예 남을 돕지 않는 게 차라리 더 나을 것 같은 상황이 아닐 때 자신의 도움이 다른 사람의 행복에 미치는 영향력을 조명해준다. 그러므로 마지못해서나 억지로 남을 돕는 일은 재고해봐야 한다. 이 연구 결과에 따르면 진심으로 남을 도울 게 아니라면 아예 돕지 않는 게 나은 것 같다.

친절을 부르는 낭독문

친절을 이끌어내고 싶다면 다음의 글을 큰 소리로 읽어보라.

밥 호프 인도주의자상 수상 연설

- 오프라 윈프리(Oprah Winfrey)

저는 내슈빌에서 자랐습니다. 아버지는 그곳에서 윈프리 이발소를 운영했는데 지금도 하고 계시죠. 이제 일을 그만두고 쉬시라고 해도 소용없어요. 게다가 공휴일마다 아버지의 이발소에서 죽치고 사는 실패자들과 언제나 공짜로 이발을 하고 돈까지 빌려가는 사람들이 우리 집 저녁 식탁에 함께 앉곤 했죠. 그들은 폭스(Fox)와 쇼티(Shorty), 부치(Bootsy), 슬림(Slim)이라는 사람이었어요.

그래서 저녁 식사 시간이 되면 "부치, 거기 완두콩 좀 주실래요?"라고 부탁해야 했어요. 저는 식사 후 아버지에게 종종 이렇게 물었어요. "아빠, 크리스마스 저녁 식사를 보통 사람들하고만 먹을 수는 없어요?" 사실 커리어 앤드 이브스(Currier&Ives) 석판화에서 볼 수 있는 그런 가족을 마음속에 그리고 있었거든요. 그런데 아버지는 이렇게 대답하셨죠. "그들도 보통 사람들이란다. 나와 똑같아. 그들도 네가 원하는 것과 똑같은 것을 원하지." 그럼 전 또 "그게 뭔데요?"라고 물었어요. 그러자 아버지는 이렇게 대답하셨죠. "욕구를 충족시키는 거란다." 그 당시 저는 그게 저녁을 먹고 싶어 한다는 뜻이라고 생각했어요.

하지만 그 후 아버지의 그 말씀에 얼마나 심오한 뜻이 담겨 있었는지 깨달았죠. 우리 모두 똑같은 것을 원하는 보통 사람들이니까요. 노숙자나 교실에 있는 여자, 이스라엘 사람, 아프가니스탄 사람, 주니족 사람, 아파치족 사람, 아일랜드 사람, 개신교도, 가톨릭교도, 동성애자, 이성애자 할 것 없이 당신과 나, 우리 모두는 스스로가 중요한 존재라고 느끼고 싶어 합니다. 인정받고 싶어 하죠. 우리 모두는 똑같은 것을 원합니다. 안정을 바라고, 오랫동안 살고 싶어 하죠. 사랑할 사람을 찾고…… 함께 웃어줄 사람을 찾고, 필요할 때 함께 울어줄 수 있는 사람을 찾고 싶어 합니다.

인생에서 가장 고통스러운 것은 눈에 보이지 않는 존재가 되는 것이죠. 사람들은 누구나 자신의 이야기를 누군가가 들어주기를 바랄 뿐입니다. 그래서 저는 제가 당신의 이야기를 계속 들을 수 있도록 해주는 모든 사람에게 감사드립니다. 당신이 자신들의 이야기를 공개해준 덕분에 다른 사람들이 그들 자신을 바라보고, 잠깐 동안이나마 변화하고 승리할 수 있는 힘을 발견할 수 있답니다. 마야 앤젤루(Maya Angelou)는 이렇게 말했어요. "배우면 가르치고, 얻으면 베풀라." 제게 이 상을 주신 것은 제가 받은 것을 이 세상에 돌려주기 위해 앞으로도 계속 노력하라는 뜻에서라고 생각합니다. 그래야 제가 오늘의 이 영광을 받을 만한 보다 가치 있는 사람이 될 테니까요. 감사합니다.

친절을 키우는 방법

1. 지인에게 매주 세 가지 친절을 베푼다. 예컨대 아프거나 우울해하는 친구에게 전화를 걸고, 시험 때문에 바쁜 친구 대신 장을 봐주며, 나이 든 친척의 식사를 준비해주거나 아이를 돌봐준다.

2. 이메일이나 편지를 쓸 때 혹은 전화통화를 할 때 좀 더 친절하고 부드러운 말을 쓴다. 원거리 소통 방식은 사람을 직접 만나 이야기할 때와 달라야 한다는 사실을 깨달아야 한다.

3. 내 소지품(잔디 깎는 기계, 눈 치우는 기계, 점퍼 케이블 등)을 다른 사람들과 나눠 쓴다. 장비 사용법을 모르거나 어떤 일을 끝내려고 애쓰는 사람들에게 도와주겠다고 제의한다.

4. 운전할 때 다른 사람들에게 양보하고 보행자와 자전거 타는 사람을 배려한다. 건물에 들어가고 나갈 때 다른 사람들을 위해 문을 잡아준다.

5. 펑크 난 타이어를 교체하는 사람을 도와주거나 고장 난 자동차 주인에게 휴대전화를 빌려준다. 도로에서 도움이 필요한 사람을 만날 경우를 대비해 점퍼 케이블과 불꽃 신호기를 트렁크에 넣고 다닌다.

6. 매주 한 번씩 모르는 사람에게 친절을 베푼다. 줄을 선 사람에게 차례를 양보하거나 이용 시간이 다 된 주차 미터기에 동전을 넣어주고, 혹은 선반에 마지막 남은 상품을 다른 사람에게 양보한다.

7. 정기적으로 헌혈을 하고 특히 혈액 재고량이 부족할 때 한다. 같이 헌혈하자고 다른 사람들도 설득한다.

8. 아프거나 병원에 있는 사람에게 꽃과 카드를 전해주고 그 사람의 기분이 눈에 띄게 나아질 때까지 곁에 있어준다.

9. 양로원이나 호스피스 병원에 있는 사람에게 음식이나 꽃, 앨범 등 좋아하는 것을 가져다준다.

10. 실험적인 활동을 하는 사람들에게 수업 수강권이나 하이킹 용품 혹은 새로운 장소의 입장권 같은 선물을 한다.

11. 친구를 깜짝 식사에 초대하는 너그러움을 베풀고 만족감을 느껴본다.

12. 사랑하는 사람에게 근사한 요리를 해준다. 장을 보는 것부터 설거지를 하는 것까지 모두 직접 한다.

13. 갖고 있는 물건을 모두 적어보고 꼭 필요한 것만 남겨두고 나머지는 기부한다. 필요 없는 것을 줄여나가면서 내 기분이나 자아 개념이 어떻게 달라지는지 살펴본다.

14. 지역 자원봉사단체에서 활동하거나 직접 자원봉사 활동을 조직하고 다른 사람들에게 친절을 베푼다.

15. 다른 사람들을 미소로 환영한다. 그들에게 안부를 물어보고 '반사적으로' 대화를 나누기보다 그들의 대답을 진지하게 들어준다.

12. 사회적 지능 강점

사회적 지능은 자신과 다른 사람들의 동기를 간파하는 능력이다. 또한 대인관계와 관련 있고 도덕적 특징을 지니고 있다.

사회적 지능은 사물 간 유사점과 차이점을 이해하고 패턴을 파악하는 능력을 강조하기 때문에 지능의 한 형태다. 사회적 지능은 친밀성과 신뢰로 이뤄지는 사회적 관계, 설득력, 집단 소속감, 정치력을 포괄하는 인간관계에 대한 것이다. 사회적 지능의 반의어로는 부정성, 우둔함, 통찰력 부족, 고정관념이 있다.

공감 그리고 공감이 주는 것

– 아렌 코언(Aren Cohen)

크리스토퍼 피터슨은 긍정심리학을 세 단어로 집약해 정의할 수 있다고 했다. '다른 사람이 중요하다.' 어떻게 하면 다른 사람이 우리 자신에게 중요한 존재가 될까. 그 답은 바로 공감할 때다.

공감은 흔히 다른 사람의 감정을 이해하고 나누는 능력이라고 한다. 다른 사람들과 사이좋게 어울려 지낼 수 있다면 그들이 우리에게 중요한 존재가 되는 상황이 펼쳐진다. 다른 사람들을 이해하지 못하는데 어떻게 그들을 중요하게 생각할 수 있겠는가. 다른 사람의 감정을 꿰뚫어보면 그 사람의 경험에 동참하고, 좋은 감정이든 나쁜 감정이든 무관심이든 그 사람의 감정을 이해할 수 있다. 공감할 줄 아는 사람은 주변으로 눈을 돌릴 수 있기 때문에 더 나은 사람이 된다. 또한 주변 사람들을 우리가 품고 있는 것과 똑같은 감정을 지닌 인간으로 볼 수 있다. 공감하면 다른 사람의 감정적 삶에 관여하게 되기 때문에 그 사람을 제대로 파악할 수 있다.

몇 년 전 뉴욕시 조기 아동학습 원더플레이 회의에 참석한 적이 있다. 그 회의의 주제는 '공감 능력과 회복력 키우기: 조기 교육자의 역할'이었다. 오전에 기조 연설자 두 명이 연설하고, 오후에 두 차례의 소그룹 토의가 열리는 등 하루 종일 이어지는 회의였다. 모든 내용이 흥미진진했지만 가장 인상 깊은 프레젠테이션은 케일 프루에트(Kyle Pruett) 박사의 '공감과 가르칠 수 있는 순간'이었다.

프루에트 박사는 공감이란 '다른 사람의 감정 경험을 주의 깊게 지각하는 것'이라고 정의했다. 또한 공감이 동감(Sympathy·감정 공명)이나 자의식(자신의 감정을 다른 사람의 감정에 투영하거나 동물을 의

인화하는 것과 유사함)보다 강력한 영향력을 행사하는 이유에 대해 토의했다. 공감은 다른 두 감정과는 달리 양방에게 상호적 의무를 지워준다. 누군가에게 동감할 때는 그 사람에게 어느 정도 관심을 갖는다. 반면 누군가에게 공감할 때는 그 사람이 느끼는 감정을 느끼고 그 사람을 위해 행동을 취한다. 그 사람이 즐거워하면 그 사람과 함께 팔짝팔짝 뛰고, 그 사람이 슬퍼하면 그 사람을 꼭 껴안아준다.

공감 능력은 어디서 나오는 걸까. 어릴 때 우리 내면의 공감 능력을 어떻게 키워야 공감할 줄 아는 어른이 될까. 아동심리학자 앤 프로이트(Ann Freud)와 장 피아제는 공감 능력이 도덕성 발달의 일부분이라고 생각했다. 공감할 줄 아는 아이들은 이 세상이 '나를 중심으로 돌아가는 게 아니다'라는 사실을 안다.

프루에트 박사는 청중에게 '공감 궤도(Empathic Trajectory)', 즉 0세에서 8세까지 아동의 두뇌가 공감 능력을 어떻게 발달시키는지를 보여줬다. 아이는 생후 9개월에 다른 사람에게 감정이 있다는 사실을 알게 된다. 생후 1년에서 18개월 사이에는 슬퍼하는 아이에게 자기 인형이나 이불을 빌려준다. 아이가 점점 커가면서 두뇌가 성숙하고 언어 능력이 발달함에 따라 공감하는 행동과 남을 돕는 행동이 발달하고, 자기 자신 그 이상을 생각하는 법을 배운다. 아이가 7세나 8세가 되면 '정당한 것'이라는 기본적인 생각을 뛰어넘어 자신만의 도덕적 사고와 사회적 정의를 정립하기 시작한다.

프루에트 박사는 공감하는 법을 어떻게 가르칠지 혹은 공감 능력이 천부적인 것인지에 대한 질문을 던졌다. 그뿐만 아니라 남성과 여성이 공감 능력을 발휘하는 방식이 다르다고 생각하는지 물었다. 흥미로운 대답이 나왔지만 더욱 많은 연구가 필요해 보인다.

사회적 지능은 다른 사람의 감정 경험을 주의 깊게 인식하는 행동이다. 다른 사람이 중요하다는 것은 알지만 그들이 어떻게 우리에게 중요한 존재가 되는지가 훨씬 더 중요하다. 공감할 줄 모르는 사람은 자리만 차지하고 있는 존재라고도 볼 수 있다. 공감하면 다른 사람의 감정에 반응할 수 있다.

현재 조기 교육자는 공감 능력을 가르치는 방법이나 가르칠 수 있는 것인지를 연구하고 있다. 이것은 내게 큰 의미가 있는 일이다. 내가 알고 있는 긍정적이고 좋은 치료법을 모두 떠올려봤지만 공감 능력을 단련시켜주는 치료법이 거의 없었기 때문이다.

스티븐 포스트(Stephen Post) 박사와 질 니마크(Jill Neimark)는 그들의 저서 『왜 사랑하면 좋은 일이 생길까(Why Good Things Happen to Good People)?』에서 베풂의 많은 이점에 대해 토론했다. 이들은 베풂을 광범위하게 정의해 단순하게 물질적인 의미에서 베푸는 것만이 아니라 축하와 충성, 유머를 포괄해 자아를 나눠주는 다른 방법도 소개했다. 그러한 베풂의 정의에서 내 시선을 사로잡은 것은 공감할 때만 그것이 가능하다는 의견이었다. 베풀면 다른 사람들의 기분을 좋게 만들 수 있기 때문에 우리 자신에게도 이득이 된다. 이것은 우리 모두 공감 능력을 발휘해봤기 때문에 잘 아는 사실이다. 실제로 7세나 8세 때 우리가 배운 황금률도 '네가 대우받고 싶은 만큼 남을 대우하라'가 아니었던가. 예상치 못한 것이 있다면 남을 대우해주면 우리 자신에게 좋다는 것이다. 공감 능력을 발휘해 남에게 베풀면 심리적인 보상과 물질적인 보상을 얻는다.

어려운 시기에 다른 사람들에게 손을 뻗어 물질적인 것뿐만 아니라 정신과 영혼을 너그럽게 나눠주면 대부분 사람은 이 세상에서 보다 행복해진다.

사회적 지능을 부르는 낭독문

사회적 지능을 이끌어내고 싶다면 다음의 글을 큰 소리로 읽어보라.

나는 어떻게 운전을 배웠나?(독백)

- 파울라 보겔(Paula Vogel)

여성 코러스(매리 고모 역) 내 남편은 참 좋은 사람이야. 정말 좋은 사람이지. 매일 저녁 설거지를 하고 집에 오자마자 쓰레기를 버리거나 정원 일을 하면서 나 혼자 들지 못하는 무거운 물건을 들어줘. 모든 동네 사람이 내 남편 펙(Peck)을 빌려가지. 진짜라니까. 남편이 있는 여자들은 물론이고 펙만 한 능력이 없는 남자들도 우리 남편의 도움을 받아. 추운 아침에 자동차를 밀어 시동을 걸어야 하거나 태워줄 사람이 필요할 때 혹은 보도의 눈을 함께 치워줄 일손이 필요할 때 사람들은 우리 집 현관을 두드려. 그래서 밖을 내다보면 펙이 외투도 입지 않는 채 누군가를 도와주고 있지.

내가 운이 좋다는 걸 알아. 새벽부터 해 질 무렵까지 일하고 매년 초과근무를 하는 남편이 있으니까. 불쌍한 내 동생. 그 애는 내가 크리스마스에 새 난로나 다이아몬드, 버뮤다행 티켓을 가져갈 때마다 앉아서 기다리고 있지.

남편에게도 문제가 있다는 건 알아. 하지만 우리는 그 이야기를 하지 않아. 펙이 전쟁 때 무슨 일을 겪었는지 궁금할 때가 종종 있어. 제2차 세계대전에 참전했던 남자들은 자신들의 감정에 대해 이야기하는 '그룹 토론'에 참여하지 않거든. 그 시대 남자들은 그런 감정을 입 밖으로 꺼내지 않은 채 가슴속에 품고 살아가는 게 바람직해 보였으니까.

때때로 펙이 흉터보다 깊이 파묻힌 그 문제 때문에 괴로워한다는 게 느껴지지만 그 문제에 대해 이야기하지는 않아. 펙에게 나쁜 일이 생기면 금방 알 수 있어. 펙은 그런 감정이 사라질 때까지 집에 돌아와 날 찾아다니거나 내 주변을 맴돌거든. 그럴 때면 새로운 조리법이나 세일, 소문 같은 가벼운 이야기를 꺼내. 남자들이 방황할 때는 가정이 위안이 돼야 한다고 생각하기 때문이야. 우리는 그이의 잘 정돈된 거실에 앉아 째깍거리는 평화로운 시계 소리를 들으며 그 모든 감정이 다 지나가버리길 기다리지.

사회적 지능을 키우는 방법

1. 친구들과 형제자매의 이야기를 경청하면서 반박하지 않고 공감하며, 그들의 이야기가 끝났을 때 내 느낌만 말한다. 대화를 나누는 동안 내가 말할 차례만 기다리지 않는다.

2. 누군가가 내 기분을 상하게 한다면 그 사람의 동기 중 긍정적인 요소를 적어도 하나 정도는 찾아본다. 그들이 기질이나 본성 때문이 아니라 일시적이고 상황적인 요인 때문에 무례하게 행동했을지도 모르므로 그 이유를 생각해본다.

3. 4주 동안 매일 다섯 가지 개인적인 감정을 기록하고 그 패턴을 살펴본다. 나의 감정적 패턴을 바꿔놓는 상황이 정기적으로 발생하는가.

4. 가까운 사람에게 내가 그 사람의 감정을 이해하지 못했던 때가 있었는지 물어보고, 앞으로 내가 그 사람의 감정을 어떻게 헤아려주길 바라는지 물어본다. 그다음에 그 사람과 어울릴 때 내가 취할 수 있는 작지만 실질적인 행동 방법 몇 가지를 생각해본다.

5. 친구들 가운데 타인의 감정을 가장 잘 공감하면서 대화를 나누는 친구를 찾아본다. 그런 친구를 주의 깊게 관찰해 감탄할 만한 그들의 사회적 기술을 모방하려고 노력한다.

6. 누군가에게 해가 될지도 모르지만 토론의 기회를 열어주는 강력하고 결정적인 논쟁은 한 달에 적어도 두 번 보류한다. 논쟁의 감정적인 '호소력'보다는 이성적인 면에 에너지를 쏟아붓는다.

7. 적극적인 관찰자가 돼 불편한 사회적 상황을 지켜보고 어떠한 판단도 보류한 채 관찰한 바를 묘사한다. 그 상황이 과열되거나 통제 불능이 됐는지, 그렇다면 그 이유는 무엇이었는지를 살핀다.

8. 다른 사람들의 긍정적인 성격을 주의 깊게 살피고 고맙게 여긴다. 그들과 대화하면서 내 생각을 말한다.

9. 좋아하는 텔레비전 프로그램이나 영화를 무음으로 시청하고 나서 감상을 적어본다. 내가 대화를 할 때 어떤 비언어적 소통 방법을 사용하는지 살핀다.

10. 지금까지 내 감정을 드러내 보이지 않았던 사람에게 적절하게 표현한다. 그 사람의 반응을 주의 깊게 살피고 내 감정을 처리한다.

11. 무조건적으로 상대를 존중해주며 상대의 이야기를 들어준다. 그들에게 그들이 무슨 이야기를 하든 나의 우정은 변하지 않는다는 사실을 명확하게 밝힌다.

12. 가족과 친구들이 성장해가는 모습을 살핀다. 그들의 성장을 축하하고 특별한 모습을 녹화해둔다. 사랑하는 사람들에게 그들이 내 삶의 특별한 일부라고 느끼게 해준다.

13. 다른 사람들과 함께 일할 때 상냥함의 가치를 강조한다. 집단의 조화가 생산성만큼 필수적이거나 생산성보다 훨씬 중요하다는 사실을 명심한다.

14. 가까운 사람들에게 내 욕구와 소망을 숨김없이 이야기한다. 다른 사람들에게도 판단이나 반박하지 않고 그렇게 해보라고 권한다.

15. 친구의 진지한 몸짓 세 가지를 찾아본다. 내가 고맙다고 말하면 우리의 감정이 어떻게 달라지는지 살펴본다.

13. 팀워크(협동심) 강점

팀워크라는 성격강점은 시민정신, 사회적 책임, 충성심이라고도 한다. 팀워크라는 성격강점을 지닌 사람은 의무감이 강하고, 개인적 이득보다는 집단의 이익을 위해 일하며, 친구들에게 충실하고, 자기 역할을 다하는 사람으로 신뢰받을 수 있다.

이들은 외적 환경 때문이 아니라 집단 구성원으로서 당연히 해야 할 일이라고 생각하기 때문에 그렇게 행동한다. 팀워크의 반의어로는 자기애, 자기중심적, 이기주의, 충성도 부족이 있다.

지위와 상관없이 공평한 경쟁의 장을 만드는 팀워크

– 섀넌 폴리

극장 안은 어두웠다. 사람들이 엄청난 비밀이 밝혀지는 순간을 기다리며 웅성거렸다. 뮤지컬 스위니 토드(Sweeney Todd)가 공연되는 중이었다. 우리 대학 사람들은 첫 번째 희생자가 도끼에 찍혔을 때(이 공연에서는 면도날에 베였을 때) 무슨 일이 일어나는지를 친구들한테 들어 알고 있었다. 이발소 의자가 놓인 바닥이 열리면서 의자에 앉아 있던 배우가 아래층으로 뚝 떨어지는 것이었다.

그 당시 나는 러벳 부인 역을 맡아 무대에 나갈 차례를 기다리고 있었다. 그때 음악 소리 사이로 비명소리가 들렸다. 리허설 때와 똑같은 소리였다.

하지만 이번에는 방금 살해당한 등장인물을 연기하는 배우의 비명소리가 아니었다. 실제 비명소리였다. 의자가 부서져 배우가 피를 흘리고 있었다. 혼돈의 도가니였다. 무대에는 안개가 깔려 있어서 무슨 일이 벌어지고 있는지 아무도 몰랐다. 오케스트라는 무슨 일이 일어났는지 모르는 채 연주를 계속했고, 다친 배우는 정강이에서 피가 흐르고, 뼈가 부러졌을지도 몰랐지만 '쇼는 계속돼야 한다'는 규칙을 지키려고 했다. 그래서 계속 노래를 불렀고 다음 위치로 움직였다. 하지만 다른 배우와 기술자, 음악가는 이번은 예외라고 생각했다. 무대 경영자가 공연을 중단시키고 조치를 취했다. 작품에 관여한 모든 사람이 초경계 상태에 들어갔다.

이것은 팀워크가 집단의 성격강점이자 개인의 성격강점으로서 어떻게 발휘되는지를 잘 보여준 실례였다. 이 순간에는 모든 사람이 작품에 필요한 조치를 취하기 위해 이기심을 버렸다. 배우가 병원으로 실려 가자 기술자들은 서로의 일을 대신해줬다. 오케스트라 단원들은 지시가 내려올 때까지 기다렸다. 심지어 관객석에서 의사 한 명이 무대로 올라와 치료를 도와줬다. 20분 만에 의자를 고쳤고 우렁찬 박수 소리가 울려 퍼졌다.

예술작품 제작 현장에 있어본 사람이라면 얼마나 많은 사람의 이해관계가 얽혀 있는지 잘 알 것이다. 하지만 사람들이 자신들의 지위와 상관없이 작품의 성공을 위해 해야 할 일을 할 때 배우와 관객 모두 최상의 경험을 한다.

팀워크가 지나친 경우도 있다. 나는 업무량이 압도적으로 많다고 불평하는 한 고객을 코칭하다가 난관에 부딪혔다. 그 고객은 새 경영자가 된 데다 이전의 업무까지 처리해야 했고 대학원에 다시 다니기 시작했다. 우리는 몇 차례 만나 그녀의 가치를 연구하고 자가 치료의 이득에 대해 토의했다. 그러다가 그녀의 성격강점을 살펴보고 팀워크가 그녀의 최고 강점임을 알았을 때 좋은 생각이 떠올랐다. 이 고객은 맡은 역할을 다하는 것을 자신의 행복보다 우선시했다. 마침내 자신의 성격강점과 남용의 징조를 명확하게 알아볼 수 있었다. 그 이후로는 녹초가 되지 않게 행동을 조절할 수 있었다. 그 과정에서 업무를 위임하면 다른 사람들도 성장할 기회를 얻을 수 있기 때문에 업무 위임이 팀에도 이롭다는 사실을 깨달았다.

그렇다면 팀워크를 최고 강점으로 지니고 있는 사람을 어떻게 찾아낼 수 있을까. 팀 목표와 일치하는 행동을 취하고 내 고객처럼 개인적 만족보다 팀 목표를 우선시하는 사람을 찾아보면 된다. 팀워크는 큰 그림을 보는 동시에 그 안에 속한 자신의 자리까지 볼 수 있는 능력과 관련돼 있다.

팀워크 그 자체를 강화하고 당신이 참여하는 팀을 향상시키는 네 가지 방법은 다음과 같다.

제1 방안: '나'보다 '우리'를 우선시한다. 평생 공연(Performance of a Lifetime)은 뉴욕시에서 즉흥 연극을 이용해 경청과 팀워크, 협력 기술을 가르치는 조직이다. 그 조직의 훈련법 가운데 하나를 설명하자면 먼저 모든 사람이 같은 방 안에 있는 사람들 중 자신의 보호자와 약탈자를 한 명씩 고른다. 그러고 나서 자신의 보호자를 자신과 자신의 약탈자 사이에 앉힌다. 그럼 어떻게 될까. 보통은 사람들이 미친 듯이 방 안을 뛰어다니며 서로 부딪히고 가상의 위협에서 자신을 지키려고 격렬하게 움직인다.

그때 조력자가 그룹 사람들에게 멈추라고 지시한다. 그러고는 참가자들에게 처음부터 다시 시작해 그룹 전체가 어떻게 움직이는지를 살펴보라고 말한다. 두 번째 시도에서 참가자들이 그룹의 나머지 사람을 생각하자 갑자기 움직임이 느려지면서 완전히 멈췄고 모두가 자신들의 목적을 달성했다. 그룹이 어떻게 움직이는지 신경 쓰면 이기적 자아를 버리고 지위를 무시한 채 더 나은 팀을 만들어나갈 수 있다.

다음 팀 모임에서는 '감독 타임'(Director Moment)을 가져보길 바란다. 모든 일을 멈추고 발코니에 서서 팀 모임을 바라보며 이렇게 자문해본다. '그룹이 어떻게 움직이고 있지?' 직위나 위치를 무시한 채 팀원에게 직접 물어보고 그들의 생각을 들어볼 수도 있다.

제2 방안: 그룹과의 연관성을 상기시킨다. 그룹 회원을 고려하면 팀 전체에 이익이 된다는 사실을 사람들에게 상기시킨다. 한 연구 결과에 따르면 항공기 승무원으로 구성된 두 그룹이 각기 다른 지시를 받았다. 한 그룹은 사회적 정체성을, 다른 그룹은 개인적 정체성을 중점적으로 다루라는 지시였다. 사회적 정체성에 중점을 두면 그룹 회원이 자신들을 항공사 직원으로 생각한다. 반면 개인적 정체성에 중점을 두면 그룹 회원이 자신들의 경험과 감정에 집중한다.

두 그룹은 팀워크 설문지를 끝내기 전에 기내 행사에 대한 짤막한 개요를 읽었다. 사회적 정체성에 중점을 둔 사람들은 다른 그룹과의 팀 활동에 보다 적극적으로 참여했다. 항공기 승무원과 조종사의 지위 차이는 그들에게 그다지 중요해 보이지 않았다. 모두가 그룹에서 팀워크라는 성격강점을 강화해 '우리'라는 보다 원대한 정의에 집중했다.

제3 방안: 마음을 열고 호기심을 가진다. 다른 팀원들의 견해를 열린 마음으로 받아들이고 호기심을 가져라. 다른 사람들에게 더욱 많은 호기심을 가지면 지루한 대화를 흥미진진하게 바꿀 수 있고 서로가 더 가까워지는 느낌을 받을 수 있다.

자신의 입장만 옹호하기보다는 반대편 입장을 취해본다. 팀워크와 개방성을 키우는 훈련법 중 '호기심'이라는 방법이 있다. 이 훈련에 참가하는 사람들은 세 역할로 나눠진다. 한 사람은 선동자라는 역할을 맡아 총기 규제나 동성 결혼처럼 논란이 되는 주제에 대해 선동적인 의견을 내놓는다. 한편 호기심 어린 참가자 역할을 맡은 사람은 그 의견에 반대하되, 상대를 설득하거나 상대에게 영향력을 미치려 하지 말고 자유롭게 질문을 던진다. 마지막으로 코치 역할을 맡은 사람은 관찰자이자 심판이다. 이렇게 역할이 정해지고 나면 침묵이 자주 이어지고 이야기가 끊겼다 다시 시작되는 일이 반복된다. 사람들이 감정적으로 격해지면 아이디어를 분석하기 어려워지기 때문이다. 실례를 들자면 다음과 같다.

선동자 전 모든 사람이 무기를 소지할 권리가 있다고 생각합니다.

호기심 어린 참가자 총이 미친 사람들 손에 들어갈 때 일어나는 총기 난사 사건은 신경 쓰지 않나요?

코치 그건 유도 질문입니다. 당신의 입장을 드러내거나 상대를 설득하려고 해서는 안 된다는 사실을 명심하세요. '무엇'이나 '어떻게'로 시작하는 질문을 다시 해보세요.

호기심 어린 참가자 무엇 때문에 그런 생각을 하게 됐나요?

상대에게 호기심을 가지면 새로운 방식으로 지위 평등이 이뤄져 자신이 옳다거나 상대보다 더 낫고 깨친 사람이라는 생각을 극복할 수 있다. 당신의 의견에 강하게 반대하는 동료와 회의를 할 때 이 방법을 써보고 어떻게 되는지 두고 보길 바란다.

제4 방안: 긍정정서에 주목하고 그 감정을 표현한다. 긍정정서는 나선형 상승 곡선을 그려 더욱 많은 긍정정서를 이끌어내고, 집단을 보다 창의적으로 만드는 파문 효과를 일으킬 수 있다. 긍정정서는 사람들이 긍정적인 행동을 취할 가능성을 높여준다.

웨스틴사바나 항구 골프리조트와 스파에서 고객 응대 직원 100명을 대상으로 한 프로그램에서는 개인적 성격강점과 집단적 성격강점을 중점적으로 다뤘다. 모든 사람이 그 프로그램에 참여하기 전 성격강점 검사를 받았다. 참여자들은 검사를 받기만 해도 다른 사람들과의 상호작용이 달라졌고, 자신들의 업무에 대한 생각도 변했다고 말했다.

이들은 감사가 그들의 최고 성격강점 가운데 하나라는 사실을 발견했을 때 감사 보드를 만들었다. 그 감사 보드는 호텔의 직원 구역에 붙여놓았고, 직장동료가 감사하고 싶은 다른 팀원들에게 보내는 쪽지를 그곳에 붙일 수 있도록 했다.

그룹 내의 다른 사람들을 배려하려면 그들과 함께 시간을 보내야 한다. 스파 팀은 그 점에서 두드러진 결과를 보여줬다. 스파 경영자는 더 많은 시간을 함께 보낼 수 있는 방법을 찾아냈다. 이제 스파 팀은 부정적인 면에 치중하지 않고 서로의 긍정적인 면을 찾아낸다.

애초에 긍정정서는 강점 검사를 받으면서 나타났다. 그러한 정서가 솟아나면서 사고가 유연해지고 넓어졌으며, 사람들은 서로에게 공감할 뿐만 아니라 브레인스토밍하고 자기 집단의 성격강점을 키워나갔다.

이 네 가지 방안은 모두 자신의 이익을 잊어버리고 집단 전체를 생각하는 것과 관련 있다. 감독이라는 모자를 쓰고 자신의 집단에서 1미터쯤 떨어진 곳에 서서 일이 어떻게 돌아가고 있는지 살펴보자. 모두가 협력하지 않으면 쇼는 계속되지 않는다.

팀워크를 부르는 낭독문

팀워크를 이끌어내고 싶다면 다음의 글을 큰 소리로 읽어보라.

내 모든 아들에게(독백)

– 아서 밀러(Arthur Miller)

크리스 그걸 떨쳐내려면 시간이 좀 걸려. ……그들이 그저 그런 사람들이 아니었기 때문이야. 그러니까 한 번은 며칠 동안 비가 내렸는데 그 애가 나한테 와서는 마지막 남은 마른 양말을 주는 거야. 젖지 않은 그 양말 한 켤레를 내 호주머니에 넣었어. 그건 아주 사소한 일에 불과했지만…… 내가 바로 그런 사람과 함께 있었어. 그들은 죽지 않은 거야. 서로를 위해 자살한 거라고. 말 그대로야. 그들이 조금만 더 이기적이었더라면 지금 이 자리에 있겠지. 그들이 쓰러지는 모습을 지켜보면서 이런 생각이 들었어. 모든 것이 파괴됐지만 새로운 것이 생겨난 것 같았지. 그러니까…… 일종의 책임감 말이야. 한 인간이 인간에게 져야 하는 책임감이 생겨난 것 같았어. 내 말 뜻 알겠어? 그런 책임감을 일종의 기념비처럼 이 땅에 세우고 보여주는 거야. 그럼 모든 사람이 거기 서서 그 감정을 느낄 수 있지. 그럼 모든 게 달라질 거야.

(침묵) 마침내 집에 돌아왔는데 믿을 수 없었어. 나는…… 그곳에

서 아무런 의미도 찾을 수 없었기 때문이야. 모든 일이 마치 버스 충돌 사고 같았지. 나는 아버지와 함께 일하러 나갔고 치열하게 경쟁하는 사회생활이 다시 시작됐지. 나는 뭐랄까…… 네가 말했던 것처럼…… 좀 창피하다는 생각이 들었어. 아무도 달라지지 않았으니까. 많은 사람을 속인 것 같았어. 내가 이렇게 살아남아 통장을 만들고, 새 차를 운전하고, 새 냉장고를 둘러보는 게 아주 잘못된 일인 것 같았다고. 물론 그런 삶을 받아들일 수는 있어. 하지만 네가 그 차를 몰 때 그 차가 인간이 인간에게 해줄 수 있는 사랑에서 나왔다는 걸 안다면 기분이 더 나아질 거야.

팀워크를 키우는 방법

1. 내가 가장 잘하는 분야의 지역 공동체 서비스 프로젝트에 매주 자원하고 그곳에서 같은 열정을 지닌 친구를 찾는다.

2. 적어도 매년 한 사람의 목표를 설정해주고 목표 달성 과정을 정기적으로 점검한다. 필요하다 싶을 때마다 그 사람을 도와주고 격려한다. 그 사람이 보답하고 싶어 한다면 내 목적 하나를 달성하게 도와달라고 한다.

3. 마을이나 학교 팀에서 운동을 한다. 선의의 경쟁 정신을 이끌어 내 이웃 사람들의 유대를 강화한다.

4. 헌혈이나 장기 기증을 한다. 수급 부족 시기에는 이웃 사람들도 나처럼 행동하도록 격려한다.

5. 이웃 혹은 친구에게 좋아하는 요리를 해준다. 이웃 혹은 친구가

아프거나 바쁠 때처럼 특별히 도움이 필요한 상황을 노린다.

6. 길에 떨어진 쓰레기를 주워 휴지통에 버린다. 쓰레기를 줍는 사람을 보면 그 사람에게 감사한 마음을 갖고 도와준다.

7. 그룹 토론을 장려하고 의견이 분분할 때 의견 일치를 이끌어내려고 시도한다. 합의가 이뤄지지 않더라도 토론하다 보면 각각 견해가 다른 사람들을 더욱 잘 알게 된다.

8. 매달 적어도 한 번 사교 모임을 주선하거나 그런 모임에 참석한다. 지역 공동체의 각기 다른 분야에 종사하는 사람들을 한자리에 초대한다.

9. 매주 적어도 30분씩 투자해 공공장소를 청소한다. 친구와 함께 청소하거나 지나가다 발걸음을 멈춘 사람에게 같이 하자고 제의한다.

10. 공공장소를 장식한다. 벽화를 그리고 꽃을 심거나 장식한다. 영구적으로 뭔가를 바꿀 때는 먼저 지방자치단체에 문의해 허락을 구한다.

11. 동네에서 북클럽을 만들어 새로 이사 온 이웃이나 나이 든 사람처럼 자발적으로 다가오지 않는 사람들을 초대한다.

12. 출근할 때 정기적으로 카풀을 하거나 누군가를 직장까지 태워다준다. 자가용이란 독점하는 것이 아니라 타인과 나눠 쓰는 것이라는 생각을 갖는다.

지역 공동체 정원을 만들어 꽃이나 채소를 심고 싶어 하는 사람들을 초대한다.

13. 다양한 문화권의 사람들을 어우르는 조직이나 클럽에서 역할

을 맡아 수행한다. 나의 지역 공동체 내부에서 다양한 문화가 어떻게 어우러지는지 주의 깊게 살핀다.

형제나 자매결연회에서 활동하거나 자원봉사단체 해비타트(Habitat)에서 주거지를 짓는 활동에 자원한다. 친구들과 이웃들에게도 동참하자고 부탁한다.

14. 다른 곳으로 떠나는 이웃에게 송별회를, 새로 이사 온 이웃에게 환영회를 열어준다. 새로 온 이웃들의 관심사를 알아보고 그들이 참여할 만한 지역 공동체 조직이나 프로젝트를 추천해준다.

가정 급식 프로그램(Meals on Wheels)에 자원해 가난한 이웃들에게 음식을 나눠주고 그곳에서 만나는 사람들과 이야기를 나눈다.

이웃 사람들, 특히 노인들에게 슈퍼마켓에서 살 것이 있는지 물어보고 도움이 필요하면 언제든지 편하게 말해달라고 이야기한다.

15. 겨울에는 눈을 치우거나 얼음을 걷어내고, 가을에는 낙엽을 쓸며, 봄과 여름에는 잔디를 깎는다.

14. 공정성 강점

공정성이 강한 사람들은 모두에게 정당한 몫이 돌아갔는지에 신경 쓴다. 이들은 타인을 이용하지 않으려고 조심한다. 또한 타인에게 친절하고 주변 사람들의 행동과 일치하지 않을지라도 무엇이 옳은지를 개인적으로 판단하며 사회적 정의를 구현하는 데 헌신한다.

공정성은 도덕적 판단의 산물로, 사람들이 도덕적으로 옳은 것과 옳지 않은 것, 금지된 것을 판단하는 과정이다. 공정성의 반의어로는 불공정, 선입견, 도덕성 결여, 용기 부족이 있다.

공정한 원숭이와 정의의 여신

– 숀 도일(Sean Doyle)

아들이 중학생이 됐을 때 모든 것에 토를 달았다. 뭐 하나 순순히 수긍한 적이 없었다. 크든 작든 부당한 것이나 거짓 된 불만을 감지하면 조금도 허용하지 못했다.

사춘기란 우리 모두가 겪었듯이 시간이 지나면 낫는 병이라는 건 나도 잘 안다. 하지만 중학생 아들과 어떻게든 잘 지내보려고 애쓰는 그 순간에는 그게 전혀 도움이 되지 않았다. 그래서 긍정심리학에 푹 빠진 다른 부모들처럼 나도 아들의 성격강점을 알아보려고 아들에게 성격강점 검사를 받게 했다(이쯤에서 난 아이들에게 멍청이 아빠가 됐다).

검사 결과, 앤디는 공정성과 용감성이 가장 뛰어났다. 그러니 앤디가 모든 것에 맞서 싸우려고 할 만도 했다.

공정성은 우리 문화에서 가장 가치 있는 덕목이자 친절 다음으로 가장 흔한 성격강점이다. 또한 업무상 요구에 가장 잘 들어맞는 5대 성격강점 가운데 하나이기도 하다. 이 5대 성격강점이란 공정성과 정직, 개방성(판단력), 예견력, 열정을 말한다. 사람들은 판사와 경찰, 상사, 부모가 공정하길 바란다. 사업 거래나 입법 정책을 두고 협상할 때는 상대의 요구 조건을 낮추려고 공정성에 호소한다.

공정성은 대학생들의 학교 생활만족도뿐만 아니라 성적에도 영향을 미친다. 야생 개코원숭이는 부당하게 괴롭힘을 당하는 원숭이의 털을 골라준다. 또한 리더십과 공정성 같은 시민의 자질을 크게 발휘하는 학생은 사랑과 친절을 크게 베푸는 친구보다 교실에서 훨씬 더 많은 인기를 누린다.

그리스인과 로마인은 공정성을 아주 높게 평가해 스톨라를 입고 저울과 풍요의 뿔을 든 정의의 여신을 숭배했다. 인간들이 점점 폭력적으로 변해 도를 넘어서고 사리사욕만 채웠을 때 다른 모든 신은 인간 세상을 등졌지만 그리스의 '별 아가씨' 아스트라이아(Astraea)는 마지막까지 남아 인간들에게 공정성을 호소했다. 또한 원숭이도 공정성을 매우 높게 평가해 아무리 맛있어도 공평하게 나눠 갖지 못하는 것은 거부한다. 심지어 어떤 침팬지는 짝이 얻지 못하는 먹이는 먹으려고 하지 않는다.

불멸의 여신으로 상징되고 원숭이가 높이 평가하는 이 공정성은 대체 어떤 덕목일까. 공정성은 정의와 연관돼 있지만 정의와는 다소 다르다. 아리스토텔레스는 『니코마코스 윤리학(Nichomachos Ethics)』에서 법적 정의와 의식적 정의를 구분했다. 다시 말해 합법적인 것과 공평하고 옳은 것을 구분했다. 서로 다른 권리나 가치가 충돌할 때는 법에 호소할 수 있다. 하지만 법은 시대나 환경, 장소에 따라 달라질 수 있다. 공정성의 의미가 달라질 수도 있다는 말이다.

한편 저울을 든 로마의 여신 아에퀴타스(Aequitas·평등)는 인간에 불과한 입법자가 예견할 수 없는 상황이 닥치면 법이 변해야 한다는 개념을 상징한다. 공정성이란 균형과 평등을 유지하는 것이다.

그럼에도 우리 인간은 '무엇이 공정한 것인가?'라는 문제로 고심하고 또 고심한다. 진보당과 보수당은 모두 공정성을 추구하지만 그 의미는 서로 다르다. 정계에서 좌파에 속한 사람들에게 공정성이 평등을 의미한다면 우파에 속한 사람들에게는 비례 원칙을 뜻한다. 부유한 사람들이 사회경제적 사다리의 맨 아래에 있는 사람들을 착취한다는 견해가 있는 반면, 이와는 대조적으로 몇몇 사람이 다른 사람들이 받는 것과 완전히 다른 뭔가를 받게 되더라도 사람들은 그들의 기여도에 따라 보상받아야 한다는 견해도 있다.

열세 살짜리 우리 아들은 용감한 데다 공정하기까지 해서 자기에게 득이 되지 않는 경우에도 부당함을 감지하면 용감하게 맞서 싸웠다. 이런 식으로 아들을 바라보자 한때는 불평불만만 늘어놓는 것 같았던 아들의 행동이 새롭게 보였다. 간디와 만델라, 마틴 루서 킹도 용감성과 공정성이라는 두 가지 성격강점을 발휘해 역사를 바꿔놓았다.

그런데 때로는 그런 성격강점이 우리의 발목을 잡을 수도 있다. 어떤 한 사람이 근본적으로 아주 공정하다고 생각하는 것이 다른 사람들에게는 무의미하거나 불온한 것으로 비쳐질지 모르기 때문이다. 우리의 강점은 약점이 아니라 진정한 장점이지만 역효과를 불러일으킬 수도 있다.

자신이 누구인지를 가장 진실하게 보여주는 것이 공정성이라면 공정성은 자신이 세상을 바라보는 렌즈가 되기도 한다. 당신은 공정하게 대우받기를 바라고, 낯선 타인들 역시 서로를 공정하게 대하기를 바란다. 하지만 우리가 살아가는 이 세상이 언제나 공정한 것은 아니다. 경주를 할 때 모든 사람이 같은 선에서 출발하지는 않는다. 승진에서 제외될 수도 있다. 사랑하는 사람에게 속을 수도 있다. 다른 사람들이 당신을 이용할지도 모른다.

이 세상이 근본적으로 공정한 세계라고 생각한다면 그렇지 않은 상황에 민감해진다. 공정성은 우리 세계에서 비례 원칙과 평등을 실현시켜주는 훌륭하고 강력하며 필수적인 성격강점이다. 법을 만들고 바꾸는 데도 영향을 미친다. 약한 자를 보호하는 수단이기도 한다.

하지만 우리의 성격강점 때문에 생겨나는 편견과 바람에 귀 기울이지 않는다면 중요한 다른 가치를 보지 못할 수도 있다. 저울의 균형을 맞춰주는 다른 요인을 간과하게 될지도 모른다.

따라서 균형을 맞추기 위해 노력하라. 옳은 것을 지키기 위해 싸워라. 조약돌을 계속해서 하나씩 주워 아에퀴타스의 은쟁반에 올려놓아라. 그러다 보면 한쪽 쟁반이 기울지도 모른다. 그렇다면 다음 번에는 소홀히 했던 다른 쪽 쟁반에 조약돌 두 개를 올려놓아야 한다. 이로써 공정성의 여신 아스트라이아를 다시 불러올 수 있다. 우리 모두를 하나로 묶어주는 그 불멸의 자질을 발휘하라.

공정성을 부르는 낭독문

공정성을 이끌어내고 싶다면 다음의 글을 큰 소리로 읽어보라.

시민 저항운동에 대해(연설)

- 엘리자베스 맥앨리스터(Elizabeth McAlister)

모든 일을 합법적으로 만들 수는 있지만 올바르게 만들 수는 없다!

노예제도는 한때 합법적이었다. 이익을 얻으려고 이 지구를 파괴하는 일도 모두 합법적이었다. 모든 일을 합법적으로 만들 수 있지만 올바르게 만들 수는 없다!

우리가 이 세상을 날려버리고 마지막 남은 나무를 베어버린다 해도 그 모든 일은 합법적이 될 것이다. 대체 우리가 어떤 사람들이기에 이런 일이 벌어진단 말인가.

이 지구는 우리 모두가 공동 소유하고 있는 것이다. 따라서 이 지구를 파괴하는 것은 우리 자신을 파괴하는 것과 같다.

매년 1만 종의 생명체가 사라지고 있다. 이것은 40억 년 전 희미한 첫 생명의 불꽃이 깜박거리며 타오른 이래 가장 엄청난 퇴보다.

우리는 자연을 강탈하며 살아가고 있지만 우리의 생활수준을 유지하려면 그렇게 할 수밖에 없다. 우리는 분수에 맞는 삶을 살려고 하지 않는다. 필요한 것 이상을 가지려고 한다. 그러니 우리 삶의 방식이 어떠할지 충분히 예견할 수 있지 않은가. 우리는 이 땅을 파괴하고 자원을 고갈시키며 인간의 노동력을 착취한다.

상황이 이렇게 악화되고…… 이토록 나빠지고…… 이렇게 병들도록 방치하다니, 어떻게 이럴 수 있었단 말인가.

이제는 배워야 한다. 우리 몸의 힘줄 하나하나까지 다 곤두세워 저 밖으로 나가서 변화를 일으키고 이 세상을 더 나은 곳으로 만들어야 한다.

공정성을 키우는 방법

1. 다음 번에는 내가 나의 실수를 인정하는지 생각해본다. 앞으로 내 실수를 좀 더 솔직하게 인정하도록 노력한다.

2. 모든 사람이 토론이나 활동에 동등하게 참여하도록 격려한다.

특히 무시당한다고 느끼는 사람의 참여를 이끌어낸다. '포용자'가 돼 명성을 쌓아나간다.

3. 내가 좋아하는 것과 싫어하는 것을 토대로 판단을 내리는지, 아니면 정의와 공정의 원칙에 따라 판단을 내리는지 스스로 점검해본다. 앞으로 판단을 내릴 때는 개인적 기호에 따르지 않도록 최대한 노력한다.

4. 비특권층 사람들에게 공평한 경쟁의 장을 제공하는 클럽이나 조직에서 활동한다. 기회가 있을 때마다 내가 일하는 곳도 공평한 경쟁의 장으로 만들기 위해 노력한다.

5. 내가 속한 집단을 옹호한다. 다른 집단에 소속된 사람들을 존중하면서 타인의 권리를 대변한다.

6. 다음 번에 토론할 때는 사회적으로 바람직하다는 이유로 공정성을 소홀히 하지 않는지 스스로 점검해본다. 다른 사람들의 감정을 고려하면서 객관적인 태도를 유지한다.

7. 공정하지 못하게 행동했거나 보다 공정하게 처리할 수 있었던 일을 떠올려보고 적는다. 그러고 나서 향후의 행동이 어떻게 개선될 것인지를 생각해본다.

8. 다른 민족과 문화권 사람들을 고정관념으로 대하지 않는지 생각해본다. 나와 배경이 다른 사람을 대할 때는 그 사람이 독특한 성격과 믿음, 견해를 갖춘 개인이라는 사실을 떠올린다.

9. 사회적 정의에 대한 중요한 문제를 말이나 글로 표현해 편집자에게 전한다. 단호하고 합리적이며 관계자 전원을 존중하는 태도로 글

을 쓴다. 긍정성과 강점을 강조하는 어휘를 사용한다.

10. 성차별이나 민족차별을 하는 친구와 공정성에 대해 진지하게 토론한다. 그 사람에게 사람을 차별하는 이유를 물어보고, 과거의 나쁜 경험 탓에 그런 편견을 가졌을지도 모른다는 사실을 일깨워준다. 상대의 말을 잘 들어주고 올바른 행동을 보여주는 모범적인 사람이 된다.

11. 인권 평등을 교육하고 홍보하는 조직에서 자원봉사를 하거나 그 조직에 대해 배운다. 정보에 밝고 존경받는 행동주의의 실례를 제시한다.

12. 전 세계에서 일어나고 있는 인권침해의 실상을 찾아본다. 내가 그러한 실상을 어떻게 생각하는지, 사회적 정의를 어떻게 촉진할 수 있는지를 글로 써본다.

13. 공정성과 사회적 정의, 형평성을 보여주는 영화나 다큐멘터리를 시청한다. 그러한 영상물의 주제가 내 인생에서 일어나는 일과 어떤 관계가 있는지 생각해본다.

14. 간디와 마틴 루서 킹, 만델라처럼 사회적 정의를 몸소 실천한 유명인의 전기를 읽는다. 그들의 강점 중 어떤 것을 나도 지니고 있는지 생각해본다.

15. 리더십 강점

리더십은 집단 활동을 지휘해 성공을 이끌어내고, 집단 구성원 간 관계를 원활하게 만들며, 사기를 유지하는 능력이다. 리더십은 모든 일이 잘 처리됐을 때 충만하게 실현되는 것이다. 목표를 정해 달성하고, 효과적인 도움을 얻어내며, 협동을 이끌어내고, 격앙된 분위기를 가라앉히는 것 등이 리더십에 해당한다. 리더십의 반의어로는 지도력 부족, 판단력 부족, 무책임, 소통력 부족이 있다.

톰 래스 인터뷰

- 마거릿 그린버그(Margaret Greenberg)

경영 서적에 사랑 이야기가 나온다고? 톰 래스(Tom Rath)와 배리 콘치(Barry Conchie)의 『강점 기반 리더십(Strengths Based Leadership: Great Leaders, Teams, and Why People Follow)』에 사랑 이야기가 어떤 식으로 등장하는지 본다면 아마도 깜짝 놀랄 것이다. 이 책이 다른 책과 차별화되는 이유는 추종자들이 지도자에게 요구하는 것을 새롭게 연구했기 때문이다. 그 연구의 네 가지 주제는 신뢰와 연민, 안정, 희망이다.

나는 래스와 인터뷰하면서 그가 알고 있는 리더십의 비밀을 파헤쳐보았다.

그린버그 이 책에서 얻을 수 있는 가장 중요한 내용은 무엇인가요?

래스 이전의 연구에서 훌륭한 지도자가 반드시 다재다능해야 하는 것은 아니라는 사실이 밝혀졌어요. 하지만 훌륭한 팀들은 그래야 할지도 모르죠. 이 책에서 전하는 세 가지 주요 내용은 이렇습니다.

첫째, 자신의 강점을 알아야 합니다. 둘째, 적합한 사람들로 팀을 구성하고 팀원들의 강점을 파악해야 합니다. 셋째, 추종자들의 욕구를 충족시켜야 합니다. 이것이 바로 추종자들이 지도자에게 요구하는 것을 새롭게 연구한 결과죠.

그린버그 선생님은 이번 책에서 '다른 사람들이 당신을 따를 때 당신은 조직의 리더가 된다'고 주장하셨죠. 저희가 리더십을 연구할 때는 보통 지도자에게 어떤 일을 하는지 물어봅니다. 선생님이 한 것처럼 추종자의 의견을 묻는 일은 거의 없죠. 그에 대해 좀 더 자세하게 말씀해주세요.

래스 지도자에게는 추종자들이 필요하고, 지도자가 변화를 이끌어낼 수 있는지 없는지를 가장 잘 판단할 수 있는 사람이 바로 지도자를 따르는 개개인이라는 사실을 간과하는 경우가 종종 있죠. 그래서 전 세계 2만 명에게 자신의 인생에 가장 큰 영향을 미친 지도자를 떠올려보라고 했어요. 그러고는 그 사람을 따르는 이유를 자기 나름대로 자유롭게 설명해달라고 했죠. 그 후에 그 사람들의 대답과 반응을 분류하고 정리했어요.

그린버그 가장 놀라운 결과는 무엇이었나요?

래스 예상했던 대답이 최상위권에 들지 못한 것을 보고 깜짝 놀랐죠. 추종자가 비전이나 명확성 혹은 목적에 대한 이야기를 꺼내지 않았거든요. 논문에서 가장 많이 언급되는 요소가 없다니 아이러니하죠. 지도자는 회사가 전략적으로 나아가고자 하는 방향을 생각해야 합니다. 하지만 인간관계를 유지해나가기 위해 정기적으로 해야 하는 기본적인 것들이 있죠.

그린버그 그 밖에 또 다른 놀라운 결과가 있었나요?

래스 책에서 많이 언급되지 않은 또 다른 결과는 추종자들이 자신들에게 가장 중요한 영향을 미친 사람과 관계를 유지하는 평균 기간이었죠. 그 기간은 10년이었어요. 평균 10년 동안 효력을 발하는 리더십은 진정으로 탄탄한 인간관계에서 찾아볼 수 있습니다. 다섯 명 혹은 500명에게 그러한 영향력을 행사하면서 그들과 탄탄한 인간관계를 맺으려면 많은 시간과 인내심이 필요하죠. 지도자는 이 사실을 명심해야 합니다.

그린버그 사랑이라는 요소는 어떻게 생각하나요? 사람들이 가장 강력한 영향력을 행사한 지도자를 묘사할 때 사랑을 언급했나요?

래스 사람들은 멘토나 경영자, 배우자, 부모, 교사 같은 훌륭한 지역 지도자에 대해 이야기할 때 배려, 연민과 더불어 사랑이라는 말을 상당히 자주 사용했어요. 사랑이라는 말은 그들의 관계가 얼마나 친밀한지를 보여주죠. 가장 큰 영향력을 행사한 조직 지도자와 세계적인 지도자에 대해 물어보자 사람들은 배려와 연민 같은 단어를 사용했어요.

사랑이라는 말이 조직에서는 피뢰침과 같다는 걸 알았죠. 사람들은 그 말을 들으면 불편해해요. 특히 남을 배려할 줄 아는 경영자가 사랑을 표출합니다. 갤럽(Gallup) 연구소는 배려하는 경영자에 대한 연구 결과를 수집했어요. 우리는 1500만 명에게 "당신의 경영자가 당신을 한 사람으로서 배려해줍니까?"라는 질문을 던졌죠. 그랬더니 뛰어난 경영자의 부하 직원은 그렇다고 대답했고, 뛰어난 경영자 역시 부하 직원의 성장을 또 다른 목적을 달성하기 위한 수단이 아니라 목적 그 자체로 삼고 있었습니다.

그린버그 선생님은 리더십의 영역을 실행과 영향력 행사, 관계 구축, 전략적 사고라는 네 가지로 나누었고, 크게 성공한 조직 지도자들과의 인터뷰 내용을 소개하면서 각각의 영역을 설명해주셨죠. 그에 대해 좀 더 자세히 말씀해주세요.

래스 제가 인터뷰한 사람들은 오랫동안 존경해왔던 분들입니다. 그들이 사람들과 상호작용하고 조직을 구축하는 방식은 저마다 완전히 달랐죠. 웬디 콥(Wendy Kopp·교육봉사 단체 티치 포 아메리카(Teach for America)의 창립자이자 CEO)은 저를 처음 만난 그 순간부터 온몸에서 성취감을 내뿜었어요. 그녀는 조직을 기초부터 탄탄하게 키울 때까지 매일, 매주, 매달, 매년 해야 할 일을 어떻게 전략적으로 수행했는지 말해주더군요. 콥은 논문을 쓰기 시작한 지 12개월도 지나기 전에 「뉴욕타임스(New York Times)」 1면에 실렸고, 캘리포니아에서 500명의 교사를 모집했으며, 250만 달러 이상의 매출을 올렸죠. 그 결과를 생각하면 지금도 어안이 벙벙합니다.

하지만 머빈 데이비스(Mervyn Davies·스탠더드차타드은행 회장)와의 인터뷰가 가장 인상적이었어요. 세계적인 영국 은행 회장 하면 보통 사람들은 인간관계에 중점을 두고 회사를 운영하는 사람을 떠올리지 않아요. 그런데 데이비스는 7만 가구의 행복이 자기 회사에 달려 있다는 이야기를 했죠. 데이비스의 직속 부하 직원 몇 명과도 인터뷰를 했는데, 그들은 자신들이 개인적으로 어려운 일을 겪었을 때 데이비스가 얼마나 큰 힘이 돼줬는지 모른다고 말하더군요. 그런 식으로 세계적인 은행을 설립하고, 그 과정에서 줄곧 돈독한 인간관계를 형성했다는 것은 참으로 주목할 만한 점입니다.

그린버그 지도자들의 공통적인 강점이 있었나요?

래스 아니요. 그것도 제가 얻은 큰 깨달음 가운데 하나였죠. 크게 성공한 지도자들을 살펴봤지만 일관된 특징은 많지 않았어요. 상위 5위 안에 들어가는 강점이 상당히 비슷한 사람은 두 명 있었어요.

그린버그 지도자들한테서 자주 받는 질문이 하나 있어요. "직원들이 자기 부서만 생각하지 않고 업무를 더 잘 수행하기 위해 다른 부서들과 보다 적극적으로 협력하게 만들려면 어떻게 해야 합니까?"라는 게 그 질문이죠. 이 질문에는 어떻게 답할 건가요?

래스 약간은 초등학생 수준의 대답처럼 들릴지도 모르지만 사람들의 이야기를 끌어낼 수 있는 기본적인 일을 해야 한다고 생각합니다. 예를 들자면 자주는 못 하더라도 정기적으로 만나는 사람들과 얼굴을 맞대고 앉아서 그들을 알아나가는 시간을 갖는 것이 이상적이죠. 약간의 시간을 투자해 그들의 강점에 대해 이야기하면 그들 각자가 중요한 기여를 할 수 있다는 사실을 알게 되죠. 팀이 결성됐는데도 제대로 돌아가지 않는 경우가 의외로 많아서 깜짝 놀랐어요. 기업들은 속도가 중요한 경우가 아니라면 그러한 대화의 가치를 알아볼 수 있어야 합니다. 예컨대 저는 이곳 직장에서 다섯 명과 친밀한 인간관계를 맺었어요. 그들과 그처럼 친밀한 관계를 맺지 못했더라면 10분에서 15분 정도 걸렸을 소통 시간이 덕분에 10초에서 15초로 짧아졌죠.

그린버그 팀의 구성을 들여다보고 인간관계 형성 강점이 있는지 살펴본다면 아주 흥미로울 것 같아요. 그러한 강점은 사람들이 얼마나 협조적으로 일하는지와 관련 있겠죠?

래스 좋은 지적입니다. 우리와 함께 일했던 리더십이 뛰어난 많은 팀이 인간관계 형성에 매우 약했습니다. 2년 전에 저희 팀에도 그런 문제가 생겨 거기에 대해 생각을 많이 해봤어요. 저희 팀원 가운데 한 사람은 팀원 간 화합을 이끌어내고 인간관계를 형성하는 일을 저

보다 열 배나 더 잘했죠. 그래서 전 그 사람에게 솔직하게 말했어요. "내가 이 팀을 관리하고 있을지는 몰라도 당신이 나보다 그 일을 더 잘한다는 걸 압니다"라고 말이죠. 그러자 그 사람은 보다 다양한 사람과 함께 일하는 더 나은 환경을 조성할 수 있도록 저를 많이 도와줬습니다.

그린버그 지금은 무슨 일을 하고 있나요?

래스 직원들의 업무 몰입도와 강점을 발휘할 수 있는 시기의 연관관계를 연구하고 있습니다. 또한 그러한 연관관계가 개개인의 건강에 미치는 영향도 살펴보고 있죠. 사람들이 업무에 좀 더 몰입할 때 그들의 총 콜레스테롤 수치와 혈중 트리글리세리드 수치, 코티솔이나 스트레스 호르몬 수치가 어떻게 변하는지 살펴보는 몇 가지 실험을 하고 있어요. 생산성과 수익성, 고객 점수, 매출액은 조직에 매주 중요한 요소죠. 저도 기업에 그처럼 확실하거나 구체적인 수치를 요구합니다. 하지만 개개인의 육체적 건강도 상당히 구체적인 결과를 보여주는 수단이라고 생각합니다.

그린버그 회사의 경우에는 직원들의 육체적 건강이 의료보험 비용과 직결되겠죠. 게다가 의료보험 비용은 대부분의 회사에서 가장 크게 지출하는 항목 가운데 하나고요.

래스 저도 그러한 비용 문제가 기업에 큰 영향을 미친다고 생각합니다. 그래서 개개인의 몰입도가 의료보험 비용에 어느 정도 영향을 미치는지 알아내려고 하고 있죠. 앞서 언급했던 스탠더드차타드은행처럼 우수한 기업들은 옳은 일이기 때문에 직원들의 육체적 건강에 신경 쓸 것이고, 나머지 기업은 의료보험 비용 감소라는 이득을 얻고자 직원들의 육체적 건강에 촉각을 곤두세울 것입니다. 우리가 수집한 연구 결과를 파헤치면 파헤칠수록 의사의 질이 아니라 경영자의 질이 직원들의 총체적인 건강에 더 큰 영향을 미친다는 사실이 더욱 확연하게 드러나는 것 같았어요.

그린버그 선생님의 조부 도널드 클리프턴(Donald Clifton)이 『이제, 당신의 강점을 찾아라(Now, Discover Your Strengths)』라는 저서를 냈다는 이야기에 깜짝 놀라는 사람이 많았어요. 조부께서 선생님의 책을 보셨다면 뭐라고 하셨을 거라고 생각하나요?

래스 할아버지가 돌아가시기 직전에 리더십에 대한 본인의 의견 가운데 몇몇 좋은 내용을 요약해 이메일로 보내셨어요. 할아버지는 본인의 핵심적인 연구 결과 가운데 몇 가지를 길게 설명해놓으셨죠. 그 내용은 정수만을 모은 최고의 개요이자 골격이라서 저희가 이 책을 집필하는 데 많은 도움이 됐답니다. 할아버지는 수년 동안 많은 연구를 하셨고, 생전에 출판하지 못한 좋은 생각을 많이 품고 계셨죠. 할아버지께서 자신의 연구가 계속 이어져 나가고 있고, 보다 많은 사람에게 도움이 된다는 사실을 안다면 분명히 기뻐하실 겁니다.

리더십을 부르는 낭독문

리더십을 이끌어내고 싶다면 다음의 글을 큰 소리로 읽어보라.

우리는 달에 가기로 했다(연설문)

– 존 F. 케네디(John Fitzgerald Kennedy), 1962년 9월 12일

우리 인류가 얼마나 빨리, 얼마나 멀리까지 왔는지를 완전히 이해할 수 있는 사람은 아무도 없습니다. 그렇지만 기록된 5만 년의 인류 역사를 50년으로 압축해 살펴볼 수는 있습니다. ……이렇게 압축해 살펴본다면 약 10년 전에는 인류가 동굴에서 나와 다른 종류의 거주지를 만들기 시작했죠. 한편 인류가 글을 쓰고 바퀴 달린 수레를 이용하기 시작한 것은 불과 5년 전이었습니다. ……지난달에는 전등과 전화기, 자동차, 비행기가 등장했죠. 페니실린과 텔레비전, 핵무기를 개발한 것은 겨우 일주일 전이었습니다. 이제 미국의 신형 우주선이 금성에 도달하는 데 성공한다면 말 그대로 오늘 밤 자정이 되기 전에 우리 인류가 별에 착륙할 것입니다.

윌리엄 브래드퍼드(William Bradford)는 1630년 플리머스 식민지(Plymouth Bay Colony) 건설에 대해 이야기하면서 모든 위대하고 영예로운 행동에는 크나큰 역경이 따르고, 그러한 역경은 책임질 수 있는 용기를 발휘해 극복해나가야 한다고 말했습니다.

……전 세계의 이목이 우주와 달, 그 너머의 행성에 쏠려 있는 지금, 우리는 우주가 적대적인 정복의 깃발로 짓밟히게 두지 않을 것이며 자유와 평화의 깃발로 수놓아지도록 할 것입니다. 우리는 우주가 대량살상 무기로 가득 차게 두지 않겠다고 맹세했습니다. 그 대신 지식과 이해의 도구가 전 우주에 넘쳐흐르도록 하겠습니다.

우리는 달에 가기로 했습니다. 이번 10년 내에 달에만 가는 것이 아니라 다른 일도 하기로 결정했습니다. 쉬운 일이라서가 아니라 힘든 일이기 때문에, 최고의 우리 에너지와 기술을 조직하고 평가하는 데 도움이 되는 목표이기 때문에, 우리가 기꺼이 받아들이고자 하는 도전이기 때문입니다.

연설문 전문을 보고 싶다면 'http://bit.ly/JFKMoonSpeech'를 방문해보길 바란다.

리더십을 키우는 방법

1. 젊은 친척과 나이 든 친척을 모두 초대해 세대 간 교류가 이뤄지는 가족 모임을 만든다. 이때 나이별로 어울리게 하기보다는 두루두루 대화를 나눌 수 있도록 한다. 사람들이 세대 간 공통점에 주목하도록 유도한다.

2. 부당한 대우를 받은 사람을 옹호한다. 다른 지도자들이 집단 활동 과정에서 공정성을 강조하도록 격려한다.

3. 어떤 행사나 활동의 리더 역할을 돌아가면서 맡는다. 다른 사람들에게 리더가 될 기회를 제공하고 그 경험에 대해 이야기를 나눈다.

4. 내가 좋아하는 리더의 전기를 읽거나 영화를 감상하고 나서 실질적으로 어떤 영감을 받았는지 가늠해본다. 내가 그 리더와 어떤 성격강점을 공유하고 있는지 생각해본다.

5. 두 사람이 논쟁을 벌일 때는 다른 사람들을 초대해 그들의 의견

을 수용하고 문제 해결에 중점을 두어 논쟁을 중재한다. 서로를 존중하고 열린 마음으로 상대의 의견을 받아들이는 토론 분위기를 조성한다.

6. 어떤 활동이나 임무, 프로젝트를 주도하고 집단 구성원의 의견을 적극적으로 수렴한다. 발언을 거의 하지 않는 사람들을 격려해 그들의 의견까지 이끌어낸다.

7. 직장에서 깜짝 생일파티 같은 행사를 조직해 동료를 초대한다. 이 기회를 이용해 동료와 개인적으로 친해질 수 있다.

8. 내가 가진 재주를 동네 아이들에게 가르쳐주고, 나이 차에 개의치 않고 아이들의 말을 진지하게 들어준다.

9. 운동을 하는 자식이 없어도 어린이 야구단이나 유소년 스포츠팀을 가르친다. 경쟁과 승리보다는 집단의 조화와 역학적 관계를 강조한다.

10. 주제별 모임과 기념일, 깜짝 파티, 가족 강점의 날 등 새로운 가족 전통을 만들어 이끌어나간다. 가족 구성원을 대표 강점에 따라 나누어 조직하는 일을 돕는다.

마을이나 구역별 마당 세일을 조직한다. 팔고 싶은 물건을 옮기는 노인을 도와주는 집단을 구성해 이끌어나간다.

11. 동네 파티를 열거나 공휴일에 집을 공개해 이웃 사람을 초대하고 앞으로 함께 프로젝트를 진행할 경우에 대비해 그들의 강점과 관심사를 알아본다.

12. 동네 공원이나 공동묘지를 청소하는 모임을 만들어 이끌어나

간다. 열성적인 참여자들에게 청소 프로젝트를 직접 기획할 기회를 준다.

13. 동료와 함께 헬스클럽에 다니면서 서로를 칭찬하고 격려하며 동기를 부여해준다.

14. 지역 정치 캠페인에 참여한다. 관련된 정치 문제에 대해 배우고 '중상모략'을 피한다.

15. 나의 리더십 스타일을 향상시킬 수 있는 방법을 적어본다. 옛날에 나를 따랐던 사람들에게 내가 어떤 지도자였는지 물어본다.

16. 용서 강점

언제나 변함없이 지나간 것은 지나간 대로 두는 사람들이 있다. 이들은 공포와 수치, 죄의식, 방임 같은 부정적 감정상태와 성질에 영향받거나 외적 보상(뇌물이나 민사소송으로 받은 피해보상) 혹은 위협(금지명령) 때문이 아니라 긍정적인 성격에 힘입어 용서와 자비를 베푼다.

용서는 사람이 인간관계에서 상처를 받거나 피해를 입을 때 드러나는 성격강점이다. 용서에 강한 사람은 자신에게 상처를 주거나 자신을 배신한 사람들과의 관계를 회복하는 일을 중요하게 여긴다. 용서는 분노를 버리고 앙심을 품지 않는 내적 상태를 말한다. 용서의 반의어로는 분노, 복수심, 저주, 원한이 있다.

용서는 누구를 위한 것인가

- 프라크리티 탠던(Prakriti Tandon)

21개월 전 어머니가 무장강도에게 돈을 빼앗긴 일이 있었다. 총을 든 남자 두 명이 하숙집을 구하는 대학생으로 가장하고 부모님이 40여 년 동안 운영해온 사무실로 들어왔다. 그러고는 재킷 안에서 총과 뭉툭한 물건을 꺼내더니 어머니의 손과 발을 테이프로 묶고 '돈이 어디에 있는지' 말하라고 했다.

부모님은 하루 벌어 하루 먹고사는 하청업자에게 줄 돈을 대부분 사무실에 보관해두고 있었다. 그런 하청업자는 일을 시작하기 전 선금을 요구하거나, 아니면 일을 끝내자마자 바로 현금을 지불해달라고 요청하기 때문이다. 부모님은 사람들을 믿었기 때문에 직원이 사무실에 와서 직접 찾아갈 수 있도록 직원 서류철에 돈을 넣어두었다. 이런 체계 때문에 수년 동안 자잘한 절도 사건이 일어나긴 했지만 그래도 그런 체계가 없는 것보다는 나았다. 어머니가 경계심을 버리지 못하고 이따금씩 불만도 토로했지만 직원을 측은하게 여기는 아버지의 마음이 훨씬 더 커서 그런 체계는 계속 이어졌다.

그런데 맙소사! 그런 부모님의 신뢰가 무참하게 짓밟히는 날이 오고야 말았다. 무장강도 두 명 중 키가 좀 더 작고 체격이 훨씬 건장한 남자가 테이프를 더 뜯어내 어머니의 머리와 입에 붙이려고 했을 때 어머니가 온화하고도 차분한 목소리로 이렇게 물었다. "얘야, 왜 이런 짓을 하니? 뭘 원하니?" 그런데 강도는 어머니의 부드러운 질문에 욕설로 대답했다. "입 닥쳐, 이년아!" 강도는 이렇게 소리치고 길고 뭉툭한 무기로 온화한 어머니의 얼굴을 후려쳤다.

그 사건을 맡았던 FBI 요원은 어머니가 온화하고 인정 많은 엄마만 사용하는 '얘야'라는 애칭으로 범인을 불렀다는 이야기를 들을 때면 지금도 미소를 짓는다. 그 FBI 요원은 어머니와 수차례 전화통화를 하고 직접 만나 이야기를 나누며 그 사건을 몇 시간 동안 자세하게 조사했다. 게다가 오랜 세월 동안 온갖 불쾌한 인간을 많이 만나봤기 때문에 성능 좋은 레이더처럼 선과 악을 잘 구분하는 사람이었다. 그런 사람이 미소를 짓고 감탄과 경외가 미묘하게 뒤섞인 표정을 짓는다는 것은 어머니를 최악의 상황에서 만난 최고의 인간으로 인정한다는 뜻이었다.

이 이야기가 우리에게 전하고자 하는 교훈은 무엇일까. 나는 그 당시 상황을 떠올릴 때마다 눈물이 날 것만 같다. 사랑하는 어머니가 그토록 고통스러운 일을 당했기 때문만이 아니라 연민 어린 상대의 말을 듣고도 그와 정반대되는 거친 말로 되받아치는 인간의 사악함이 생생하게 느껴지기 때문이다.

하지만 어머니는 그 사건을 떠올릴 때면 '그들을 빛 안에 두라'는 말이 생각난다고 했다. 이 말은 그들의 죄를 용서하고 그들의 죽음을 바라지 않으며 그들을 더 나은 사람으로 만든다는 뜻이다. 어머니가 그렇게 모든 것을 초월한 것처럼 행동하다니, 어떻게 그런 일이 가능한 걸까. 분노를 가라앉혔을 뿐만 아니라 자신을 공격한 사람이 더 나은 곳으로 가기를 바란다는 게 어떻게 가능한 일일까.

그 사고 이후 어머니는 회복에 도움이 되는 특별한 글 한 편을 틈날 때마다 읽으셨다. 심지어 관련 자료를 모두 읽고 싶은 채울 수 없는 욕구 때문에 심리학 명예학위까지 받았다. 내가 집에 가져다준 책을 모두 읽었는데도 더 많은 책을 읽고 싶어 하신다. 어머니는 가장 좋아하는 류보머스키(Lyubomirsky)의 『행복의 방법(The How of Happiness)』을 정독하다 이거다 싶은 용서의 정의를 찾아냈다.

용서하는 법을 어떻게 배울 수 있을까. 용서는 자신에게 나쁜 짓을 한 사람뿐만 아니라 자기 자신을 위해 하는 것이다. 사람들이 직관적으로 아는 사실과 완전히 반대되는 정의가 아닌가. 사람들은 보통 용서를 이타적인 행동으로 보지 않는가.

어머니가 그 시련을 이겨내는 모습을 지켜보면서 나는 용서란 자신에게 더 큰 이득이 되는 이기적인 행동이라는 사실을 깨달았다. 어머니는 그 사건 이후 힘들었던 몇 달 동안 그 어떤 범죄자에게 가해진 처벌보다 훨씬 더 무거울지도 모르는 벌을 받았다. 많은 대인 범죄 피해자가 사건 이후 스트레스 반응이라 하는 '앙심'을 품게 마련인데, 어머니도 그런 분노에 평생 동안 사로잡혀 빠져나오지 못하는 종신형을 선고받을 위험에 처했다.

빌 클린턴(Bill Clinton) 전 미국 대통령이 만델라에게 간수들을 어떻게 용서할 수 있었는지 물었을 때 만델라는 이렇게 답했다. "감옥 문을 나설 때 내가 그 사람들을 계속 증오한다면 여전히 감옥에 갇힌 것과 같으리라는 사실을 알았기 때문입니다."

용서란 누군가 아픔을 딛고 일어서 자유롭고 가벼운 마음으로 나아가고자 할 때 선택할 수 있는 것이 아니라 반드시 해야 하는 것 같다.

용서와 회복력은 서로 연관돼 있다. 그러한 관계를 어떻게 강화할 수 있을까. 용서는 힘든 일을 겪고 나서 다시 풍요로운 삶을 되찾아주는 도구가 된다. 이러한 용서의 혜택을 어떻게 하면 극대화시킬 수 있을까. 자신의 삶을 보다 풍요롭게 만들고 싶을 뿐만 아니라 가해자들도 더욱 나은 삶을 이어나가길 바라기 때문에 용서를 한다면 얼마나 큰 혜택을 얻을 수 있겠는가.

재판 날짜가 다가오자 어머니는 가해자들을 한 번 더 마주할 마음의 준비를 했다. 어머니는 용서하고 다시 일어서는 회복력이 무엇인지를 보여주는 귀감이다.

용서냐, 복수냐?

- 루이자 주얼(Louisa Jewell)

지난 토요일, 동네 교회에서 열리는 연소 성찬 연례의식(Annual Fire Communion Service)에 참석했다. 이 의식에 참석한 사람은 자신이 가장 떨쳐버리고 싶은 것을 간략하게 적은 종이쪽지를 불태우고 촛불을 켜서 다가오는 새해에 이루고 싶은 소망을 빈다. 나는 과거로 흘려버리고 싶은 게 무엇인지 곰곰이 생각해보고 나서 그것을 교회에서 나눠주는 발연성 종이에 적었다. 그러고는 줄을 서서 다른 사람들이 불 속으로 종이를 던져 넣는 모습을 지켜보았다. 마침내 내 차례가 됐을 때 종이를 천천히 불 가까이 가져가 그 속에 던져 넣었다.

그 즉시 화염이 일면서 종이가 흔적도 없이 사라졌다. 그 순간, 수년 동안 내 마음을 억눌렀던 짐이 불에 탄 종이처럼 사라지는 것 같았다.

그 종이에는 내가 12년 넘도록 마음에 담고 있던 일이 적혀 있었다. 나는 오래전 가까운 가족한테서 큰 상처를 입은 적이 있었다. 하지만 그 사람을 측은하게 여기고 완전히 용서하기로 마음먹었다. 그래야 내가 건강하고 행복할 수 있으니까 말이다. 나는 그 사람이 왜 그런 짓을 했는지 이해했고, 그 사람이 옳은 행동을 했다고 느꼈기 때문이 아니라 이제 그만 그 일에서 벗어나고 싶어 그 사람을 용서했다. 오랜 세월 동안 나는 몇 번이고 반복해 그 사람을 용서했지만 마음의 안정을 얻지 못했다. 결국에는 이럴 때 용서하는 것이 진정으로 옳은 행동인가라는 의구심을 갖기 시작했다. 바로 그때부터 용서의 부정적 면을 깊이 파헤치는 데 몰두했다. 용서하는 것이 타당하지 않은 경우가 있을까.

용서가 부정적인 결과를 가져올 수도 있다는 전제(맙소사!)는 용서의 긍정 효과를 보여주는 광범위한 연구 결과에 반한다는 사실을 잘 알고 있다. 용서에 대한 많은 연구에 따르면 용서는 언제나 행복 찾기의 정답이 되는 것 같다. 하지만 다른 덕목과 마찬가지로 용서도 적절하게 사용하는 것이 좋다고 나는 생각한다. 한쪽 극단으로 치우쳐 무엇이든 조금도 용서하지 못하면 고립되고 냉혹한 사람이 될 수 있다. 반면 다른 쪽 극단으로 치우쳐 무차별적으로 용서를 베풀면 나약해지는 것 같아 자존감을 잃을 수도 있다. 그러므로 언제 어떻게 용서를 베풀어야 할지 알아야 용서의 혜택을 극대화할 수 있다.

문제를 폭력으로 해결하는 방법을 지지하는 것은 아니지만 복수가 반드시 뿌리 뽑아야 하는 병폐가 아니라 발전을 이끌어내는 자연스러운 인간 행동이라는 견해에 흥미를 느꼈다. 연구학자 마이클 맥컬러프(Michael McCullough)는 이런 의구심을 던진다. "복수처럼 큰 희생이 따르는 행동이…… 환경에 잘 적응하는 데 전혀 도움이 되지 않는다면 왜 모든 종이 그런 행동을 하겠는가? ……복수가 인간의 행동 목록에 남을 수 있는 이유는 무엇일까?" 맥컬러프는 그 이유로 다음의 세 가지를 들었다.

해악 억제 누군가가 나를 해하면 내 마음속의 복수 프로그램을 발동해 내가 그 사람에게 다시 해를 가할지도 모른다. 그 사람이 이 사실을 안다면 또다시 나를 해할 가능성이 낮아질 것이다.

사회에서 허용되는 행동 기준 정립 내가 누군가로부터 해를 입었을 때 나도 그 사람에게 해를 가한다면 그 사람의 공동체 사회나 집단에게 '나를 건드리지 마라. 그랬다가는 나도 너를 해칠 것이다'라는 메시지를 보내게 된다.

인간 사회에서 협력 증진 인간이 어떻게 문명을 일으켰는가. 사람들의 이기적인 행동을 벌하면 그런 사람들이 공동의 선을 실현하는 데 협력하도록 만들 수 있다.

이러한 보복은 만족감을 얻으려는 것이 아니라 폭력의 대가를 치르게 하려는 것이다. 예컨대 지하철 무임승차를 한 사람에게 벌금을 부과하거나, 남편에게 학대당한 여자가 결혼생활을 끝내고 떠나 남편이 결혼이란 관계에서 얻을 수 있는 혜택을 누리지 못하게 하는 것이다. 대가를 치르게 하지 않는다면 가해자가 또다시 해악을 저지르는 것을 어떻게 막을 수 있겠는가. 그렇다면 용서를 해야 할지, 보복을 해야 할지 알려주는 지침이 있을까.

연구 결과에 따르면 부정행동을 가끔 하는 배우자를 보다 많이 용서하는 사람은 결혼 직후 2년 동안 결혼생활에 보다 큰 만족감을 느꼈다. 하지만 부정행동을 자주 하는 배우자를 용서하는 사람의 결혼생활 만족도는 급격하게 하락했다. 이 결과에서 알 수 있듯이 용서가 긍정적인 결과를 낳는지 부정적인 결과를 낳는지는 가해자의 행동이 지속적인지 아닌지에 달려 있다.

가해자가 피해자의 안전과 가치를 보호해주는 행동을 할 경우에는 피해자가 가해자를 용서함으로써 자존감이 높아질 수 있다. 한편 가해자가 자신의 행동을 바로잡지 않고 계속해서 학대할 경우 피해자가 가해자를 용서한다면 피해자의 자존감이 약해진다. 그러므로 용서는 피해자가 안전하고 가치 있는 관계를 보장받을 때만 베푸는 것이 가장 현명하다.

용서를 남발하면 학대가 계속된다고 나는 생각한다. 그런데 그렇게 학대가 계속될 때도 사람들은 가해자를 용서한다. 보복이 답이라고 생각하지는 않지만 피해자는 끝까지 자기주장을 펼쳐 가해자를 납득시키고, 가해자가 합당한 대가를 치르게 해야 한다. 안전이 보장되자마자 용서는 과거의 죄를 과거로 흘려버리고 보다 긍정적인 것을 찾아 앞으로 나아갈 수 있는 강력한 도구가 될 수 있다. 그러므로 용서를 할 때 자존감을 유지하고 이용당한다는 느낌을 받지 않도록 하는 것이 중요하다.

용서를 할 때 자존감이 살아나거나 약해지는 상황을 구분하려면 용서할지 말지 결정하는 데 영향을 미치는 요소를 파악해야 한다. 복수가 목적이 될 수 있는 것처럼 용서도 인간 생존에 중요한 진화와 사회적 관계 유지에 큰 영향을 미친다. 집단이나 팀에서 긍정적인 인간관계를 맺고 싶다면 사람들이 인간관계를 발전시키기 위해 나쁜 의도를 버릴 수 있는 방법을 고안해야 한다. 과거의 불만을 버리지 못하면 소중한 인간관계를 유지할 수 없다.

보복이나 용서를 유발하는 것이 무엇인지 안다면 용서하기 더 쉬운 환경을 조성할 수 있다.

용서하는 본능을 유발하는 세 가지 요소는 다음과 같다.

안전 사람들은 자신을 다시는 해치지 않을 거라고 믿는 사람들을 용서하는 경향이 있다.

가치 인간관계를 장기적으로 유지하는 게 가치 있을 것 같고, 인간관계를 회복해 이득을 얻을 수 있다면 용서를 베풀 가능성이 더 높아진다.

연민이나 배려 연민을 느끼는 상대를 훨씬 더 쉽게 용서하는 경향이 있다. 이런 상대는 종종 의도치 않게 우리를 해친 사람들이다. 집이나 회사, 지역 사회에서 용서하기 쉬운 환경을 조성할 수 있다면 용서가 넘쳐날 것이다.

내 경우에는 이번 일만 제외하면 용서가 아주 효과적이었다. 이번에는 행동을 바로잡을 생각을 조금도 하지 않고 의도적으로 계속해서 날 괴롭혔던 누군가를 용서하고 또 용서했다. 그런데 그것이 오히려 내 자존감에 부정적인 영향을 미쳤다. 마침내 내가 그런 행동을 더 이상 용납하지 않기로 결정했을 때 그 상황에서 빠져나와 더는 괴롭힘을 당하지 않을 수 있었다. 이처럼 내가 내 주장을 내세우고 내 자존감을 되찾았을 때 비로소 나는 진정으로 그 사람을 용서했고 평온을 얻었다.

용서를 부르는 낭독문

용서하는 마음을 이끌어내고 싶다면 다음의 글을 큰 소리로 읽어 보라.

베니스의 상인(4막 1장에 나오는 포셔의 독백)

– 윌리엄 셰익스피어(William Shakespeare)

자비란 강요한다고 해서 나오는 것이 아니라
하늘에서 이 땅으로 떨어져 내리는
부드러운 비와 같고, 두 가지 축복으로
주는 자와 받는 자 모두를 축복하는 것이요.
가장 강인한 자가 지니는 가장 강인한 것이 바로 자비라
군주에게는 왕관보다 더 잘 어울리는 것이요.
군주의 홀은 일시적인 권력의 힘을 상징하고
경외와 위엄을 드러내지만

거기에는 군주에 대한 두려움과 공포가 깃들어 있지요.
하지만 자비는 홀의 통치력 위에 있고,
신에 속한 것이요.
속세의 권력이 신의 권력처럼 보인다면 그것은
자비가 정의를 누그러뜨릴 때뿐이요. 그러니, 유대인이여
그대는 정의를 탄원하지만 잘 생각해보시오.
그처럼 정의를 실현하고자 한다면 우리 중 누구도
구원을 받지 못할 것이요. 우리는 자비를 베풀어달라 기도하고
그 기도로 우리 모두는 자비를 베푸는 법을
배우게 되는 것이요. 말이 너무 길어졌지만
당신이 탄원하는 정의를 누그러뜨려보고자 그런 것이요.
그런데도 당신이 고집을 꺾지 않는다면 이 베니스의 엄격한 법정은
저 상인에게 불리한 선고를 내릴 수밖에 없소.

용서를 키우는 방법

1. 내가 누군가에게 상처를 주고 용서받았던 때를 떠올려보고 타인도 용서한다. 정식으로 사과하라고 요구하지 않는다.

2. 가해자의 관점에서 왜 그 사람이 내게 상처를 줬는지 이해하려고 노력한다. 그러고 나서 가해자에게 앙심을 품는 것이 가해자보다는 오히려 내게 독이 되는 것은 아닌지 가늠해본다.

3. 과거에 내게 상처를 줬던 사람을 만나 용서한다고 말하거나 친절하게 대한다. 그 사람이 가족이라면 더더욱 그러해야 한다.

4. 가해자가 바르게 행동하길 기원한다. 그 사람이 과거에 바르게 행동했던 순간을 떠올려본다.

5. 앙심을 품으면 내 기분이 나빠지는지 생각해본다. 파괴적인 감정(분노, 증오, 공포, 걱정, 슬픔, 불안, 질투 등)이 생겨나는가. 이러한 파괴적인 감정이 당신의 행동에 미치는 영향 세 가지를 적어본다.

6. 누군가를 용서하기 전과 후에 내 감정이 어떤지 살펴본다. 이때의 감정과 앙심을 품었을 때의 감정을 비교해본다.

7. 내가 앙심을 품고 있는 사람들의 목록을 작성한다. 그러고 나서 그들을 개인적으로 만나 지나간 일을 지나간 대로 둘 수 있는지 이야기해보거나 그 가능성을 머릿속으로 그려본다.

8. 내가 믿는 신께 용서를 구하고 그 후의 내 감정을 살펴본다.

9. 다음 번에 누군가에게 모욕을 당할 때 어떻게 대처할지 생각해둔다. 그 대처 방안을 정기적으로 떠올리면서(가능하면 연습해보고) '아무리 심하게 모욕을 당해도 생각한 대로 대처하겠다'고 다짐한다.

10. 가해자에게 보복을 할지 말지 생각해본다. 가해자를 용서한다면 어떤 일이 일어날지를 상세하게 그려보고, 그 상황에 대처할 방안을 일기장에 적는다. 앙심을 품는 훈련이 아니라 용서하는 훈련임을 잊지 말고 용서하겠다고 다짐할 때까지 화를 누그러뜨린다.

17. 겸손 강점

겸손과 겸양은 자신을 돌보지 않고, 무대 중앙을 차지하지 못해도 만족하며, 자신의 실수와 결점을 정확하게 분석하고, 다른 사람들의 조언을 잘 받아들이며, 자신의 개인적인 욕구보다 집단의 욕구를 우선시하는 능력이다. 겸손의 반의어로는 교만, 자만심, 자기중심적, 과장이 있다.

겸손은 이타적이 되는 것: 겸손의 신비

- 캐스린 브리턴(Kathryn Britton)

나의 최고 강점이 겸손이라면 어떻겠는가. 한 친구는 그 사실을 알고 상당히 풀이 죽었다. 겸손은 다소…… 따분하게 들리니까 말이다. 하지만 이 문제를 파헤쳐보자 그 여성이 사건의 중심에서 빠져나와 주변 사람들의 욕구와 행동에 주의 기울이는 요령을 터득했다는 사실을 알 수 있었다. 갑자기 겸손이라는 성격이 그 여성에게 아주 적합하고 가치 있는 일부분처럼 보이기 시작했다.

준 프라이스 태그니(June Price Tangney) 조지메이슨대 교수는 겸손이란 다채롭고 다각적인 측면을 지니고 있어 다음과 같은 특징을 드러낸다고 설명했다.

- 겸손한 사람은 자신의 약점과 단점을 포함해 자기 자신을 정확하게 평가하기 때문에 지나치게 호의적이지도, 지나치게 비판적이지도 않다.
- 겸손한 사람은 이전의 사상과 모순되는 개념을 포함해 새로운 정보를 열린 마음으로 받아들인다.
- 겸손한 사람은 이 세상에서 차지하는 자신의 자리를 더 넓은 시각으로 바라볼 수 있다. 또한 보통 사람들보다 이기적인 편견의 영향을 덜 받는 편이다.
- 겸손한 사람은 자신을 잊고 사건 중심에서 벗어날 수 있다.

겸손은 대체 어디서 나오는 걸까. 몇몇 연구에 따르면 성취감, 외양, 사회적 인정 같은 많은 외부적인 요인보다 훨씬 군건한 기반을 갖고 있거나 무조건적인 사랑을 받고 있어서 자부심을 느끼고 안정감을 얻을 때 겸손이 흘러나오는 것 같다.

겸손한 사람이 다른 사람들보다 훨씬 더 굳건한 기반을 갖고 있다니, 다소 놀라운 사실이었다.

겸손의 장점은 무엇일까. 벤저민 프랭클린(Benjamin Franklin)은 몇 년 동안 겸손하게 행동하고 나자 사람들과의 대화가 더욱 즐거워졌다는 사실을 깨달았다. 그뿐만 아니라 다른 사람들도 그의 의견을 좀 더 잘 들어줬다. 또한 프랭클린은 자신의 의견이 틀렸을 때도 훨씬 쉽게 회복할 수 있었다.

경영연구학자 짐 콜린스(Jim Collins)는 겸손과 강인한 의지를 결합한 리더십이 바로 좋은 사람에서 위대한 사람으로 발돋움하는 핵심 요소라고 주장한다. 지도자는 보통 조직의 성공을 다른 사람들의 공으로 돌리고, 결과가 좋지 않을 때는 그 일을 자기 탓으로 돌리는 겸손한 태도를 취한다. 이들은 차분하고 단호해 보이며 자기 자신을 조직의 요구 아래에 둘 수 있다. 내 경험에 비추어 말하건대 겸손한 지도자 밑에서 일하는 것은 감흥이 넘치는 놀라운 경험이 될 수 있다.

어떤 사람이 겸손함을 갖추고 있는가. 청소년을 대상으로 광범위한 인터뷰를 실시하자 겸손은 물론, 특히 다른 관점을 받아들이는 개방성은 목적의식이 강한 10대와 연관됐다는 사실이 드러났다. 10대 한 명은 인터뷰에서 다음과 같이 대답했다.

"혼자서는 아무것도 할 수 없다는 게 핵심적인 믿음이라고 생각해요. 혼자 할 수 있다고 생각하는 모든 일이 사실은 수많은 다른 사람의 도움을 받아야 가능한 일이죠. ……무슨 일이든 혼자 해낼 수 있는 일은 없다고 생각해요. 그 밖에 다른 많은 도움이 필요하니까요."

겸손한 사람은 다른 사람들에게 깊은 인상을 주고 그들을 지배하려는 성향이 그다지 강하지 않다. 또한 특별한 대우를 받으려고 애쓰는 일도 많지 않다. 겸손한 사람은 자신에게 집착하지 않기 때문에 자기집착에서 얻는 것과는 다른 혜택을 누린다. 이와는 달리 과장된 자기 이미지를 유지하려고 하다 보면 심리적으로 부담을 느낄 수 있다.

어떻게 겸손함을 키워나갈 수 있을까. 프랭클린은 수년 동안 특히 대화를 할 때 겸손을 발휘했다. 예를 들자면 다른 사람들의 주장을 반박하면서 즐거워하려 하지 않았고, 자신의 의견이 확고하다는 뜻을 내비치는 말을 삼갔다. 이러한 대화 습관을 오랫동안 반복하자 겸손하게 대화하기가 점점 더 쉬워졌다. 프랭클린은 진실로 겸손하기보다는 겸손한 척하기가 훨씬 쉽다는 사실을 인정했다. 프랭클린의 말을 빌리자면 자만심은 떨쳐버리기가 무척 어렵기 때문에 '자만심을 완전히 버렸다고 생각할 때도 스스로가 겸손하다고 자만할지도 모른다.'

아이들은 부모와 교사, 지역 공동체 지도자 혹은 영웅들 가운데 모범이 되는 사람을 유심히 살펴보면서 겸손을 배운다. 겸손한 영웅은 누굴까. 평생 동안 노력하고 자기 자신을 정확하게 평가한 프랭클린일까. 『작은 아씨들(Little Women)』에서 주목을 끌지 않고 조용히 다른 사람들을 도왔던 베스(Beth)일까. 자신에게 쏟아지는 관심을 자신이 돌보는 사람들에게로 돌렸던 테레사 수녀일까. 아니면 개인적

한계를 인정하는 것과 같은 겸손의 요소를 포괄하는 12단계 프로그램을 개발한 익명의 알코올중독자모임(Alcoholics Anonymous) 창립자일까. 겸손을 보여주는 본보기가 될 만한 사람들은 주목을 끌지 않기 때문에 찾기가 어려울 수도 있다.

다른 사람들에게 신세진 것이 있는지를 좀 더 주의 깊게 살펴보는 연습을 한다면 겸손함을 키울 수 있다. 예컨대 감사하게 생각하는 것이나 용서받기를 바라는 것을 적어본다. 또한 믿고 의지할 만한 것을 찾는다면 겸손의 근원인 심리적 안정감을 얻을 수 있기 때문에 겸손함을 키울 수 있다.

이렇게 겸손의 실체를 알고 나니 겸손이라는 성격강점에 경탄하지 않을 수 없다.

나는 모든 위대한 사람이 한 것보다
훨씬 용감한 행동을 했도다.
하지만 용감한 사람은 그러한 행동을
드러내지 않고 숨기노라.

- 존 던(Jone Donne)

겸손을 부르는 낭독문

겸손을 이끌어내고 싶다면 다음의 글을 큰 소리로 읽어보라.

노벨평화상 수상 연설(발췌)

- 테레사 수녀

어느 날 저녁, 우리는 길거리로 나갔다가 네 명을 데려왔습니다. 그 중 한 명은 몸이 무척 안 좋은 상태였습니다. 그래서 저는 자매들에게 다른 세 사람을 돌보라고 말하고, 제가 가장 상태가 좋지 않은 사람을 돌보겠다고 말했습니다. 그러고는 제 사랑으로 최대한 할 수 있는 데까지 그 사람을 돌봐주었습니다. 저는 그 사람을 침대에 눕혔죠. 그러자 그 사람은 참으로 아름다운 미소를 짓더군요. 그러고는 제 손을 잡고 마지막으로 "고마워요"라는 말 한마디를 남긴 채 죽었습니다.

그 사람 앞에서 저는 제 양심을 점검해보지 않을 수 없었죠. 그래서 제가 그 사람이었다면 어떠했을지 자문해보았습니다. 그 답은 아주 간단했죠. 전 조금이라도 관심을 끌려고 노력했을 겁니다. "배가 고파요" "난 죽어가고 있어요" "추워요" "고통스러워요" 같은 말을 했을 겁니다. 하지만 그 사람은 얼굴에 미소를 지은 채 죽었습니다. 도랑에서 벌레들에게 반쯤 파묻혀 있었던 한 남자를 데려왔을 때 그 남자도 이렇게 말했습니다. "전 거리에서 짐승처럼 살았습니다. 하지만 사랑받고 보살핌을 받아 천사처럼 죽어갈 것입니다." 그 누구도 비난하지 않고, 그 누구도 저주하지 않고, 아무런 불평도 하지 않고 그렇게 말하며 죽음을 맞이할 수 있는 그 남자의 위대함을 목격하니 참으로 경이로웠습니다. 천사와 같은 모습, 이것이 바로 우리 인간의 위대함입니다.

겸손을 키우는 방법

1. 나의 성취를 과시하고 싶어도 일주일 동안 참았다가 나의 대인관계가 어떻게 달라지는지 살펴본다. 내가 최근 소식을 바로 알리지 않고 기다렸다는 사실에 사람들이 놀라는가?

2. 어떤 업무를 처리할 때 내가 다른 누군가보다 훨씬 일을 잘한다면 자기 자랑을 삼간다. 다른 사람들이 내 능력을 알아차릴 때까지 기다린다.

3. 다른 사람들이 스스로를 과시할 때 나는 자랑을 하지 않는다. 주변 사람들이 과시하는 사람을 어떻게 대하는지 살펴본다.

4. 내가 집단 내에서 다른 사람들보다 말을 더 많이 하는지 주의 깊게 살핀다. 내가 말할 차례만 기다리기보다 다른 사람들 말을 집중해 듣는다.

5. 여러 가지 면에서 나보다 낫고 진실한 사람을 찾으면 그 사람을 진심으로 칭찬한다. 다른 사람들의 칭찬을 겸허하게 받아들인다.

6. 하루가 끝날 무렵, 내가 다른 사람들에게 깊은 인상을 주거나 과시하려고 했던 행동을 돌이켜보고 다시는 그런 행동을 하지 않겠다고 다짐한다.

7. 수수하게 입고 겸손하게 말하고 나서 내 기분이 어떻게 달라지는지 살펴본다.

8. 환경자원을 절약한다. 재활용 상품을 더 많이 사용하고, 환경을 해치는 상품의 사용을 자제하며, 진짜 필요한 상품만 구매한다.

9. 나의 실수를 인정하고 나보다 어린 사람한테도 사과를 한다. 후

대에 모범을 보여야 하는 나의 역할을 명심한다.

10. 단 한 사람과 육체관계를 맺는 식으로 성욕을 적절하게 조절한다. 상대와 얼마나 친밀해지는지, 상대가 얼마나 즐거워하는지에 신경 쓴다.

11. 믿을 만한 친구에게 내 약점을 솔직하게 말해달라고 한다. 그 친구의 이야기를 곰곰이 생각해보고 나서 대답한다.

18. 신중성 강점

신중성은 개인의 미래를 인지하는 능력이자 실용적 추론과 자기 관리의 한 형태로, 개개인의 장기적 목표를 효과적으로 달성하는 데 도움이 된다. 신중한 사람은 자신의 행동과 결정이 가져올 결과를 미리 내다보고, 깊이 있게 생각하며, 충동을 잘 억제하고, ……유연하고 절제된 태도로 삶에 임하고, 목적과 수단의 균형을 이끌어낸다. 신중성의 반의어로는 성급함, 무분별함, 무모함, 어리석음이 있다.

신중성을 칭찬하며

- 캐스린 브리턴(Kathryn Britton)

오래전 에너지 위기가 닥쳤을 때 사람들은 연료 공급을 걱정했고, 주유기 앞에 줄 서서 기다리는 데 지쳤다. 그 당시 회사 사보에서 연료 절약에 대한 기사를 읽었다. 그 기사에서는 트렁크에서 스페어타이어를 빼놓고 다니라고 제안했다. 스페어타이어는 거의 필요 없는 것인데 그 무게 때문에 운전할 때 연료가 많이 소모된다는 주장이었다.

말할 필요도 없지만 나는 그 즉시 스페어타이어를 빼려고 차로 달려가지는 않았다. 사실 아직까지는 운이 좋아 스페어타이어를 사용한 적이 없었지만 타이어에 바람이 빠져 길가에 서 있는 내 모습을 상상할 수 있었다. 그런 상황에서 스페어타이어가 없다면 얼마나 안타까울지 상상하고도 남았다. 나는 자동차 여행을 할 때마다 일이 잘못될 경우를 대비해 스페어타이어를 싣고 다니는 작은 희생을 기꺼이 치를 생각이다. 필요할 일이 없기를 간절히 바라면서도 높은 보험료를 내는 것도 같은 이유에서다.

앞일을 계획하고 가능한 결과를 상상하며 합리적인 판단을 내리는 능력은 신중성과 조심성, 분별력이라는 성격강점이다.

신중성은 과소평가된 성격강점이다. 성격강점 검사를 받은 일단의 사람들이 모여 자신들의 최대 강점을 이야기한다고 상상해보자. 대부분 사람이 '사회적 지능' '호기심' '용감성' '창의성' '영성' 등의 성격강점을 자신만만하고도 기쁘게 외칠 것이다. 하지만 최고 강점이 '겸손'이나 '신중성'인 사람들은 어떨까.

몇 년 전 고등학교 학생들의 성격강점을 파악하려고 실시한 표적집단 연구에 대한 기사를 읽었다. 일반적으로 청소년은 자신들의 성격강점을 상당히 잘 파악했지만 겸손을 수치와, 신중성을 내숭과 각각 혼동하는 경향이 있었다. 조심성과 신중성은 고루하고 소심한 자질처럼 보였다. 성인은 단어를 좀 더 분별 있게 골라서 쓰겠지만 그럼에도 신중성이 자신들의 최대 성격강점이라는 사실에는 다소 실망스러운 표정을 짓는 것 같다. 요즘 사람들이 위험에 도전하는 자질을 찬양하기 때문일까, 아니면 신중성이 잘사는 인생에 중요한 가치라는 사실을 충분히 인식하지 못하기 때문일까.

신중성을 발휘하면 무엇을 얻을 수 있는지 생각해보자. 신중성은 좋은 결과를 가져오는 것과 그렇지 않은 것을 알아내기 위해 미리 생각하는 자질과 관련 있다. 신중성에 뒤따라오는 것을 모두 생각해보자. 오늘의 행동이 미래에 어떤 결과를 낳을지 예상할 수 있고 가능한 결과를 상상할 수 있으며 대안에 대한 판단을 내릴 수 있다. 신중성이 성격강점인 사람은 판단을 내리기 전에 불완전하고 종종 상충하는 정보를 다뤄야 하기 때문에 모호한 상황을 견뎌낼 수 있어야 한다.

심리학자 닉 하슬램(Nick Haslam)은 신중성의 특성을 다음과 같이 정의했다.

1. 장기적인 목표와 염원을 마음에 품고 미래를 내다보는 태도다.

2. 자멸적인 충동을 억누르고 즉각적인 호소력이 부족하다 해도 유익한 활동을 끈기 있게 해나가는 능력이다.

3. 삶의 선택을 사색하고 신중하게 고려하며 현실적으로 생각해보는 태도다.

4. 처음에는 충돌할 수도 있는 다양한 목표를 조화시키는 능력이다.

먼 도시에서 일해달라는 제의를 받았다고 가정해보자. 매우 흥미로운 일이지만 그 일을 하려면 이사를 가야 한다. 배우자는 이미 좋은 직장에 다니고 있어 변화를 그다지 반기지 않는다. 아이들은 전학 가기 싫어한다. 새 직장에 다니면 배우자의 가족과 훨씬 더 가까워지겠지만 자신의 가족과는 멀어진다. 그러므로 직장 경력 향상과 가족의 행복이라는 목표를 조화시켜야 한다.

5. 주변 사람들의 욕구를 해치지 않고 개인의 선을 추구하는 능력이다.

이렇듯 신중성은 자동차에 스페어타이어를 넣고 다니는 것에 그치지 않는다. 미래를 상상하는 것이자 다수의 목표를 세우고 평가하며 조화시키는 것이다. 또한 어려운 선택을 하는 것일 수도 있다.

신중성은 미래를 그려보는 능력과 관련 있다. 많은 사람이 신중성이란 더 나은 미래를 그려볼 수 있고, 그 미래를 실현하는 방법을 계획할 수 있는 능력이라고 생각한다. 프레드 소퍼(Fred Soper)는 말라리아로 고통 받는 사람이 없는 세상을 구현하기 위해 노력하는 선구적인 유행병 학자였다. 소퍼는 신중성이란 안전한 길을 택하거나 작은 목표에 안주하는 것이 아님을 몸소 행동으로 증명했다. 소퍼의 계획은 관찰과 현장 연구에 기반을 두고 있어서 실용적이었다. 소퍼는 말라리아의 위험을 다수의 관점에서 설명했다. 단 한 가지 방법으로 그 문제를 해결하려고 하지 않았다. 그래서 다수의 목표를 세우고 하나뿐인 자기 인생에서 그러한 목표를 달성해야 했다.

사람들이 자신들의 행동이 가져 올 장기적인 영향력을 고려하는 세상을 그려보자. 사람들이 어디에 살고 어디서 일하는지와 같은 인생의 중요한 결정을 내릴 때나 어디서 쇼핑하고 놀 건지와 같은 일상적인 결정을 내릴 때 이산화탄소 배출량을 생각한다고 상상해보자.

참나무는 자라는 데 오랜 시간이 걸리기 때문에 참나무를 심는 사람들은 가족밖에 없다는 프랑스 속담이 있다. 손자손녀가 무성한 참나무 잎사귀 아래를 걷는 모습을 떠올릴 수 있어야 그 정도 노력을 기울일 수 있다. 오늘날에는 단기적인 생각이 넘쳐난다. 기업들은 다음 분기 이익만 생각하고, 정치가들은 단기적인 이득을 거두는 데 주력한다. 하지만 신중함의 장기적 사고 능력을 높이 평가한다면 사람들이 가족 전체에게 이로운 행동을 취할 것이다.

신중함, 만세!

신중성을 부르는 낭독문

신중성을 이끌어내고 싶다면 다음의 글을 큰 소리로 읽어보라.

우리는 형제가 될지도 모른다(연설문)

- 실스 추장(Chief Sealth)

우리 땅을 사고 싶다는 말을 전해왔다. 땅을 팔라니, 우리에게는 낯설기 그지없는 생각이지만 우리는 당신의 제안을 고려해볼 것이다.

하늘과 이 땅의 온기를 사고팔 수 있는가? 공기와 반짝이는 물을 소유하고 있지 않다면 어떻게 팔 수 있겠는가? 우리는 이 땅의 일부이며, 이 땅은 우리의 일부다.

산맥과 초원, 사슴, 웅대한 독수리 그리고 인간, 이 모두는 한 가족이다. 이 일은 쉽지 않을 것이다. 우리에게 이 땅은 신성한 곳이다. 이 땅의 강은 우리의 형제요, 당신들의 형제다. 그러니 당신들은 형제를 대하듯 친절하게 이 땅의 강을 대해야 한다.

우리가 당신들의 제안을 수락한다면 한 가지 조건을 내걸 것이다. 백인이 이 땅의 짐승을 형제처럼 대해야 한다는 조건이다. 이 땅의 짐승이 모두 떠나버린다면 인간은 고독하게 죽어갈 것이다. 모든 것이 연결돼 있다.

공기는 우리에게 소중한 것이다. 공기는 그 안에 담긴 정신을 모두에게 나눠준다. 우리가 땅을 판다면 당신들은 백인도 그 땅의 바람을 맛보고, 초원의 꽃 냄새를 맡을 수 있도록 그 땅을 신성하게 유지해야 한다.

모든 것이 연결돼 있다. 우리는 형제가 될지도 모른다. 어떻게 될지는 두고 봐야겠지만 말이다. 한 가지는 알고 있다. 우리나 당신들이나 같은 하나님을 섬기고 있다는 것이다.

하나님은 이 땅을 소중히 여긴다. 백인도 그 공동의 운명에서 자유로울 수 없다. 우리는 형제가 될지도 모른다.

그 결과는 두고 볼 일이다.

실스 추장은 시애틀 추장이라고도 부른다. 도시 명칭을 따서 붙인 이름이었다.

신중성을 키우는 방법

1. 적어도 일주일에 열 번은 무슨 말이든 하기 전에 두 번 생각해보고 그 결과가 어떠한지 살펴본다.

2. 주의 깊게 운전하고 시간 제약 때문에 생겨나는 비상사태가 내 생각보다 얼마나 적은지 깨닫는다. 고속도로의 교통안전을 우선시한다. 특히 출퇴근 시간이나 연휴, 주말처럼 교통이 복잡한 때는 더더욱 교통안전에 유의해야 한다.

3. 앞으로 세 번, 중요한 결정을 내리기 전에 외부의 방해 요소를 모두 제거한다. 마음을 비우고 생각을 정리하는 시간을 갖는다.

4. 나의 결정이 1년, 5년, 10년 후 어떤 결과를 가져올지 그려본다. 이러한 장기적 결과를 고려해 단기적인 선택을 한다.

5. 불안하거나 의기소침할 때보다는 긴장이 풀려 느긋해질 때 중요한 결정을 내린다. 압력을 받는 상황에서 결정을 내려야 한다면 몇 초 동안 숨을 깊이 들이마시고 마음을 비운다.

6. 나와 내게 중요한 사람 모두에게 영향을 미치는 문제에 대해 최종 결정을 내리기 전에 내게 중요한 사람과 의논한다. 내가 잘 아는 사람의 충고가 얼마나 중요한지를 명심한다.

7. 최종 결정을 내리기 전에 유익성과 위험성을 분석한다. 눈에 보이는 것뿐만 아니라 눈에 보이지 않는 위험과 이익도 고려한다.

8. 아무것도 아닌 일을 속이거나 사소한 거짓말을 하기 전에 최초의 거짓말을 숨기려고 또 다른 거짓말을 열 개나 더 할 필요가 있는지 자문해본다. 정직하지 못하면 얼마나 지독한 파멸이 닥치는지를

그려본다.

9. 보통 승패로 결론 나거나 어느 쪽도 이길 가망성이 거의 없는 경쟁 상황을 피한다. 대신 협력을 도모하고 윈윈(Win-Win)할 수 있는 상황을 찾아낸다.

10. 중요한 다음 과업과 관련된 모든 세부사항을 다루었는지를 주저하지 말고 자주 점검한다. 목록과 일정을 조심스럽게 작성한다.

19. 자기통제력 강점

자기통제력은 목표를 추구하고 기준에 맞춰 살아가기 위해 자신의 반응을 통제하는 능력이다. 자기통제력은 종종 맨 처음에 솟구치는 충동을 억누르거나 바람직하지 못한 행동에서 멀어지도록 생각을 바꿀 수 있는 능력과 관련 있다. 때로는 침대에서 일어나 제 시간에 일하러 가는 것과 같은 행동을 할 수 있는 능력을 말하기도 한다. 자기통제력의 반의어로는 충동적, 자제력 부족, 폭발적, 인내심 부족이 있다.

두뇌가 습관을 좌우한다

– 에밀리 반 소넨버그(Emily van Sonnenberg)

없는 게 차라리 낫겠다 싶은 습관이 적어도 하나는 있다고 솔직하게 인정하는 사람이 얼마나 많은가. 자신에게 정직하다면, 달리 말해 자신이 인간임을 깨닫는다면 당신도 고개를 끄덕일 것이다. 그렇다고 해서 실망하지 말고 고개를 들어라. 좋은 소식이 있으니까. 습관은 익히는 것이다. 그러므로 나쁜 습관을 버리고 새로운 습관을 익혀 바람직한 습관으로 대체할 수 있다!

하지만 어떻게? 습관 형성에 기초가 되는 두뇌 작용과 새로운 습관을 형성하는 데 필요한 것을 살펴보자.

사람들은 흔히 습관이란 파괴적인 활동에 자동적으로 참여하는 행동이라고 생각한다. 그런 경우가 아무리 잦다 해도 습관은 행복을 증진하는 활동에 자동적으로 참여하는 행동이 될 수도 있다. 새롭고 긍정적이며 실제로 크게 도움이 되는 습관을 가지고 싶지는 않은가.

이쯤 되면 이런 생각이 떠오를지도 모른다. '으으으윽, 일하러 가기 전에 운동하는 좋은 습관(혹은 매일 밤 잠자기 전에 감사일기를 쓰는 습관이나 친구와의 우정을 키우는 데 더욱 헌신하는 습관, 물을 더 많이 마시거나 채소를 먹는 습관)을 익히려면 대체 얼마나 노력해야 하는 거지?'

긍정적이고 새로운 습관을 익히려면 당연히 노력이 필요하다. 일정 기간 결연한 태도로 꾸준히 노력하면 자주 하던 행동이 자동적으로 나올 수 있다. 자신의 내면에 잠든 의지력을 조금만 이끌어내면 새롭고 긍정적인 행동을 습관으로 만들 수 있다.

몇몇 연구학자는 습관 형성에 영향을 미치는 두뇌 영역이 있다는 사실을 밝혀냈다. 기저 핵이라는 이 영역은 동작 제어나 감정, 인식,

보상 기반 학습에 큰 영향을 미친다. 기저 핵 내부에는 습관 형성에 영향을 미치는 두 가지 영역이 있다. 그중 한 영역은 동작을 제어하고, 감각운동을 하는 기능(보고 듣고 움직이는 기능 등)과 관련 있다. 반면 나머지 영역은 융통성 있는 행동을 제어하고, 연관성을 인지해 만들어내는 것과 관련 있다.

예컨대 살사를 추는 것처럼 자기 신체 일부를 색다른 방식으로 움직여 기분이 좋아진다면 두뇌의 기저 핵 영역이 활동하고 있다는 뜻이다. 뭔가 새로운 것을 시도해 성취감을 느낄 때 연관성이 생겨난다. 그때 우리 두뇌는 그 새로운 행동이 우리에게 큰 이득이 된다고 인식한다.

뭔가 새로운 행동을 한 번 했다고 치자. 그 새로운 행동을 습관으로 만들려면 얼마나 오랫동안 반복해야 할까.

습관이 자리 잡기까지 필요한 기간이 정해진 것은 아니다. 그 기간은 대략 2주에서 8개월 사이이다. 얼마나 습득하기 어려운 활동인지, 개인의 노력이 얼마나 헌신적인지에 따라 그 기간이 달라진다.

예컨대 매일 아침마다 출근 전에 윗몸일으키기 60번 하는 것보다는 매일 물 한 잔 마시는 습관을 들이기가 훨씬 쉽다. 연구 결과에 따르면 새로운 습관을 들이는 실험에 참가한 사람의 경우 평균 66일 만에 성공을 거뒀다. 66일을 기점으로 반복하던 활동이 학습 안정기에 들어서면서 자동적으로 나오게 된다.

새로운 습관을 익힐 때 유념해야 할 점이 한 가지 있다. 어떤 활동을 반복해 습관으로 만들 때는 초반부 노력이 매우 중요하다는 점이다. 그렇기 때문에 새로운 습관을 익히려고 매일 같은 행동을 반복하다 하루를 건너뛸 거라면 66일이라는 습관 형성 기간에서 후반부의 하루를 선택하길 바란다. 학습 향상 효과가 가장 큰 시기가 습관 형성 기간 초반부이기 때문이다.

나쁜 습관을 버리고 싶다면 효과가 상당히 좋은 방법이 있다.

- 버리고 싶은 나쁜 습관을 찾아낸다.
- 그 대신 갖고 싶은 긍정 습관을 고른다.
- 나쁜 습관대로 행동하기 직전 자신의 몸에서 일어나는 감각 자극을 인지한다.
- 부정 자극에 반응하지 않고 새롭고 긍정 습관과 관련된 생각, 행동에 의식적으로 집중한다.
- 익히고 싶은 긍정 습관 대신 그 습관을 키워주는 구체적인 행동을 취한다.

적어도 66일 동안 그러한 대체 행동을 계속해 반복해야 한다. 그러한 행동을 방아쇠로 삼아 낡은 습관에서 벗어나 새로운 습관을 강화하는 것이다.

던져버리고 싶은 행동을 대체할 수 있는 새롭고 긍정 습관이 몇 가지 있다. 이러한 행동을 취하면 긍정정서와 성취감이 증가하고 친밀한 관계와 의미가 깊어져 훨씬 더 행복해질 수 있다.

- 저녁마다 감사일기를 쓴다. 상사에 대한 불만을 토해내고 싶을 때 그 감사일기를 꺼내 읽어본다.
- 도가 지나칠 정도로 술을 마시고 싶을 때는 낯선 사람에게 친절하게 대한다.
- 자리에서 일어나 몸을 계속 움직이는 데 도움이 되는 새로운 운동을 파트너와 함께해본다.
- 냉장고 앞으로 가서 간식을 더 꺼내 먹고 싶을 때마다 새로운 단어를 하나 배운다.
- 텔레비전 앞에 앉아 있기보다는 새로운 취미 활동을 하거나 예전에 즐겨 했던 취미 활동을 다시 해본다.

새로운 습관이 자동 반사 반응이 되기까지는 두 달 좀 넘게 걸린다. 내면의 의지력을 발휘해 그 행동을 끝까지 반복해야 한다. 머지않아 더 이상 의식하지 않고도 그 긍정 행동을 하게 되는 날이 온다. 자동적으로 그 행동을 하게 되는 것이다.

좋은 습관이나 나쁜 습관은 익힐 수 있는 것이다. 하나를 고르기만 하면 된다. 당신이 취하고 싶은 행동을 몇 달 동안만 의식적으로 꾸준히 한다면 그 행동을 하기가 놀라울 정도로 쉬워진다. 긍정 습관은 삶을 바꿔놓을 수도 있다. 긍정 습관을 들이느냐 마느냐는 자신에게 달린 일이다.

"우리가 반복적으로 하는 일이 우리 자신을 결정짓는다. 그러므로

탁월함을 이루는 것은 행동이 아니라 습관이다." - 아리스토텔레스

자기통제력을 부르는 낭독문

자기통제력을 이끌어내고 싶다면 다음의 글을 큰 소리로 읽어보라.

오셀로(독백)

- 윌리엄 셰익스피어

이아고 천성이 그렇다고? 웃기는군! 우리가 이렇게나 저렇게 되는 건 다 우리 자신 탓이야. 우리 몸은 우리 정원이고 우리의 의지가 정원사라고. 우리는 그 정원에 쐐기풀을 심거나 상추씨를 뿌리고, 우슬초를 심고 백리향을 뽑아버릴 수도 있어. 한 종의 허브만 심거나 정신 사납게 여러 종을 섞어 심을 수도 있다고. 그래놓고도 빈둥거리다 정원을 불모지로 만들거나, 아니면 부지런히 거름을 줄 수도 있지. 이 모든 상황을 통제할 수 있는 힘과 바로잡을 수 있는 권한은 모두 우리 의지에 달려 있다고. 우리 인생이라는 저울에서 이성이라는 한쪽 접시와 욕망이라는 다른 쪽 접시의 균형을 맞추지 않는다면 혈기 넘치고 천박한 천성에 휘말려 터무니없는 짓을 하게 돼. 하지만 우리는 이성이 있기 때문에 격한 행동과 성적인 자극, 주체할 수 없는 욕망을 식힐 수 있어. 그러니까 네가 사랑이라고 부르는 이 감정도 욕망의 한 가지나 한 종류에 불과하다고.

자기통제력을 키우는 방법

1. 특정 과제에 집중할 때는 전화기와 텔레비전, 인터넷 같은 방해 요소가 있는지 살펴보고 제거한다. 기력이 소진되지 않도록 짧은 휴식을 취한다.

2. 유혹 요소를 제거한다. 예컨대 다이어트를 할 때는 간식거리를 주변에 두지 않고 금주할 때는 술집에 가지 않는다. 또한 금연할 때는 담배 대신 껌을 가지고 다니며, 쇼핑을 줄일 때는 신용카드나 돈을 집에 두고 다닌다. 주변 사람들에게도 유혹 요소를 멀리하고 내 생활방식을 바람직하게 바꿔나갈 수 있도록 도와달라고 부탁한다.

3. 다음 번에 화가 날 때는 내 감정을 통제하고 그 상황의 긍정적인 면에 집중하도록 노력한다. 내가 내 감정과 반응을 어느 정도 통제할 수 있는지 알아야 한다.

4. 내가 조직적으로 끝까지 실천할 수 있는 일과를 조심스럽게 정한다. 필요하면 그 일과를 약간 조정해도 좋지만 핵심 요소는 건드리지 않는다.

5. 나의 생체 시계에 주의를 기울인다. 내가 가장 활발하게 기능할 때 가장 중요한 일을 처리한다.

6. 나의 일상생활을 개선하고 내 과제를 완수할 수 있는 목표를 설정한다. 예컨대 방을 청소하고 빨래를 하고 설거지를 하고 책상을 깨끗이 치우고 가구를 다시 배치해 공간을 최대한 넓게 쓴다.

7. 규칙적인 운동 계획을 세워 반드시 실천한다. 현실적으로 투자할 수 있는 시간과 에너지를 분배하고 향상된 에너지와 활력을 만끽

한다.

8. 그 자리에 없는 사람의 험담을 하지 않는다. 친구나 동료한테서 소문을 들으려고 하지 않는다.

9. 화가 나면 점차적으로 긴장을 늦춘다. 생각의 흐름을 일시적으로 끊어서 걷잡을 수 없는 생각에 빠지지 않도록 한다.

10. 마음대로 하고 싶은 충동을 성공적으로 억눌렀을 때 자기조절에 성공한 나 자신을 칭찬한다. 나의 생활양식이 달라졌음을 알아챈 친구들의 칭찬도 받아들인다.

11. 대부분의 내 활동을 정기적으로 하는 시간과 장소를 정해둔다. 시간을 미리 배분해두면 한 번에 모든 목표를 달성하려고 서두르거나 스트레스를 받을 일이 없어진다.

12. 본받을 만한 역할모델을 찾아 꼼꼼하게 분석해본다. 그 세부사항에서 영감을 얻어 목표를 조절한다.

13. 한동안 부분적으로나 전면적으로 단식을 하거나 일부러 위안거리(초콜릿과 아이스크림, 섹스, 텔레비전 등)를 멀리한다. 그러다 힘든 일을 한 가지 처리하고 나서 그 보상으로 그동안 멀리했던 것을 마음껏 즐긴다.

20. 감상력 강점

아름답고 탁월한 것을 감상하는 능력(혹은 단순한 감상력)은 물질세계와 사회에 존재하는 훌륭한 것을 찾아 인정하고 음미하는 것이다. 감상력이 뛰어난 사람은 경외심과 그와 관련된 감정(감탄과 경탄, 고결함)을 자주 느낀다. 감상력이 부족한 사람은 눈가리개를 하고 있는 것처럼 아름다운 것과 탁월한 것을 보지 못한 채 일상적인 삶을 살아간다. 감상력의 반의어로는 무감각한, 관심 없음, 무지함, 정서 부족이 있다.

감상력의 부가급부

– 셰리 피셔(Sherri Fisher) '학습과 번영(Learn&Flourish)' 이사

오늘 아침 나는 여느 때처럼 이어폰을 끼고 동네를 가볍게 산책했다. 내가 선곡한 근사한 음악에 맞춰 발걸음을 옮겼다. 눅눅한 바람이 동쪽에서 거세게 불어왔다. 가장 가까운 해변에서 24킬로미터 이상 떨어져 있지만 바람에 실려 오는 안개 냄새만 맡아도 몇 블록밖에 떨어지지 않은 곳에서 파도가 치고 있다고 상상할 수 있었다. 아직 이른 아침이었고, 납빛이 도는 회색 하늘은 여전히 곳곳에 안개가 짙게 깔린 땅보다 훨씬 더 어두웠다. 대부분 사람 눈에는 그다지 아름다운 날이 아니었다.

산책이나 조깅을 하거나 자전거를 타고 지나가는 사람들 가운데 "날씨가 참 좋죠?"라고 인사를 건네는 사람은 한 명도 없었다. 심지어 천방지축으로 동네를 뛰어다니던 강아지 퍼글도 100년 된 단풍나무에서 처음 떨어진 단풍잎들이 깔린 현관 계단에 조용히 앉아 있었다. 오래된 단풍나무 뿌리가 그 집을 둘러싼 돌담 사이로 비집고 올라왔다. 나는 내 주변에서 보고 듣고 느끼고 냄새를 맡을 수 있는 모든 아름다움에 벅찬 기쁨을 느꼈다.

매일 오늘과 똑같이 산책하면서도 새롭고 생기 넘치는 것을 하나도 경험하지 못할지도 모른다. 하지만 나는 아름답고 훌륭한 것을 감상할 수 있는 성격강점을 지니고 있기 때문에 나무덤불의 큼직한 꽃을 찾아 날아드는 벌에서 바람에 실려 오는 가을 냄새, 방금 내 곁을 달려 지나간 사람의 편안한 발걸음에 이르기까지 모든 것을 놓치지 않고 음미할 수 있다. 지금 내가 지나가는 집 앞뜰의 무성한 풀밭에는 기다란 꽃대에 아직 활짝 피지 않은 초록색 금잔화 꽃봉오리가 몇

개 달려 있다. 내년이면 화려한 모나크 나비가 저 탐스러운 꽃을 찾아 오겠지.

나는 항상 걷던 길을 따라 가다가 눅눅한 바람에 쓰레기 냄새가 묻어오는 은행 주차장으로 향했다. 거기서부터 속도를 높여 달리기 시작했다. 400미터쯤 달려가자 모든 창문이 널빤지로 막힌 고풍스러운 집이 나왔다. 개발자가 나무를 모두 뽑아버리고 잔디를 걷어냈으며 땅을 파헤쳐놓은 상태였다. 얼마 전 두 가족이 그곳에서 어린아이들과 함께 개를 키우며 살았다. 나는 그들이 현관 돌계단에 놓인 화분에 물을 주는 모습도 지켜보았다. 지금은 그 돌계단이 사라지고 없다.

'이런 일을 허가한 사람은 누굴까?' 나는 아름답고 탁월한 것을 감지하는 내면의 목소리로 자문해보았다.

모든 성격강점이 가진 사람에게는 당연하게 느껴지듯 감상력을 지닌 사람도 아름다고 탁월한 것을 감상하는 것이 당연하고 옳은 일이라고 느낀다. 나는 아름답거나 탁월하지 않은 것(나 자신도 그렇다고 인정하는 것)을 봐도 감상력 발동 버튼에 불이 들어오기 때문에 내가 감상력을 지니고 있다는 사실을 알 수 있다. '윽' 소리가 날 정도로 역겹다는 느낌(고양되는 느낌과 반대)이 들기 시작할 때면 나는 잊지 않고 속으로 '나는 지금 아름답고 탁월한 것을 음미하고 있다'고 말한다. 내게는 나처럼 감상력을 지닌 친구도 있다. 우리는 아름답고 탁월한 것을 음미한 경험에 대한 사진이나 글을 정기적으로 주고받는다.

아름답고 탁월한 것을 느끼는 감상력은 단순하게 쓰레기장이나 부동산 개발 지역을 더 좋아하는 능력에서 그치지 않는다. 아름답고 탁월한 것을 지각하고 주의 깊게 살필 때 외경심과 경이, 고양된 감정을 느낀다.

험악한 회색 하늘과 반대로 경외심을 자아내는 쌍무지개를 상상해보라. 기운을 북돋아주는 감각적 경험을 하면 초월적인 감정을 느낄 수 있다.

아름답고 탁월한 것을 음미하는 감상력은 또 언제 발휘될까. 누군가의 더없이 뛰어난 기술과 미덕 앞에서 강렬한 외경심을 느끼고 그러한 감정을 개방적으로 받아들이는 순간을 떠올려보라. 자유투가 농구 골대 가장자리도 건드리지 않고 매끄럽게 빨려 들어가거나 골키퍼가 믿을 수 없을 정도로 높이 뛰어올라 공을 막아내는 광경에 '와아' 하는 탄성이 터져 나올 때 그런 외경심을 느낄 수 있다.

외경심은 강렬한 감정이 치솟아 뭐라고 설명하지 못할 정도로 훌륭한 영화를 보고 나서 거의 말을 잇지 못하는 상태라고 할 수도 있다. 솜씨 좋게 선택한 몇 마디 말로 자신의 생각을 명확하게 표현한 작가의 글을 읽고 나서 느끼는 감정일 수도 있다. 혹은 불타는 건물에서 사람과 애완동물을 구조한 소방관에게 감사하는 누군가를 보고 나서 느끼는 깊은 경애심을 일컬을 수도 있다.

호기심처럼 좀 더 인지적인 성격강점과는 달리 아름답고 탁월한 것을 음미하는 감상력은 강렬한 감정과 연관돼 있다. 감상력을 지닌 사람은 '정말 사랑스럽지 않은가? 저런 걸 만들다니, 정말 놀라운 사람이야'라고 생각해서가 아니라 그런 감정을 강하게 느끼기 때문에 자신에게 감상력이 있다는 사실을 안다.

이러한 감상력이 발현될 때는 신체가 반응하고 얼굴 표정이 달라진다. 예컨대 눈이 크게 떠진다거나 입이 벌어지고 닭살이 돋으며 눈물이 난다. 그뿐만 아니라 놀라운 경탄을 자아내는 경험을 함께했을 때는 목이 메이기도 한다.

음악과 미술, 건축, 스포츠, 자연 같은 것 외에 종교적이고 영적인 경험도 종종 아름답고 탁월한 것을 음미하는 감상력과 연관된다. 감상력은 한 사람이 도덕적으로나 영적으로 발전하는 길이다. 신성한 힘을 느끼는 감각은 외경심과 밀접하게 연관돼 있다. 창조의 아름다움과 자연 세계의 힘에 깊이 감사하는 마음은 감상력이라는 성격강점을 지니고 있다는 징표다.

뇌우 소리에 겁을 먹는 사람이 있는 반면 외경심을 느끼는 사람도 있다. 이런 순간을 마주할 때 아름답고 훌륭한 것을 음미하는 감상력을 지닌 사람은 자아를 초월해 이 세상이 선사하는 광활함과 놀라움을 깨달을 수 있다. 그 순간에는 시간이 느리게 흘러간다. 또한 앞으로도 감상력을 발휘하고 싶다고 느낄지도 모른다.

개방적이고 긍정적이며 감사하는 사람이 되고 싶다면 아름답고 탁월한 것을 느끼는 감상력을 길러라. 그렇게 하면 주변 사람들에게 영감을 줄 수 있다.

감상력을 부르는 낭독문

아름답고 탁월한 것을 감상하는 감상력을 이끌어내고 싶다면 다음의 글을 큰 소리로 읽어보라.

집으로 가는 길(독백)

– 태드 모젤(Tad Mosel)

앤드루(Andrew) 루퍼스(Rufus)야, 신이나 사후의 삶이 존재한다고 믿을 수 있다면 그것은 바로 오늘 오후에 그린우드(Greenwood) 공동묘지에서 내가 겪은 일 때문일 거란다. 그곳에는 구름이 많았지만 빠르게 흘러가 햇살도 많이 쏟아졌지. 네 아버지가 땅 속 무덤으로 들어가기 시작했을 때 구름 한 점이 몰려와 무쇠 같은 그림자를 드리웠고, 흠 잡을 데 없이 멋들어진 나비 한 마리가 관 위에 내려앉았단다. 나비는 바로 거기, 네 아버지의 심장이 있는 곳 바로 위에 앉아 가까스로 날갯짓을 하며 마치 심장이라도 되는 것처럼 팔딱거리더구나.

루퍼스야, 관이 노 젓는 보트처럼 가라앉아 바닥에 닿을 때까지 나비는 그 자리에서 꼼짝도 하지 않았어. 그러다가 관이 바닥에 닿는 순간, 태양이 나와 눈부시게 밝은 빛을 뿌렸고 나비가 날아올랐지. 나비는 땅 속 구덩이 밖으로 나와 곧장 하늘로 날아올라갔어. 나비가 어찌나 높이 날아올랐는지 내 눈으로는 더 이상 나비를 좇을 수 없었단다. 정말 경이롭지 않니? 이 세상에 기적과 같은 일이 있다면 내가 오늘 오후에 목격했던 그 일이 바로 진정한 기적이란다.

감상력을 키우는 방법

1. 매일 적어도 한 번씩 주변의 아름다운 자연(일출, 일몰, 구름, 햇살, 눈, 무지개, 나무, 흔들리는 나뭇잎, 지저귀는 새, 꽃, 과일, 채소 등)을 감상하

고 힘들 때마다 그 기억을 떠올려본다.

2. 한 주도 빠짐없이 내 삶에 영향을 미치는 타인의 선의를 깨닫고 그 아름다움에 감탄한다.

3. 다음 번 프로젝트 세 가지 중 특별히 신경 써야 할 것을 하나 골라 꼼꼼하게 처리하기보다는 느긋하게 음미하면서 우선적으로 처리한다.

4. 아름다운 것을 감상하는 사람의 어휘와 표현, 몸짓, 행동을 눈여겨보며 그들이 내가 모르는 경이로운 삶의 일면을 알고 있는 것은 아닌지 가늠해본다.

5. 누군가의 뛰어난 성격강점에 경탄하고 그런 사람을 개성 있는 완전한 존재로 높이 평가한다.

6. 주변을 아름답게 꾸민다. 좋아하는 예술작품을 벽에 걸어두고, 기분 좋은 색깔로 벽을 칠하며, 일하기 안락하고 느긋하게 지낼 수 있는 공간을 마련하다.

7. 음악을 듣거나 영화를 감상하고 나서 특히 감명 깊었던 미적 특징을 되짚어본다.

8. 박물관에서 예술작품 하나를 감상하고 나서 감명 깊었던 미적 특징을 생각해본다. 그 예술작품의 복제품을 벽에 걸어두거나 책상에 올려놓는다.

다른 사람의 예술적 표현을 심미적으로나 예술적으로 평가해 기록해둔다. 가능하다면 그 감상을 예술가 본인에게 전한다.

9. 건축물과 의상, 조각, 도자기, 시, 산문 등 아름다움 작품을 감

상한다. 예전에 별로 접해보지 못한 예술 영역이나 표현 영역을 찾아 본다.

10. 다른 문화권에서는 미를 어떻게 표현했는지 살펴보고 우리의 것과 유사한 점을 찾아본다. 혹시 차이가 있다면 그 이유는 무엇일까?

모이통을 걸어두고 새를 관찰한다. 새의 다양한 종을 파악하는 데 도움이 되는 책을 빌리거나 구매한다.

특별한 날 집 외부를 꾸민다. 내가 개인적으로 챙기지 않는 공휴일에 이웃집은 어떻게 장식됐는지 감상한다.

11. 아이 얼굴에서 아름다움을 찾아본다. 특히 감탄을 자아내는 아이의 자질을 눈여겨본다.

예술작품을 떠올릴 때 내 일상생활이 어떻게 달라지는지 주의 깊게 살펴본다. 내 삶이 더욱 행복해지고 활기가 넘치며 성취감이 커지는가?

12. 자연풍경이나 사랑하는 사람을 촬영해 컴퓨터 바탕화면에 깔아둔다. 바탕화면 사진을 매주 바꾼다.

13. 아름다움과 사랑, 유대감이 깃든 것을 적어도 하루에 한 번 떠올려본다. 나의 삶 가운데서 특히 아름다운 일면을 주의 깊게 살펴본다.

의상과 보석, 문화 유물, 그림을 전시하는 지역 박람회에 참석해 새로운 영역의 예술을 접해본다.

14. 색채와 소리, 맛, 이미지, 아이디어, 향기, 감각 혹은 말로 표현된 우수하고 아름다우며 즐거운 것을 적어도 하루에 한 번 경험하고

그 순간의 감정을 음미한다.

15. 계절마다 달라지는 미묘한 변화를 음미한다. 계절 변화와 성장, 부활에 깃든 아름다움을 찾아본다.

21. 감사 강점

감사는 특정한 누군가한테서 유형을 혜택받거나 아름다운 자연 앞에서 평온함을 느끼는 축복받은 순간을 맞이할 때 고마워하고 즐거워하는 마음이다. 감사는 타인의 행동이 자신에게 이롭다는 사실을 깨달을 때 생겨난다. 감사의 반의어로는 무례함, 권위적, 관계성 부족, 매마름이 있다.

감사하기 힘들 때

– 섀넌 폴리(Shannon Polly)

비가 오던 날 밤이었다. 나는 막내딸과 함께 응급실에 갔다가 막 돌아온 참이었다. 뭐 그렇게 큰일로 병원에 간 것은 아니었다. 건포도가 코에 들어간 것뿐이었다. 그런데 이비인후과에서는 귀만 치료하는 게 분명했다. 코를 치료하려면 응급실로 가야 했다. 다시 건강해진 아이와 함께 집으로 돌아왔으니 감사하다는 마음이 들어야 마땅했다. 막내딸의 코 안에 건포도가 없다는 사실을 알아내는 데 2시간 15분밖에 걸리지 않았으니 무척 감사해야 했다. 응급실에 갔다 하면 적어도 4시간에서 5시간은 걸리니까 말이다. 병원 화장실에 지갑을 두고 왔는데 누군가가 그 지갑을 주워 내용물이 그대로 들어 있는 채 경비원에게 가져다줬을 때 나는 진심으로 감사해야 했다. 간호사는 8년 동안 일했지만 지갑이 그대로 돌아온 적은 없었다고 말했다.

나는 감사에 대한 연구논문을 읽었고, 간부들과 군인들에게 감사에 대해 가르치는 영예로운 일을 맡았다. 하지만 내가 응급실을 나왔을 때는 고맙다는 생각이 들기보다 짜증스러웠다. 석 달 전에도 소아과를 찾아갔지만 코에 건포도가 없다는 진단을 받았는데 남편이 병원에 가보라고 채근했기 때문이었다.

대체 왜 그런 걸까. 단지 내가 감사를 잘 못하기 때문일까. 어쩌면 그럴지도 모른다. 감사는 성격강점 검사에서 내가 가장 낮은 점수를 받은 성격강점이기도 했다. 긍정심리학 치료사가 감사를 잘 못한다니, 이 얼마나 아이러니한 일인가. 혹시 단지 부정 편향 때문에 내가 감사를 잘 못하는 것일까, 쾌락적응 현상 때문일까, 아니면 그냥 감사하는 일이 어렵기 때문일까.

이 세상을 반쯤 비어 있는 유리잔으로 보는 고객을 코칭해 준 적이 있다. 그 고객의 아내는 남편의 그런 가치관 때문에 괴로워했다. 그 고객은 자신에게 뭔가 잘못된 것이 있는지 내게 물었다. 내가 부정 편향에 대해 설명하자 그 사람은 마음을 놓는 것 같았다.

사람들은 모두 부정적인 것을 먼저 보고 긍정적인 것보다 부정적인 것에 훨씬 큰 비중을 둔다. 그 옛날 동족들이 포식동물이 없는지 보려고 지평선을 살필 때 동굴 바깥에 홀로 핀 꽃을 감상했던 혈거인은 포식동물에게 잡아먹혀 자신의 유전자를 후손에게 물려주지 못했을지도 모른다. 이처럼 위험이 있는지 살피는 것은 적응하는 데 상당히 유익하다. 하지만 문제는 현대 인간의 두뇌가 마감을 놓치는 것을 생명과 몸이 위험해지는 것과 동일시한다는 것이다. 그렇기 때문에 마감을 놓칠 때도 생명을 위협을 받을 때와 똑같이 코티솔이 지나치게 많이 분비돼 우리 몸을 해친다.

좋은 일이 일어났을 때 사람들은 그 일에 익숙해진다. 새 차가 있으면 행복해질 거라고 생각하는 한 새 차를 사도 생각만큼 행복해지지 않는다. 인간은 자신이 어떨 때 행복해지는지를 잘 예측하지 못한다.

쾌락적응 현상도 감사하는 마음에 영향을 미칠 수 있다. 가장 유명한 긍정심리학 치료법은 '좋은 일 세 가지 적기'다. 매일 밤 그날 자신에게 일어났던 좋은 일 세 가지를 생각해보고 그 일들이 자신에게 어떤 의미가 있었는지, 왜 그런 일들이 일어났는지 이유를 적는 것이다. 연구 결과에 따르면 이 훈련으로 건강이 더 좋아지고 잠을 더 잘 자게 되며 인간관계가 더 좋아진다. 하지만 일부 연구학자는 사람들이 매일 이 훈련을 하면 일주일에 한 번만 했을 때보다 행복을 적게 느낀다는 사실을 발견했다. 사람들이 이 감사하는 훈련에 익숙해지기 때문인 것 같다.

그렇다고 해서 내 말을 오해하지는 말길 바란다. 어른들도 자기들 인생에서 좋은 것과 가족에게 감사하지 못했던 것을 보기 시작했을 때 눈물을 흘리는 모습을 보았다. 하지만 감사하기 어려워하는 사람도 있다. 한 치수가 모두에게 맞지는 않기 때문이다.

감사의 혜택은 손에 잡기 쉬운 것이 아니기 때문에 감사하는 능력을 기르려면 많은 노력을 기울여야 한다. 내가 할 수 있는 몇 가지 방법은 이렇다.

첫째, 친절과 끈기, 사회적 지능이라는 나의 상위권 성격강점을 이용해 감사라는 내 하위권 성격강점을 키워나간다. 예를 들자면 친절한 내 성격을 이용해 감사편지를 쓴다. 하지만 감사편지를 많이 쓰려면 끈기가 약간 필요하다. 또한 내 사회적 지능을 발휘해 누군가가 제대로 감사를 받았다고 느끼지 못할 때를 감지해낸다. 이렇게 하면 보다 많은 것에 감사하게 된다.

둘째, 종종 감사가 최고의 성격강점인 사람을 찾아본다. 연구 결과에 따르면 자기 능력을 보다 자신 있게 발휘할 수 있는 한 가지 방법은 모범이 되는 사람을 찾는 것이다. 나도 감사하는 내 능력을 믿고 키워나가기 위해 감사할 줄 아는 사람들과 어울리려고 노력한다. 나는 코칭자격 취득 과정을 밟을 때 고객 몇 명에게 무료로 코칭해줬다. 그중 한 고객의 최고 성격강점이 감사였다. 그 사람을 코칭할 때는 언제나 기분이 좋았다. 그 사람은 무료로 코칭받는 기회를 얻어 무척이나 고마워했고, 나는 그 사람을 도우려고 더 열심히 노력했다. 우리의 상호작용이 어떻게 진행되는지도 유심히 살펴보았다. 그 사람은 어떻게 그토록 감사를 잘하게 됐을까. 나는 남의 도움을 받을 줄 아는 그의 태도가 그러한 감사 능력에 부분적으로 영향을 미친다는 사실을 깨달았다. 그 사람은 모든 것을 통제하려고 애쓰지 않았다. 결과적으로 그 사람은 더욱 많은 일을 해냈고, 다른 사람들이 그를 도와주면서 만족감을 느낄 수 있도록 해줬다.

셋째, 내 인생에서 유난히 불행했던 사건을 떠올려본다. 그러고는 오늘 그 사건을 얼마나 자주 떠올렸는지 자문해본다. 보통 그 답은 '그렇게 자주는 아니다'다. 그 과거의 사건과 나의 현재 상황을 비교해보면 지금은 내가 훨씬 더 좋아졌다는 사실을 깨닫게 된다. 요점은 과거를 무시하는 것이 아니라 과거를 바라보는 현재의 새로운 기준틀을 만들라는 것이다. 그 새로운 틀에 비춰보면 과거의 스트레스 상황이 어떻게 지금의 나를 있게 했는지, 내 인생에서 진실로 중요한 것이 무엇인지를 알 수 있다.

그렇다면 보다 많이 감사하려면 어떻게 해야 할까. 자신의 상위권 성격강점을 이용해 하위권 성격강점을 키울 수 있다. 감사를 최고 성격강점으로 발휘하는 본보기를 찾아볼 수 있고, 과거의 부정적인 사건과 자신의 현재 상태를 비교해볼 수 있다. 좋은 소식은 감사하기 힘들어할 경우에도 좀 더 열심히 노력하면 감사하는 마음을 키워나갈 수 있다는 것이다.

감사를 부르는 낭독문

감사하는 마음을 이끌어내고 싶다면 다음의 두 가지 글을 큰 소리로 읽어보라.

양키 팬들에게 고하는 작별 인사(연설)

- 루 게릭(Lou Gehrig)

저는 17년 동안 야구장을 누볐고 그동안 제가 받은 것은 친절과 격려뿐이었습니다.

저 위대한 사람들을 보세요.

단 하루뿐이더라도 저들과 함께 뛸 수 있다면 그것이 자기 인생 최고의 순간이라고 생각하지 않을 사람이 누가 있겠습니까.

물리칠 수만 있다면 당신의 오른팔이라도 기꺼이 내줄 정도로 이기고 싶어 하는 뉴욕 자이언츠 팀이 당신에게 선물을 보낸다면 그것은 대단한 일이죠!

관리인에 이르기까지 모두가 당신을 트로피와 함께 기억한다면 그것은 멋진 일입니다.

평생 일해 당신을 교육시켜주시는 부모님이 계시다면 그것은 다행스러운 일입니다.

당신에게 힘이 돼주고 당신이 상상했던 것보다 더 큰 용기를 보여주는 아내가 있다면 그것은 더없이 행복한 일입니다.

마지막으로 제가 불운한 일을 겪고 있지만 이 지구상에서 가장 운 좋은 사람이라고 생각하고 있다는 말로 이 연설을 마치겠습니다.

그렇지 않을 수도(시)

- 제인 케니언(Jane Kenyon)

튼튼한 두 다리로 침대에서 걸어 나왔다.
그렇지 않을 수도 있었을 텐데.
시리얼과 달콤한 우유, 흠집 하나 없이 잘 익은 복숭아를 먹었다.
그렇지 않을 수도 있었을 텐데.
개를 데리고 자작나무 숲으로 올라갔다.
오늘 아침 내내 내가 좋아하는 일을 했다.

오후에 그이와 함께 누워 있었다.
그렇지 않을 수도 있었을 텐데.
우리는 은촛대가 놓인 식탁에서 저녁을 함께 먹었다.
그렇지 않을 수도 있었을 텐데.
벽에 그림들이 걸린 방 침대에서 잠이 들었고
다른 날도 오늘과 같으리라 생각했다.
하지만 나는 안다.
언젠가는 그렇지 않게 될 것이다.

감사하는 마음을 키우는 방법

1. 내가 당연시하는 사소하지만 중요한 것을 매일 하나씩 골라 염두에 두고 앞으로 일을 해나간다.

2. 아무리 미미하더라도 나의 성공을 도와준 모든 사람에게 감사를 표한다. 성공하려면 나 자신의 노력뿐만 아니라 다른 사람들의 도움도 필요하다는 사실을 깨닫는다.

3. 단순하게 '고맙다'는 말만 하지 말고 그보다 더 구체적인 설명을 덧붙여 감사를 표하고(예: "현명한 충고를 해주셔서 감사합니다"), 사람들의 반응이 어떻게 달라지는지 살펴본다.

4. 매일 적어도 10분 동안 즐거운 경험을 음미하고 이때 의식적인 판단은 보류한다.

5. 적어도 일주일에 한 번은 식사하기 전 그 한 끼 식사에 깃든 모든 사람의 노고를 떠올려본다.

6. '안정된 마음은 현재 이곳에 있는 좋은 것을 보고, 불안한 마음은 현재 이곳에 없는 부정적인 것을 본다'는 말이 있다. 이 말에 비춰봤을 때 내 마음 상태는 어떠한지 생각해보고 아침저녁으로 5분 동안 마음을 평온하게 가다듬는다.

7. 매일 잠자리에 들기 전 축복받은 것(당신에게 일어난 좋은 일) 세 가지를 꼽아보고 기분이 우울해질 때 그것을 일기장에 적는다.

8. 예전에 한 번도 감사를 표하지 못했던 사람에게 고맙다고 말한다. 직접 찾아가서 말하는 것이 좋다. 그렇게 했을 때 서로의 감정이 어떻게 달라지는지도 살펴본다.

9. 내가 얼마나 자주 진심으로 고맙다고 말하는지 살펴본다. 사람들이 문을 잡아주는 등 사소하지만 친절한 행동을 할 때 반드시 그들에게 고맙다고 말한다.

10. 고등학교 선생님처럼 나의 지적 성장을 도와준 사람에게 감사 편지를 보낸다. 그들에게 어떤 영향을 받아 오늘날의 자신이 됐는지를 설명한다.

11. 매일 아침마다 불안하게 느껴지는 일 세 가지를 적어본다. 잠자리에 들기 전 그날 있었던 좋은 일 세 가지와 그 일이 좋았던 이유를 적어본다.

지역 공동체에 좀 더 가까이 다가갈 수 있게 해준 행사에 대해 편집자에게 편지를 쓴다. 그 행사 조직자에게 감사의 뜻을 전한다.

12. 경찰관과 소방관, 우체국 직원 같은 공무원에게 고마운 마음을 전한다. 열심히 일하고, 어떤 때는 우리의 안전과 안락을 위해 위험을 무릅쓰고 일하는 사람들을 마음에 새겨둔다.

13. 저녁을 먹으면서 그날 하루 동안 일어났던 좋은 일 두 가지를 사랑하는 사람들에게 이야기한다. 저녁을 다 먹고 나서 대화를 해준 이들에게 고맙다고 인사한다.

14. 과거에 겪었던 역경 세 가지를 생각해보고 그때마다 우연히 뒤따라 일어났던 일 세 가지를 찾아본다. 그런 일을 겪었던 당시에는 화가 났겠지만 돌이켜보면 힘들었던 경험도 고맙게 느껴질 수 있음을 깨닫는다.

15. 인정과 칭찬을 받고 뭔가를 성취하고 누군가와 관계를 맺었던

최상의 순간을 떠올려본다. 그렇게 되기까지 나를 도와줬던 모든 사람을 기억한다.

22. 희망 강점

희망과 낙관성은 미래에 일어날 수 있는 좋은 일을 바라보는 태도다. 미래를 생각하면서 바라던 일과 결과가 나타날 거라고 기대하면…… 목적지향적인 행동을 하게 된다. 희망이라는 성격강점을 지닌 사람들은 실패해도 다음 기회를 기다리며 더 잘하려고 계획을 세운다. 희망의 반의어로는 비관성, 절망, 무기력, 우울감이 있다.

희망 되찾기

– 더그 터너(Doug Turner)

교회 지도자나 회사의 인사담당자로서 개개인과 커플을 만나다

보면 종종 희망을 잃은 사람들을 마주하게 된다. 그런 사람들은 직장 생활에서나 인간관계에서 희망을 잃어버렸고, 인생의 목표를 달성할 수 있다는 희망도 놓쳐버렸다. 그들과 이야기를 나누면서 도울 방법을 찾는 동안 릭 스나이더(Rick Snyder)와 그의 희망 이론이 계속해서 내 머릿속에 떠올랐다. 스나이더 박사는 자신의 저서 『행복 안내서(Handbook of Hope)』(10쪽)에서 다음과 같은 간단한 공식으로 희망의 세 가지 요소를 설명했다.

A ⇒ B

여기서 A는 사람을 말하는데, A는 바라는 목표(B)를 달성하는 길이나 경로(화살표)를 스스로 개척해나갈 수 있다고 생각한다.

이 세 가지는 사람들이 인생을 살면서 희망적인 태도를 유지하는 데 필수적인 요소다. 희망을 가지려면 목표가 필요하고, 그 목표를 이룰 수 있다고 우리 스스로가 믿어야 하며, 목표를 달성할 수 있는 방법, 즉 길을 알아야 한다.

나는 이 간단한 공식으로 사람들이 무엇 때문에 주저하는지 알아내고, 그들에게 잃어버린 희망을 되찾을 수 있는 방법을 추천해줄 수 있다고 생각했다. 인생이 꼬인 한 젊은 여성을 만난 적이 있다. 그 여성은 완전히 비탄에 빠져 희망을 잃어버린 상태였다. 그 당시 내가 그 여성에게 또다시 행복해지고 앞으로 아주 밝은 미래가 펼쳐질 거라고 자신 있게 말했던 것이 생각난다. 그 말에 전혀 믿을 수 없다는 표정을 지었던 여성의 얼굴도 기억난다. 나는 그 여성이 필사적으로 행복해지고 싶어 한다고 생각했지만 그 여성은 자기가 행복해질 수 있다고 믿지 않았고, 행복해지는 길도 전혀 볼 수 없었다

내가 그 여성과 만난 지 몇 주, 몇 달이 지나자 그 여성은 앞으로 나아갈 수 있는 여러 가지 길을 찾아내기 시작했다. 자신의 미래를 그려보기 시작했다. 그렇게 되자 자신감도 생겼다. 그 여성의 걸음걸이에서 그러한 변화가 극명하게 드러났다. 친구가 삶의 희망을 되찾아나가는 모습을 보는 것은 진정으로 감흥이 솟아오르는 경험이었다.

사람들이 희망의 세 가지 요소 중 무엇을 잃어버리고 있는지 알아낸다면 그들이 잃어버린 것을 되찾아줄 수 있는 치료법도 알아낼 수 있다. 어떤 사람들에게는 목표가 없다. 또 어떤 사람들은 자신감이나 동기를 잃어버렸다. 목표와 자신감을 갖고 있지만 어디서부터 시작해야 할지 확실히 모르는 사람들도 있다. 가끔씩 하나의 길이 막히면 목표를 달성할 수 있는 다른 길을 찾아야 하는데 이때 사람들은 도움을 필요로 한다.

희망의 세 가지 요소를 확보(재확보)하는 데 도움이 되는 다양한 훈련법과 치료법이 있다. 나는 사람들에게 자신의 잠재력을 새롭게 꿰뚫어보기 위해 가능한 한 최상의 미래를 그려보라고 요구한다. 그렇게 하면 목표를 달성할 만한 능력이 자신에게 있다는 자신감을 키워나갈 수 있기 때문이다. 나는 '스마트(SMART)'라는 간단한 목표 설정 모델을 이용해 사람들이 구체적이고 실행 가능하며, 자신들의 가치와 일치하고, 정해진 시간 내에 달성할 수 있는 현실적인 목표를 설

정하도록 도와준다. 사람들이 자신들의 동기와 목표를 이어주는 다양한 방법과 길을 찾도록 도와줄 때는 간단한 브레인스토밍이나 마인드맵 기법을 이용하기 좋아한다.

희망을 품지 않고 진정으로 행복해질 수 있는 사람이 있다고는 상상하기가 어렵다. 또한 행복하지 않은데 진정으로 희망차게 살 수 있는 사람이 있다고도 믿기 어렵다. 행복과 희망은 떼려야 뗄 수 없는 관계에 있는 것 같다. 스나이더 박사의 희망 모델은 우리가 관심을 가지는 사람들에게 도움이 되는 다양한 길을 제시해준다.

희망을 부르는 낭독문

희망을 이끌어내고 싶다면 다음의 글을 큰 소리로 읽어보라.

성녀 조앤(Saint Joan)(독백)

- 버나드 쇼(Bernard Shaw)

조앤 내가 그런 진실에 귀 기울였다면 지금 어디에 있겠습니까? 당신들 도움이나 조언은 조금도 필요 없습니다. 네, 전 이 땅에 홀로 서 있죠. 전 언제나 혼자였습니다. 프랑스가 피를 흘리고 있었을 때 아버지는 제 형제에게 제가 양을 돌보지 않으면 저를 물에 빠뜨려 죽이라고 말씀하셨죠. 제가 그 양들을 안전하게 지키고만 있었다면 프랑스는 사라졌을지도 모릅니다. 프랑스 왕의 법정에는 프랑스 지지자들이 있을 거라고 생각했죠. 그런데 갈기갈기 찢긴 가여운 프랑스 조각

들을 차지하려고 싸우는 늑대들밖에 없었습니다. 모든 곳에 하나님을 따르는 친구들이 있으리라고 생각했죠. 하나님은 모든 사람의 친구이니까요. 저는 순진하게도 지금 저를 내치는 당신들이 튼튼한 탑처럼 저를 해악으로부터 보호해주리라고 믿었습니다.

하지만 이제 훨씬 더 현명해졌습니다. 현명한 자에게는 그 누구도 해를 끼치지 못합니다. 제가 외톨이라는 말에 겁을 먹을 거라고는 생각하지 마세요. 프랑스도 외톨이입니다. 하나님도 외톨이죠. 내 조국과 하나님의 고독에 비하면 제 고독이 뭐 대수이겠습니까? 하나님의 고독은 그분의 힘이라는 사실을 이제는 압니다. 하나님이 당신들의 시기에 찬 시시한 조언에 귀 기울였다면 어떻게 되셨을까요? 네, 제 고독도 제게 힘이 될 것입니다. 하나님과 함께 고독하게 지내는 것이 훨씬 나아요.

하나님의 우정은 저를 저버리지 않을 겁니다. 하나님의 조언도, 하나님도 사랑도 마찬가지죠. 하나님의 힘을 믿고 저는 죽을 때까지 도전하고 또 도전할 것입니다. 저는 당신들 눈에 어린 증오로 상처를 입었지만 이제 민중들 앞으로 나아가 그들의 눈에 어린 사랑으로 위로받을 것입니다. 당신들은 제가 불타버린다면 기뻐하겠죠. 하지만 제가 불 속으로 걸어 들어간다면 그 불을 뚫고 민중의 가슴속으로 들어가 영원히 남을 겁니다. 그러니 신이시여, 저와 함께하소서!

희망을 키우는 방법

1. 힘든 일이 생길 때마다 나 자신이나 가까운 누군가가 역경을 극

복하고 성공했던 상황을 떠올려본다.

2. 1년, 5년, 10년 후 내가 어디서 어떤 사람이 돼 있기를 바라는지 그려보고 그렇게 되는 방법을 생각해본다.

3. 내가 잘못 내렸던 결정을 떠올려본 후 나 자신을 용서하고 앞으로 더 나은 결정을 내릴 수 있는 방법을 알아본다. 과거의 실수에 사로잡혀 괴로워하기보다는 거기서 교훈을 얻는다.

4. 역경에 처했을 때 과거 그와 비슷한 일을 극복했던 방법을 곰곰이 생각해보고 앞으로도 그 방법을 사용하도록 한다.

5. 낙관적이고 미래지향적인 친구들과 어울리고, 특히 역경에 처했을 때 그들의 격려와 도움을 받아들인다. 그들이 곤경에 처했을 때는 그들에게 힘이 돼주겠다고 말한다.

6. 전날 있었던 나쁜 일을 모두 적어보고 거기서 긍정적 측면을 각각 최소 두 가지씩 찾아본다.

7. 긍정적인 사고양식과 부정적인 사고양식을 모두 적어보고 그에 따라 향후 나의 실적이 어떻게 달라질지 생각해본다. 보다 긍정적인 생각을 하면 내 실적이 개선되는지 실험해본다.

8. 역경을 극복하고 성공한 사람의 이야기를 읽어보고 내게도 그와 비슷한 일이 있었는지 생각해본다.

9. 향후의 고난을 예상해 미연에 방지하려고 하기보다는 헤쳐 나가면서 시야를 넓힌다.

10. 향후의 세 가지 어려운 과제 가운데 내게 가장 적합한 것을 찾아보고 올바른 행동을 생각해 실천한다.

11. 과거의 세 가지 성취를 상세하게 적어보고 거기서 영감을 얻는다. 그 기록을 책상 서랍처럼 주로 어려운 문제가 들어 있는 곳에 보관해둔다.

12. 일주일 두 번, 적어도 15분씩 낙관적인 생각을 한다. 그러한 생각과 그것을 실현시킬 수 있는 행동 방안을 적어보고 친구들에게 이야기해 그들의 도움을 받는다.

23. 유머 강점

24가지 성격강점 가운데 유머는 장난기와 삶의 모순을 즐기는 능력, 역경 속에서도 밝은 면을 찾아내는 능력, 다른 사람들에게 미소와 웃음을 안겨주는 능력을 포괄한다. 유머의 반의어로는 따분함, 지루함, 고집스러움, 냉정함이 있다.

인생의 밝은 면을 보라

- 호메이라 카비르(Homaira Kabir)

"큰 소리로 자주 웃고, 그대 자신도 웃어넘겨라."

- 첼사 핸들러(Chelsea Handler)

할머니는 유머감각을 널리 전파하는 사람으로 유명했다. 젊었을 때는 할머니의 우렁찬 웃음소리가 작은 동네 곳곳에 울려 퍼졌다는 소문이 있었다. 나는 어릴 때 할머니와 함께 살았는데 할머니는 언제나 나와 함께 웃어주는 영원한 동반자였다. 할머니는 다 큰 어른들의 재치를 받아줄 때처럼 나의 유치한 유머도 자연스럽게 받아줬다. 훗날 내가 예비 신랑의 청혼을 받았을 때 할머니는 우리의 결혼을 전적으로 찬성했다. 그 사람이 웃음이 많아서 나를 행복하게 해줄 거라고 확신했기 때문이었다.

할머니는 글을 읽을 줄 몰랐지만 사람의 마음을 꿰뚫어보는 통찰력을 갖고 있었다. 몇십 년이 지난 지금, 나는 할머니가 직감적으로 알았던 것을 과학적으로 연구하고 있다. 유머는 심혈관계를 안정시켜주고, 우울증 증세를 개선해주며, 인간관계를 증진해주고, 더 위대한 인생 목표를 제시해주기 때문에 인생을 잘 살아가는 데 큰 도움이 된다.

연구 결과에 따르면 유머는 뛰어난 지도자가 반드시 갖춰야 할 자질로, 힘든 시기에 스트레스를 줄여줄 뿐만 아니라 업무 현장의 사기를 높여준다. 부모가 되는 길도 유머가 가미된다면 훨씬 덜 험난해진다. 쾌활한 기질의 엄마는 가정이 혼란스러울 때도 차분하게 그 위기를 헤쳐 나갈 수 있기 때문에 아이들과 안정적인 애착관계를 형성할 수 있다. 부부가 인생의 밝은 면을 볼 줄 알 때 결혼생활이 더욱 돈독해진다.

또 다른 연구 결과에 따르면 유머는 사별의 아픔을 회복하는 데도 큰 도움이 된다. 유머는 상실의 아픔을 통찰하는 데 도움이 되기 때문에 우울증을 완화해주고 보다 원대한 삶의 목표를 제시해준다. 웃음 요가 같은 치료 요법은 웃음을 이끌어내 스트레스 반응을 가라앉히고 결과적으로 초월성이라는 신비한 경험을 선사한다.

인간의 삶에서 유머가 중심이 된다는 사실은 어릿광대와 코미디언이 사회에서 차지하는 의례적인 역할에 잘 나타나 있다. 시간과 문화를 초월해 사람들에게 웃음을 주는 일은 사회에서 중요한 일부분을 차지했다. 그 옛날 중국 왕조의 광대와 중세 유럽의 어릿광대, 고대로마의 어수룩한 마임 연기자, 오늘날 즉흥 코미디 클럽에서 활동하는 스탠드업 코미디언을 보면 알 수 있지 않은가.

하지만 사람들에게 웃음을 주는 유머가 짜증을 불러일으키거나 분노를 폭발시킬 수도 있다. 예컨대 내 딸은 쌍둥이 남자형제가 자꾸 우스갯소리를 하는 게 싫다면서 도와달라고 절망적인 비명을 질러댄 게 한두 번이 아니었다. 대체 유머가 무엇이기에 극과 극을 달리는 공감과 연민, 분노와 경멸을 둘 다 불러일으킬 수 있는 걸까.

그 답은 유머 그 자체의 발달 과정에서 찾아볼 수 있다. 인간 이외의 다른 영장류도 사회생활을 하지만 언어가 발달하면서 인간은 즐겁게 웃고 농담을 주고받기 시작했다. 유머는 두뇌 발달의 극적인 변환기에 의식의 발현과 동시에 생겨났을 가능성이 크다.

인간은 의식이 생겨나면서 지나온 과거와 앞으로 다가올 미래에 대해 조리 있게 이야기할 수 있게 됐다. 미래를 생각하는 능력이 생기면서 곧 닥쳐올 위험과 결국에는 죽음을 맞이할 우리의 운명을 깨닫게 됐다. 그렇다고 해서 삶을 두려워하기만 한다는 것은 아니다. 생물학적 존재의 한계를 뛰어넘으려는 욕망이 생겨나고, 유한한 자신보다 훨씬 더 영속적인 뭔가에 소속돼 의미를 찾고자 하는 바람이 생겨나기도 했다. 이렇게 의미를 찾자 감정이 격변하는 인생에서 얻지 못했던 안정을 찾았다. 또한 유머감각을 발휘해 보다 넓은 관점에서 바라보자 사소한 걱정에 사로잡혀 살았던 삶이 얼마나 어리석었는지를 깨달았다. 그리하여 유머로 끊임없이 변하는 혼란스러운 상황을 헤쳐 나갈 수 있었다.

의식과 함께 다른 사람들의 틀 안에 존재했던 자아도 깨어났다. 도덕과 문화가 발달하면서 생존의 핵심 열쇠인 사회 구조 내에서의 평화로운 공존이 가능해졌다. 유머는 부족 내부의 인간관계를 형성해주고, 종종 집단 간 관계를 해치더라도 내집단 간 유대를 공고히 해줬다.

하지만 오늘날의 부족은 200명쯤 됐던 고대 부족보다 그 규모가 더 크다. 현재 우리는 글로벌 시대에 살고 있다. 그렇기 때문에 한 인류로서 번성하고자 한다면 70억 인구의 감성과 문화를 고려해 유머감각을 발휘해야 한다. 언제나 그렇게 하기가 쉽지는 않지만 반드시 그렇게 해야 한다.

그렇다면 어떻게 해야 하는가. 다른 사람을 희생양으로 삼아 웃음을 이끌어낸다면 인간의 가치와 단절되고 만다. 상호 연결된 현 세계에서는 모든 문화와 전통을 고려하는 타인 중심적인 성격강점을 쌓아나가야 한다. 공감 능력을 키우려면 개개인의 경험을 다른 사람의 고통과 연관 짓고 다른 문화를 직접 경험해봐야 한다.

내 아들도 타인에게 시선을 집중한다면 막 싹트기 시작한 코미디언 자질을 좀 더 잘 키워나갈 수 있을지도 모른다. 그러자면 듣는 사람의 감성을 건드리는 유머는 더 이상 유머가 아니며, 스탠드업 코미디는 환경과 취향, 기질, 특성이 각기 다른 관객 모두에게 적합하느냐에 따라 그 성공 여부가 달라진다는 사실을 아들에게 상기시켜줘야 할 것 같다. 쌍둥이 여자형제가 복잡한 수학 문제를 풀려고 애쓰고 있을 때 사각팬티를 입은 채 어슬렁거리거나 귀에 양말을 걸고 다니는 짓은 그다지 적절해 보이지 않으니까 말이다. 아들이 사회적 지능을 갖추고 좀 더 조리 있게 행동할 때까지는 다른 사람의 웃음을 이끌어내지 못하는 행동은 당장 그만두라고 경고해야 할지도 모르겠다. 아들의 유머를 다른 사람들에게 납득시키려고 하다가는 도와달라는 절망적인 비명소리가 끝없이 이어질 수도 있으니까.

뉴욕의 유명한 유머 작가 E. B. 화이트(White)는 유머를 설명하는 것이 개구리를 해부하는 것과 비슷하다고 말했다. "그렇게 할 수는 있지만 그 과정에서 대상이 죽어버리기 쉽죠." 내 딸이 상상력을 키워 유머감각을 길러나가도록 도와줄 수도 있을 것 같다. 딸아이에게 얼마 전에 본 코미디를 흉내 내는 쌍둥이 남자형제의 모습에 큰 소리로 웃었던 순간을 상기시켜주고, 그 일을 계기로 둘의 관계가 얼마나 좋아졌으며, 둘 다 얼마나 행복해졌는지를 떠올려보라고 할 수도 있다. 터무니없는 뜻밖의 의도에도 감사할 줄 알게 되면 딸아이도 분명히 상상력을 키워 성장할 수 있을 것이다.

하루가 끝날 무렵, 우리가 원하는 것은 행복하고 의미 있는 삶이 전부다. 물론 인생이 목표를 달성하려고 애쓰다 끝나버리는 의미 없는 여정이 될 수도 있지만, 유머감각을 발휘한다면 방대한 경험의 바다에서 대부분의 것을 가볍게 웃어넘기고 진정으로 중요한 것을 찾을 수 있다.

내 가족은 할머니를 기억할 때마다 할머니의 환한 미소를 떠올린다. 할머니의 직감대로 남편은 많은 웃음과 기쁨으로 우리의 하루하루를 채워주고 있다. 살아서나 죽어서나 우리 인간은 다른 사람에게 어떤 기분을 안겨주는 사람인가로 기억될 것이다. 행복은 모든 불행을 이긴다.

유머를 부르는 낭독문

유머감각을 이끌어내고 싶다면 다음의 글을 큰 소리로 읽어보라.

진지함의 중요성(독백)

- 오스카 와일드(Oscar Wilde)

브랙크널 부인 앨저넌(Algernon), 이제는 번버리 씨가 살지 죽을지를 결정해야 할 때라고 생각한단다. 그 문제를 빨리 결정하지 않고 미적거리는 것은 이치에 닿지 않는 행동이야. 나는 병든 사람을 동정하는 현대인의 감성에 조금도 동조할 수 없어. 그건 병적인 행동이야. 그 어떤 질병도 부추겨서는 안 돼. 인생의 주된 의무는 건강하게 사는 거지. 네 불쌍한 사촌에게 언제나 그렇게 말하지만 네 사촌은 내 말을 그다지 귀 기울여 듣지 않는 것 같더구나.

……아마도 자기 병이 나아지는 한 계속 그러겠지. 네가 번버리 씨에게 토요일에는 제발 상태가 나빠지지 말아달라고 말해준다면 고맙겠구나. 그날은 네가 날 위해 음악을 연주해주길 바라고 있으니까 말이야. 그날이 내 마지막 리셉션이잖니. 사람들은 대화를 풍성하게 나눌 수 있는 분위기를 즐기고 싶어 한단다. 특히 시즌이 끝날 무렵에는 사람들은 무슨 말이든 다 털어놓잖니. 물론 대부분은 할 얘기가 그다지 많지 않지만 말이야.

유머를 키우는 방법

1. 대부분 상황에서 재미있고 더욱 밝은 면을 찾아낸다. 모든 일을 충분히 진지하게 받아들이면서도 지나치게 진지하게 받아들이지 않는 타협점을 모색한다.

2. 일주일에 세 번씩 새로운 농담을 배워 친구들에게 던져본다. 웃음으로 집단의 분위기가 얼마나 좋아지는지를 눈여겨본다.

3. 유머감각이 뛰어난 사람을 사귄다. 그런 사람들이 유머라는 성격강점을 어떻게 이용해 어려운 상황과 나쁜 소식을 처리하는지 지켜본다.

4. 적어도 한 달에 한 번은 친구들과 함께 볼링이나 하이킹, 크로스컨트리, 자전거 타기 등을 즐긴다. 내가 사람들과 함께 웃을 때 집단활동이 어떻게 개선되는지 주의 깊게 살펴본다.

5. 친구들에게 재미있는 내용의 이메일을 보낸다. 그냥 행운의 편지를 복사해 보내기보다 나 자신의 삶에서 얻은 유머를 다른 사람들

과 나눈다.

6. 농담과 몸짓, 재미있는 활동으로 매일 누군가의 얼굴에 웃음을 찾아준다. 다른 사람들의 기분을 살피고 그에 대처한다.

7. 매일 시트콤, 재미있는 쇼, 영화를 보거나 코믹 만화를 읽는다. 코믹 만화를 스크랩하고 친구들에게 볼 만한 쇼를 추천해준다.

8. 우울한 친구의 기분을 북돋아주고 즐겁게 삶을 살아가는 법을 몸소 보여준다.

9. 누군가를 흉내 내보고 그 경험을 가까운 사람들에게 이야기한다. 친절하고 재치 있게 행동한다.

10. 눈이 올 때 눈사람을 만들거나 해변에서 발리볼을 한다. 내 안에 깃든 '내면의 아이'를 끄집어내 어린 시절에 즐겼던 일을 재미있게 해본다.

11. 핼러윈 분장을 하고 친구들과 함께 가장파티에 간다.

12. 매일 애완동물과 놀아주면서 애완동물이 새로운 것을 어떻게 대하고 어떻게 노는지 살펴본다.

13. 사랑하는 사람과 불꽃놀이를 보러 간다. 야외에서 사랑하는 사람과 재미있게 시간을 보낸다.

14. 사랑하는 사람과 야구나 하키, 농구 경기를 보러 가서 자기 팀을 열렬하게 응원한다.

15. 사랑하는 사람과 공휴일 공연을 보러 간다. 아이들과 함께라면 아이들이 볼 만한 공연을 보러 간다.

24. 영성 강점

영성은 종교성, 신앙심, 목적성이라고도 한다. 영성을 지닌 사람들은 보다 차원 높은 목적이 있고, 우주와 그 안에 존재하는 사람들의 자리에 의미가 있다는 일관적인 믿음을 갖고 있다. 대다수 사람에게는 종교성과 영성이 조화롭게 공존한다. 하지만 삶의 초월적 측면을 전통적인 종교의 틀 바깥에서 설명하는 일관된 믿음 체계를 따르는 사람들이 있을 수도 있다는 가능성을 인정해야 한다. 영성의 반의어로는 신앙심 부족, 목적의식 없음, 무종교, 부정성이 있다.

영성 건강 단련법

– 다이애나 부퍼드(Diana Boufford)

인생에서 물질적으로나 사회적으로 혹은 재정적으로 손실을 입거나 인지력과 기억력 상실을 경험하는 순간에는 어떻게 영성 건강을 유지할 수 있을까. 사실 이런 일은 노년기에 훨씬 자주 보다 빠르게 일어난다.

때로는 질병이나 생활환경 때문에 노년기에 조기 스트레스 반응 징후가 나타난다. 89세의 M부인은 제2차 세계대전 당시 시베리아 강제수용소에서 살아남은 생존자였다. 그녀가 치료를 받아야 했을 때 강제수용소 시절의 기억이 다시 떠올라 우울증에 빠져들었다.

내가 그녀를 만나러 갔을 때 M부인은 수술 후 만성통증이 지속됐고, 집을 떠나 낯선 사람들과 함께 지내야 하자 가족이 가축 운반차에 실려 강제수용소로 보내졌을 때처럼 무섭고 외롭고 불안했다고 말했다. M부인은 자신이 보살펴줘야 하는 남편이 있는 집으로 간절하게 돌아가고 싶어 했다. 하지만 회복 속도가 느려 재활 시설에 계속 머물러야 했다.

나는 M부인에게 그녀와 같은 시기에 시베리아의 아우슈비츠 강제수용소에 있었던 빅터 프랭클(Viktor Frankl)의 이야기를 들려줬다. 프랭클은 직접 목격하고 겪었기 때문에 생존 목적과 의미가 있는 사람은 거의 모든 상황에서 살아남을 수 있다고 믿었다.

나는 M부인에게 이런 질문을 던졌다. "많은 사람이 살아남지 못했는데 어떻게 시베리아 강제수용소에서 살아남을 수 있었나요?"

M부인은 잠시 생각에 잠겼다. 그러더니 나를 쳐다보며 이렇게 대답했다. "동정심 때문이었어요. 그 끔찍한 곳에서 살아남을 수 있었

던 건 동정심 덕분이었죠."

"그게 어떻게 도움이 됐나요?" 내가 다시 물었다.

그러자 M부인은 이가 너무 많아 잠시도 가만히 있지 못했던 한 소녀의 이야기를 해줬다(강제수용소에 갇혔을 때 M부인은 14세였다). 그 여자아이는 머리에 끔찍한 상처가 있었고 피부를 뜯어 먹는 벌레 때문에 생긴 그 상처에서 피가 흘렀다.

"전 그 아이에게 매일 머리를 감는 수밖에 없다고 말했죠! 그러고는 머리카락을 관리하는 법을 가르쳐줬어요. 제가 할 수 있는 일은 그것뿐이었죠. 전 그 아이와 다른 모든 사람에게 동정심을 느꼈고, 그 덕분에 살아남을 수 있었던 것 같아요." M부인은 이렇게 말했다.

나는 M부인에게 그때와 똑같은 감정과 기술을 이용해 집에서 떨어져 지내야 하는 상황과 수술 후의 통증, 회복 과정을 이겨낼 수 있다고 말했다. M부인이 요양원을 떠나기 전 요양원 직원은 그녀의 기분뿐만 아니라 대처 반응도 좋아졌다고 말했다. 그 후로 M부인은 다른 사람들과 좀 더 자주 대화를 나눴고 다른 환자들의 일상적인 일과도 도와줬다.

이 이야기는 정신적 외상을 입고 고통 받았던 몇몇 사람이 다른 생활 영역에서 성장해 회복될 뿐만 아니라 예전보다 훨씬 더 나아지는 외상 후 성장이라는 개념을 잘 설명해주고 있다.

영적 건강의 주춧돌은 기본적인 욕구를 초월해 자신보다 훨씬 위대한 뭔가에 이바지하고 싶어 하는 자질이다. 정신적 외상을 입고 역경에 처할 때 영적 성장을 할 수 있다. 사람들은 삶의 목적과 의미가 있어야 삶을 이어나갈 수 있다. 삶의 의미를 되찾았을 때 삶의 질이 크게 개선될 수 있다. 심지어 더 이상 사회에 기여하지 못하는 사람도 자신의 욕구가 다른 사람들에게 목적과 의미를 준다는 사실을 깨닫고 그들의 도움을 받아들일 수 있다.

깊은 상실감이나 역경 때문에 슬퍼하는 사람들에게는 프랭클 박사의 책에 나오는 또 다른 개념을 자주 소개해준다.

절망은 의미 없는 고통과 같다.

사람들이 자신들의 고통에서 어떤 의미를 찾을 수 있을 때 절망에 빠져들지 않고 역경을 극복할 힘과 결의를 찾아낼 수 있다. 반면 아무런 의미가 없다고 느낀다면 절망의 나락으로 떨어진다.

노인들은 종종 자신들의 삶을 되돌아보는 데 많은 시간과 에너지를 쏟아붓는다. 옳았든 틀렸든 간에 자신들이 했던 모든 선택을 곰곰이 생각해본다. 또한 자신들의 인생에서 부딪혔던 도전을 조직적으로 검토하면서 어떤 결단을 내리려는 것 같다.

자신의 삶을 성찰하고 자신이 연민과 용서를 베풀며 내렸던 다양한 결정을 받아들일 수 있는 사람들은 흔히 자신은 물론이고 다른 사람들과 평화롭게 지내는 방향으로 나아갈 수 있다.

이들은 자기 자신에게 크게 만족하며 실수가 있었음에도 인생을 잘 살아왔다고 느낀다. 종종 실수에서 큰 교훈을 얻어 더 나은 선을 이루었다고 말할 것이다.

이 여정에 탑승하지 못하거나 자신을 용서하지 않는 사람들은 종종 절망에 빠진다. 어쩌면 슬픔과 비통함에 짓눌려 너무 늦었다고 후

회하고 많은 것을 잃었다고 생각할지도 모른다. 종종 자신이나 다른 사람들에게 고마워했다가 그들을 비난하는 끝없는 순환의 고리에 빠져 고통스러운 상황을 더욱 악화시킨다. 이들은 고통에서 그 어떤 의미도 찾아내지 못한 채 헤어 나오지 못한다. 여기에다 노년기에 더 자주 찾아오는 상실의 아픔까지 더해지면 심각한 우울장애로 치료받아야 하고, 급기야 자살할지도 모른다.

이와는 반대로 결의와 용서, 칭찬에 중점을 둬 인생을 성찰해보면 의미와 목적이 있는 나날을 보낼 수 있다. 이야기와 조언, 우정을 나누며 추억을 공유하는 집단 환경에서는 회상에 젖을 수 있다. 가족과 친구, 동네 사람의 죽음, 심지어 자신의 죽음으로 상실감을 느낄 때도 통찰력과 지혜를 발휘하면 보다 큰 의미를 찾아낼 수 있다.

사람들은 슬픔을 다른 사람들과 나누면서 극복해나간다. 정신의 성장을 도모하고 평생을 바쳐 얻은 지혜를 후대에 물려주는 것은 가장 중요하고 영적으로 각성된 활동이다. 감히 말하지만 이러한 활동은 모든 사람이 성취할 수 있는 도덕적 책임이자 윤리적이고 영적인 책임이다.

사람들은 인생의 혹한기에도 적절한 도구와 지지만 있다면 영적으로 크게 성장하고 만족할 수 있다. 영적 건강을 유지하는 데 도움이 되는 몇 가지 활동은 다음과 같다.

감사편지 쓰기 당신의 인생을 바꿔줬는데도 적절한 감사를 표현하지 못했던 사람에게 편지를 쓴다. 이미 이 세상을 떠난 사람들에게도 감사편지를 쓴다.

세 가지 좋은 일 기록하기 감사일기를 쓰고 매일 자신에게 일어난 세 가지 좋은 일을 기록하고, 왜 그 일들이 자신에게 감사한 이유를 적는다.

인생 성찰하기 당신의 인생에서 지금보다 훨씬 힘들었던 시기를 다시 떠올려본다. 그 시기에 역경을 극복해나가면서 얻었던 모든 기술과 통찰력을 되짚어본다. 그 경험에서 어떤 좋은 점을 얻었나? 무엇을 배웠는가? 거기서 배운 것을 다른 사람들에게 전해줄 수 있었나? 거기서 배운 것이 당신과 다른 사람들에게 어떤 도움이 됐나?

회상 모임에 참여하기 인생을 살면서 맛보았던 다양한 기쁨과 역경을 서로 나누는 회상 모임에 참여한다. 다른 사람들의 이야기를 주의 깊게 듣는다. 연민을 느끼고 수용할 줄 아는 능력을 키워나간다.

애도하기 모든 상실에는 슬픔이 따라온다. 매일 주저 없이 울고 경의를 표하며 조금씩 슬픔을 벗어던진다. 슬픔과 상실에 집착하지 않는다. 그 대신 사랑과 추억을 수용하고 키워나간다. 슬퍼하는 다른 누군가를 지켜보며 함께 있어준다.

조언하기 누군가에게 조언을 해주거나 누군가의 조언을 받는다. 조언을 받는 것이 너그러운 행동임을 명심하길 바란다.

봉사하기 다른 사람들에게 이득이 되는 행동을 한다. 다른 사람들의 말을 잘 들어주고, 다른 사람들에게 따뜻한 손길을 내밀며, 당신을 도와주는 사람들의 인간애를 인정한다.

용서하기 당신 자신과 다른 사람들을 용서한다. 오랫동안 품었던 앙심을 기꺼이 버리고 그보다 훨씬 더 위대한 사랑과 자유를 품고 살아

간다. '분노를 품고 살아가는 것은 독을 먹고 다른 사람이 죽기를 기다리는 것과 같다.'

기도하고 명상하기 기도는 하나님과 대화하는 것이고 명상은 자각하는 것이라는 말을 자주 들었다. 시간을 들여 마음을 비우고 내면의 자아와 소통하면 평화롭고 현실적이며 사랑이 넘치는 곳에서 살아가는 능력이 향상된다.

성찰하고 공유하고 용서하는 이러한 활동을 하면 육체적으로나 정신적으로 큰 한계를 지니고 있는 사람들도 인생에서 상실감을 맛보는 고통스러운 상황에서도 의미를 찾을 수 있다.

영성을 부르는 낭독문

영성을 이끌어내고 싶다면 다음의 글을 큰 소리로 읽어보라.

태양 속의 건포도(독백)

- 로레인 한스베리(Lorraine Hansberry)

베네사 어렸을 때 우리는…… 겨울에 썰매를 끌고 나가곤 했어. 하지만 썰매를 탈 만한 언덕이라고는 거리에 늘어선 집들 앞에 얼어붙은 돌계단뿐이었지. 그래서 눈으로 돌계단 틈새를 메워 완만하게 만들고는 거기서 하루 종일 썰매를 탔어. ……물론 아주 위험한 짓이었지. ……너무 가파르고. ……하루는 루퍼스라는 아이가 너무 빨리 썰매를 타다가 길바닥에 부딪혀 얼굴이 완전히 반으로 찢어졌어. 바로 우리 눈앞에서 그런 일이 일어났지. 내가 거기 그 자리에 서서 그 아이의 피 묻은 얼굴을 보며 루퍼스는 이제 끝장났다고 생각했던 기억이 나.

구급차가 도착했고 루퍼스를 병원으로 싣고 갔어. 병원에서 루퍼스는 부러진 뼈와 찢어진 얼굴을 치료받았지. ……다음 날 루퍼스는 멀쩡하게 나타났고, 단지 얼굴 중앙에 작은 선 하나만 남아 있었어. ……나는 그 일을 잊을 수 없었어. ……한 사람이 다른 사람에게 그런 일을 해줄 수 있다니. 다른 사람을 고쳐주고 봉합해 다시 멀쩡하게 만들어놓다니. 그건 정말 인간이 이 세상에서 할 수 있는 가장 실질적인 일이었어. 아픈 사람을 고쳐 다시 멀쩡하게 만드는 건 진짜 신이 되는 것과 같았지.

영성을 키우는 방법

1. 매일 10분 동안 심호흡하고 긴장을 풀며 명상에 잠긴다(호흡에 집중하면서 마음을 비운다). 그 후에 기분이 어떤지 살펴본다.

2. 매일 30분 동안 영적이거나 종교적인 책을 읽는다. 신뢰하고 존경하는 누군가와 함께 그 책 속에 든 사상에 대해 토론한다.

3. 다른 종교를 탐구한다. 예컨대 수업을 듣고, 인터넷으로 자료를 찾아보며, 종교가 다른 사람을 만나거나 다른 종교 집회에 참석한다. 그러한 신앙을 실천하는 사람들과 이야기를 나누고 그들을 인간 대 인간으로 알아나간다.

4. 내 삶의 근본적인 목적을 찾고 나의 행동과 삶의 목적을 일치시킨다. 내가 그 목적을 달성하기 위해 무엇을 했는지 매일 자문해본다.

5. 나 자신을 칭찬하는 글을 쓰거나 사랑하는 사람들에게 나를 어떻게 기억하고 싶어 하는지 물어본다. 그 사람들이 나의 대표 강점을 언급하는가?

6. 나를 보다 고귀한 존재와 이어주거나 내가 보다 큰 계획의 일부임을 일깨워주는 활동을 매일 적어도 하나씩 한다. 내가 보다 광범위한 삶의 맥락 속에 존재하고 있음을 명심한다.

7. 하루에 5분에서 10분 동안 산만한 요소를 모두 제거한 채 속으로 예배를 드리거나 기도를 한다.

8. 나의 일상적인 활동이 영적인 의미를 지니고 있는지 살펴보고 만약 그렇지 않다면 그 문제를 해결할 방도를 생각해본다.

9. 나의 영적인 믿음과 행동이 어떻게 나와 타인을 진실하게 이어주는지를 숙고해본다. 내가 사랑하는 사람들한테서 영적인 유사점을 찾아본다.

10. 내 삶에서 사람과 사람을 강력하게 연결해주는 경험을 매주 목록으로 작성한다. 내가 다른 사람들의 삶에 얼마나 자연스럽게 섞여 들어가는지를 유의해 살펴본다.

11. 문제를 찾아 해결해주는 데 유용한 내 능력에 감사하는 사람들과 관계를 맺는다. 그들에게 의지하고 나도 그들에게 의지가 돼준다. 내 인간관계의 신뢰 수준을 잘 파악한다.

12. 나의 대표 강점을 키워주는 사람들 및 조직들과 관계를 맺는다. 나의 강점을 이용해 사람들이 자신들의 영성을 보다 잘 파악할 수 있도록 도와주는 방법을 생각해본다.

성격강점 분류는 화학원소 주기율표와 같다

닐 메이어슨(Neal Mayerson)

성격강점을 연구하기 위해 틀을 마련하기 시작했을 때 우리의 목적은 분류 체계를 개발하는 것이었다. 펜실베이니아주 글래스번에 조용한 곳이 있어서 다양한 직업을 가진 사람 20여 명이 그곳에 모여 그 벅찬 과제를 해결하는 방법을 논의했다. 그중 한 분류학 전문가가 분류학이 관계의 기저이론이 되는 것 같다고 말해줬다. 하지만 그런 이론이 존재하지 않았기 때문에 최상의 목표는 분류를 묘사하는 것이었다. 실제로 피터슨과 셀리그만이 존경받는 학자들의 조언과 지식을 수용해 그 일을 해냈다.

성격강점 분류의 목적은 성격의 기본 특성을 알아내 개념적으로 조직하는 것이다. 피터슨과 셀리그만은 많은 수의 유망한 후보 성격강점을 다루면서 10가지 선정 기준을 공식화해 각각의 성격 특성을 철저하게 검토했다. 그렇게 해서 선정 기준과 가장 잘 들어맞는 24가지 특성을 분류했다. 이러한 분류를 통해 분해할 수 없는 복합적인 특성을 형성할 수 있는 긍정적인 기본 특성을 찾아낼 수 있길 바랐다.

그래서 성격강점 분류는 화학원소 주기율표와 같다. 수소와 산소가 결합하면 물이 되듯이 개방성(판단력)과 공정성이 결합해 '끈기'가 될 수 있다. 끈기와 개방성, 자기통제력이 결합하면 '인내'가 될 수 있다.

많은 사람이 추가적인 성격강점을 제시했다. 예컨대 존 이거(John Yeager)는 이런 글을 남겼다. '능숙한 비판적 사고는 개방성과 호기심, 학구열, 끈기, 정직, 자기통제력 등 많은 다른 성격강점으로 구성된 다채롭고 복합적인 성격강점이다. 능숙한 비판적 사고는 또한 복합성과 정반대되는 단순성이기도 해서 여러 특성으로 결합돼 스물다섯 번째 성격강점으로 기능한다.'

이거가 묘사한 것처럼 비판적 사고와 같은 복합적인 성격강점이 많이 있다. 하지만 이거의 주장처럼 복합적인 성격강점이 성격 분류를 확장시키는 것은 아니다. 그보다는 인간의 상태를 개선하기 위해 그러한 복합적 성격강점을 어떻게 구성해야 하는지에 대한 방향을 알려준다. 성격강점 분류는 성격의 기본 요소를 최대한 명확하게 밝혀준다. 그러한 요소를 결합하면 깊이 있는 인간의 성격이 나온다.

이 '성격강점 주기율표'는 인간 본성의 복합성을 파헤치는 틀이 된다.

3부

이제는 행동으로 옮겨라

● 3부에서는 "이제 성격강점이 무엇인지 알았다. 그렇다면 이 지식을 어떻게 활용해야 보다 플로리시한 삶을 영위해나갈 수 있을까?"라는 질문에 대한 답변을 다룬다. 이밍 탠(Yee-Ming Tan)과 스콧 어살론(Scott Asalone)은 비즈니스에서 성격강점을 활용하는 법을 소개한다. 아렌 코언(Aren Cohen)은 사람들이 휴가를 즐길 때 성격강점이 어떤 역할을 수행하는지에 대한 글을 썼다. 엘리자베스 엘리자르디(Elizabeth Elizardi)는 성격강점을 자각해 아이들의 삶을 향상시킬 수 있는 방법을 소개하고, 존 이거는 불우 청소년과 함께 일하면서 성격강점을 어떻게 활용했는지를 보여준다. 마지막으로 리안 니믹은 성격강점의 의도적 활용에 대한 연구 결과와 그 지식을 이용해 인간의 행복을 증진할 수 있는 방법을 파헤친다.

비즈니스에서 성격강점을 키워라

이밍 탠

중국의 직장에서는 성격강점이 잘 통하는가? 나는 상하이와 홍콩에서 긍정 리더십 워크숍을 운영하고 있다. 그런데 최근 성격강점 접근법이 난관에 부딪히는 일을 겪었다.

"이 평가는 제 약점을 말해주지 않아요. 강점만 알려주죠. 이해할 수 없군요! 약점을 말해주지 않는 평가가 무슨 소용이 있죠? 제 약점을 모르는데 어떻게 발전할 수 있겠어요?" 첸(Chen)이 강의실 뒤쪽에서 소리쳤다. 첸과 그의 동료는 모두 고등교육을 받은 선박회사 수석 경영자였고, 두 달 전 내가 운영하는 상하이 긍정 리더십 워크숍에 참가했다. 첸의 동료는 자신들의 성격강점 보고서에 약점이 나와 있지 않다는 사실에 당혹감을 감추지 못했다.

첸의 다섯 가지 대표 강점은 공정성과 정직, 친절, 사랑, 겸손이었다. 첸은 혼란스러워했다. 검사 결과에서 나온 자신의 대표 강점과 실제 성격이 일치하지 않는다고 생각하기 때문이었다. 첸은 본래 화를 잘 내고 고객과 정기적으로 다투는 사람으로 유명했다. 첸은 자신의 가장 큰 단점이 분노를 조절하지 못하는 것이라는 사실을 알고 있었다.

대표 강점의 위력은 단순하게 대표 강점을 파악하는 것이 아니라 그 후 대표 강점을 통합하고 변화할 때 나온다. 개개인이 자신들의 대표 강점을 어떻게 활용해야 하는지를 제대로 이해하려면 종종 잘 요약된 설명을 들어야 한다. 나는 그 내용을 설명해주려고 다음과 같은 질문을 첸에게 던졌다.

탠 그러한 대표 강점(공정성, 정직, 친절, 사랑, 겸손)을 얼마나 많이 지니고 있나요?

첸 제가 공정성과 정직, 겸손을 지니고 있다는 건 맞아요. 하지만 제가 친절하다고는 생각하지 않아요. 특히 제가 사랑을 주고받을 줄 안다는 건 터무니없는 소리죠.

탠 흥미롭군요. 이 조사 결과는 당신이 대답한 내용을 분석해 나온 거예요. 그럼 좀 더 자세히 알아보죠. 어떤 상황에서 친절과 배려를 베푸나요? 누구에게 친절을 베푸나요? 우리는 인생에서 각각 다른 역할을 수행하고 있고, 각각 다른 역할을 수행할 때마다 다르게 행동할 수 있거든요. 어쩌면 당신이 어떤 역할을 수행할 때는 보다 친절해지고, 또 다른 역할을 수행할 때는 그다지 친절하지 않을 수도 있지 않나요?

첸 그건 맞아요. 제 아내와 딸에게는 친절해요. 또한 친구들에게도 친절하게 대하고요. 하지만 직장에서는 친절한 사람이 아니에요. 어떻게 직장에서 친절하고 배려 있는 사람이 될 수 있겠어요? 우리 사업을 위해 싸워야 하는데 말이죠. 고객이 부당하게 행동할 때 전 수동적인 다른 동료와는 달리 맞서 싸워요.

탠 이제야 공정성과 정직이란 당신의 성격강점이 어떻게 발휘되는지 알겠군요. 당신은 부당한 걸 감지하면 그 즉시 다른 사람들과 논쟁을 벌이는 겁니다. 그럼 방법을 한 번 바꿔보죠. 당신이 친절하게 굴 때는 어떻게 행동하나요?

첸 인내하고 다른 사람들의 이야기를 기꺼이 들어주고 고려해요. 제 딸과 함께 있을 때도 그렇죠. 딸아이의 이야기를 끈기 있게 들어주고 딸아이와 많은 것을 주고받아요.

탠 훌륭하군요. 그렇다면 다음 단계로 넘어가보죠. 고객과 다투는 당신의 성향을 한 번 살펴봅시다. 당신의 다섯 가지 대표 강점을 모두 이용할 수 있다면 당신이 고객과 다투는 상황에 어떻게 적용할 수 있을까요?

첸 공정성을 발휘하면 고객의 요구와 회사의 요구를 언제나 균형 있게 맞출 수 있어요. 네, 이제 알겠어요. 관계를 해치는 논쟁을 벌이지 않고 그 대신 친절과 공감 능력을 발휘할 수 있어요. 제가 좀 더 인내하고 고개들의 의견에 귀 기울일 수 있죠. 고객들이 틀렸다 해도 제가 겸손하게 행동할 수 있어요. 과거에는 제가 부당하거나 불합리한 것을 감지했을 때 즉각 화를 냈죠.

탠 당신의 대표 강점을 이용해 실제 상황을 다루는 법을 알아낸 것 같군요. 직장으로 돌아가 그 방법을 사용해보고 나서 그 결과를 알려주세요.

사흘 후 첸의 이메일을 받았다. 첸은 한 고객과 다툴 뻔했다. 하지만 이성을 잃기 직전 친절과 공감 능력을 발휘해야 한다는 사실을 기억해낸 덕분에 고객의 의견을 경청하고 존중할 수 있었고 결국 그 문제 상황이 빠르게 종결됐다. 첸은 나중에 그 고객한테서 아주 크게 '감사'를 받았다.

첸은 자신의 분노 조절 문제를 알고 있었지만 단점을 지적하는 전통적인 방법으로는 좌절감만 더 깊어졌다. 인내하는 법과 다른 사람의 입장에서 상황을 바라보는 법을 배우고, 자신의 성질을 누르며, 진정 기법을 사용하는 등 많은 방법을 시도해봤지만 모두 헛수고였다. 마침내 자신의 대표 강점을 이용해 아주 적은 노력을 들여 혹은 자기통제력을 발휘함으로써 자신의 단점을 극복해냈다.

사람들은 자신이 본래 어떤 사람인지를 알아냈을 때 가장 효과적으로 달라질 수 있다. 첸은 자신의 대표 강점을 알아내 자기가 생각하는 자신의 모습과 통합해 행동을 바꿀 수 있었다.

후일담을 늘어놓자면 어제 첸의 소식을 들었다. 첸은 자신의 대표 강점을 통합한 덕분에 예전의 사업 파트너와 우정을 나누는 관계를 맺을 수 있었다고 했다. 고객과는 반대 팀이 아니라 같은 팀이 돼 보다 즐겁고 의미 있게 일을 할 수 있었다. 나는 첸에게 대표 강점 접근법에 대해 얻은 통찰력이 있다면 말해달라고 했다. 그러자 첸은 이렇게 말했다.

"성격강점을 지니고 있다면 사용하는 것이 좋습니다!"

강점 평가 활용하기

스콧 어살론

거물급 국제 은행에서 소규모 비영리 단체에 이르기까지 모든 조직이 강점 주력화의 위력을 검토하고 있다. 나는 직원들과 경영자들에게 하루 일정의 성격강점 워크숍을 제의하고 나서 강점 주력화를 역설하려고 지도자들을 만났다.

여기서는 팀 토론을 최대한 활용하기 위해 사용하곤 했던 최상의 방법 몇 가지를 소개해 성격강점을 설명하고 싶다.

긍정적인 변화의 모델을 출발점으로 삼아라. 당신은 아마도 이미 이 방법을 사용해봤을지도 모른다. 개인과 조직이 그들이 주력하는 것을 향해 나아간다는 개념은 내 워크숍의 도약대와 같다. 그 후에는 긍정 변화의 모델과 부정 모델을 대조해 사람들이 고쳐야 하는 문제점에 집중하도록 만든다. 이렇게 하면 직원들이 성격강점에 주의를 기울일 뿐만 아니라 훗날 내가 지도자들과 그들의 조직에 대해 이야기를 할 수 있는 물꼬가 트인다.

연구 결과를 선별해 사용하라. 나는 연구를 좋아한다. 긍정심리학에 대한 모든 연구 결과를 많은 사람에게 이야기할 때 나는 한 가지 교훈을 얻었다. 연구 결과를 선별적으로 사용해야 한다는 것이다. 대부분 직원은 그 모든 연구 결과를 듣고 싶어 하지 않는다. 잘 선별한 연구 결과 두 가지만 사용해도 요점을 명확하게 전달할 수 있다.

먼저 단점에 대해 토의하라. 강점 도구의 걸림돌 가운데 하나는 대부분 사람과 기업이 아직도 단점에 중점을 둔다는 것이다. 그러므로 단점을 무시하거나 강점에 주력하기만 하면 단점이 사라진다는 주장은 통하지 않는다. 나는 인간이 다뤄야 하는 유일한 단점은 그들의 크립토나이트(슈퍼맨의 약점)라는 마커스 버밍햄(Marcus Buckingham)의 개념을 좋아한다. 크립토나이트는 누군가의 삶이나 경력에 걸림돌이 될 수 있는 약점을 말한다. 대부분 참가자는 이 개념을 수용한다.

강점이 '무엇'인지 알아내는 것과 강점을 '어떻게' 발휘하는지 알아내는 것의 차이를 파악하라. 올해 초 내가 접수한 강점에 대한 반발 가운데 하나는 강점이 '진짜'가 아니라는 것이었다. 그 강점은 사람들이 매일 하는 것이 아니었다. 하지만 잠깐 동안 토의를 하고 나자 그들은 강점 도구가 그들의 일 처리 방식을 밝혀준다는 사실을 깨달았다. 이제 사람들은 제일 먼저 그들이 무엇을 잘하는지를 적고 나서 동료 직원들과 그에 대해 토의한다. 자신들의 중요한 업무와 능력에 대해 의논하는 것이다. 그러고 나서 그러한 강점을 다수의 업무에 어떻게 활용할 수 있는지에 대해 이야기한다. 나는 그 둘의 차이를 밝혀 직원들이 잘하는 업무와 그 업무를 처리하는 방식을 고려해 하루를 재조정할 수 있도록 도와줬다.

강점을 완전히 자기 것으로 만들 수 있도록 격려하라. 현 시점에서 강점 도구의 결과는 아직도 상당히 학구적이다. 내 교육에 참석하는 대부분 참가자는 동료들과 함께 앉아 있기 때문에 자신들의 검사 결과에 대해 그들과 이야기한다. 그 후 나는 참가자에게 그 동료의 강점을 증명해주는 증거를 어디서 봤는지 알아내라고 격려한다. 개개인은 다른 누군가가 자신들을 관찰했다는 사실을 깨달을 때 자신들의 강점을 진정으로 소유하게 된다.

강점이 시기심을 유발할 수 있다는 사실을 인정하라. 나는 조직에서 강점을 비교해서는 안 된다고 배웠다. 가진 자와 가지지 못한 자를 낳기 때문이다. 나는 누가 어떤 강점을 가졌는지를 파악하려고 애쓰곤 했지만 직원들은 간부 직원들이 어떤 강점을 지녔는지, 그러한 강점을 어떻게 발달시켰는지 궁금해했다. 그들 중 몇몇은 시기심을 느꼈을지도 모른다. 하지만 나는 그들에게 톰 래스가 CEO 세 사람을 비교한 이야기를 들려준다. 그 세 사람은 완전히 다른 강점을 지니고 있었고 유일무이한 자신들만의 강점을 사용해 성공했다.

강점을 발휘하라. 직원들은 자신들의 강점을 매일 어떻게 발휘해야 하는지 알고 싶어 한다. 나는 그들에게 하루 일정 전체를 가능한 한 많이 바꾸라고 지시한다. 직원들은 강점을 활력제나 힘든 일을 처리한 보상으로 삼아 하루 중 적절한 때에 발휘한다. 그 후 나는 그들에게 강점을 어떻게 발휘하느냐에 따라 그날 하루나 업무를 보다 효과적으로 즐겁게 마주할 수 있는지 알아보라고 한다. 마지막으로 직원들은 코치로서 다른 직원과 짝을 이뤄 일하거나 그들의 전체 팀과 함께 일하면서 그들이 자신들의 강점을 보다 잘 활용할 수 있는지 알아본다.

강점을 몸에 각인시켜라. 나는 행동 계획이 효과적이라고 믿는다. 하루가 끝날 무렵, 참가자들은 자신들의 강점을 개발하는 방식을 구체적으로 보여주는 개인적인 행동 계획을 세운다. 예컨대 학습이나 훈련, 역할 모델링 계획을 세우는 것이다. 그러고 나서 자신들의 강점을 발휘하는 방식을 중점적으로 파헤친다. 때때로 지도자들은 행동 계획을 적어 넣은 밀봉된 봉투를 모아 나중에 직원들에게 돌려준다. 마지막으로 나는 집단 전체가 브레인스토밍해 각자의 강점을 중점적으로 다루고 발휘하라고 서로에게 상기시켜줄 수 있는 방법을 알아내도록 도와줬다.

이 가운데 어떤 방법을 사용하든, 일대일 토론을 하든, 그보다 대규모 그룹 회의를 하든 상관없이 위 방법을 사용한다면 개인과 조직이 긍정적으로 변화하는 장을 마련할 수 있다.

휴가 중 강점 발휘하기

아렌 코언

나는 최근 남편 안드레(Andre)와 함께 아르헨티나와 브라질로 환상적인 휴가를 떠났다. 마지막 순간에 떠나기로 결정한 여행이었다. 나는 그동안 매우 열심히 일했기 때문에 기회가 있을 때 절실하게 도피할 필요가 있다고 판단했다. 그래서 한 달도 채 남겨두지 않고 티켓을 예약하고 도피 여행을 계획했다.

안드레는 부에노스아이레스와 리우데자네이루에 가본 적이 있었지만 나는 그렇지 않았다. 우리 두 사람은 여행 방식이 완전히 다른 여행자였다. 나는 여행 전 미리 호텔을 예약하고, 관광지와 식당을 검색해보는 그런 사람이다. 그래야 어떤 경험을 하게 될지 알 수 있으니까 말이다. 반면 나보다 여행을 많이 해본 안드레는 '무계획이 계획'이라는 여행 방식을 편안하게 여겼다. 몇 년 동안 여행을 다녀봐서 언제나 먹을 것과 잘 곳을 찾을 수 있다는 사실을 배웠고, 때로는 빡빡한 일정 없이 예기치 못한 경험을 할 때 보다 즐겁다는 사실을 알았기 때문이다.

상당히 급하게 휴가 계획을 세웠기 때문에 우리 두 사람의 여행 계획 방식이 뒤섞였다. 리우데자네이루에서 머물 곳은 모두 예약했지만 부에노스아이레스에서는 나흘 중 하루만 머물 곳을 예약했다. 게다가 나는 출발 전 무척 바빴기 때문에 관광지나 식당 조사는 최소한으로 할 수밖에 없었다. 하지만 안드레가 두 곳 다 가봤기 때문에 나는 뭔가 새로운 것을 시도해보기로 마음먹었다. 안드레에게 나 자신을 기꺼이 맡겼고 '마음 가는 대로 가는' 안드레의 여행 방식을 받아들였다. 나와 남편은 열흘간의 남아메리카 여행으로 넘치는 활기를 되찾았고 크나큰 행복을 만끽했다.

나는 그 여행 중 크게 발휘됐던 성격강점에 대한 몇 가지 생각을 소개하고자 한다. 특히 일곱 가지 성격강점을 중점적으로 살펴보겠다.

호기심 여행과 관련된 성격강점이 있다면 그것은 바로 호기심이다. 보통 새로운 곳에 갈 때는 탐구와 발견을 목적으로 삼는다. 안드레와 나는 인터넷 덕분에 집에서도 우리의 호기심을 충족시킬 수 있었지만 새로운 곳에 직접 가는 경험과 비교할 수 있는 것은 아무것도 없다. 여행을 할 때는 주변의 모든 것이 새롭고 조사 대상이 되기 때문에 호기심이 크게 증폭된다. 레블론 해변을 컴퓨터 화면으로 볼 수도 있지만 일단 그곳에 가서 바다 온도를 직접 느껴보고, 코코넛 우유를 맛보고 싶어진다.

학구열 우리 여행에 대해 조사할 것이 많았고 그러한 조사를 하자면 대부분 호기심이 필요했다. 하지만 나는 보다 깊이 조사할 필요가 있는 다른 의문을 던지기 시작했고 결국 그 덕분에 체계적으로 배울 수 있는 기회를 얻었다. 나는 1800년대에 아르헨티나의 삶이 어떠했는지를 보여주는 박물관에서 명판을 읽는 게 즐거웠으며 집에 돌아오자마자 브라질의 식민지화 역사에 대해 공부하기 시작했다.

개방성(판단력) 여행을 하려면 개방성이 필요하다. 새로운 곳에 간다는 것은 다른 방식으로 다르게 만들어진 것을 본다는 뜻이다. 한 친구가 부에노스아이레스에 있는 레콜레타 묘지에 가봐야 한다고 말했다. 솔직하게 말해 나는 레콜레타 묘지가 매사추세츠주 케임브리지에 있는 마운트 어번 묘지와 비슷할 거라고 생각했다. 탁 트인 곳에 초록빛 잔디가 깔려 있고 버드나무 아래 벤치가 한적하게 놓여 있을 거라고 기대한 것이었다. 그런데 맙소사, 내 생각이 틀렸다! 레콜레타 묘지에는 묘들이 맨해튼 고층 건물보다 더 빽빽하게 들어차 있었다. 내가 기대했던 것과는 완전히 다른 풍경이었다. 하지만 그 기회를 계기로 보스턴 사람들과 아르헨티나 사람들이 얼마나 다르게 죽음을 기리는지를 알 수 있었다.

열정 즐기려고 떠나는 여행을 건성건성 보내서는 안 된다. 어디를 가든 휴가를 가면 모험심이 솟아나야 한다. 우리는 살아 있음을 느끼며 활기차게 부에노스아이레스를 돌아다녔고, 리우데자네이루 해변에서도 명백한 에너지와 흥분을 느꼈다. 휴가 중에 모험을 즐기면 열정을 맛보고 증폭시킬 수 있다.

아름다고 훌륭한 것을 감상하는 감상력 우리는 부에노스아이레스에서 박물관 두 곳을 찾았다. 리우데자네이루에서는 해변과 빈민 지역을 둘러보았다. 모양과 형태에 상관없이 어디를 가든 아름답고 훌륭한 것을 찾아 감상할 수 있었다. 부에노스아이레스에서는 건물과 예술작품에서 영감을 받았다. 브라질로 날아가 창밖을 내다봤을 때는 그 아름다운 풍경에 압도당했다. 휴가의 가장 좋은 점은 일상생활이라는 흐릿한 안경이 벗겨진다는 것이다. 누군가가 자신의 일상에서 벗어날 때는 주변 세계의 웅장함을 보다 선명하게 볼 수 있다.

감사 휴가 중에는 감사하다고 느낄 이유가 많이 생긴다. 우리가 부에노스아이레스에서 두 번째 호텔에 도착해 3박을 예약했는데도 하룻밤 묵을 방밖에 없다는 사실을 알았을 때는 조금도 감사하다고 느낄 수 없는 상황이었다. 하지만 그 순간, 안드레는 '마음 가는 대로 가는' 자신의 철학을 내게 상기시켜줬다. 다음 날, 우리는 전날 밤에 예약했던 곳보다 훨씬 더 즐겁게 지낼 수 있는 다른 호텔을 찾았다. 갑자기 나는 여행 중에 일어났던 그 작은 사고가 고맙게 느껴졌다. 상상하지도, 예기치도 못했던 결과가 본래 계획했던 것보다 훨씬 더 나았으니까. 휴가 중에는 단순하게 경험할 수 있어 고마운 온갖 사소한 일이 일어나는 것 같다.

하지만 적어도 내게는 감사의 또 다른 측면도 여행에서 드러나는 것 같다. 비행기가 고국에 착륙하는 동안 기장이 "착륙 준비하고 상호점검하세요"라고 말할 때 나는 무한한 감사를 느꼈다. 모험을 좋아하지만 모험은 언제나 집과 가족, 친구, 일이 맞물려 돌아가는 평범한 삶으로 돌아와 감사하다는 마음을 불러일으킨다.

사랑 사랑하는 사람과 함께 여행할 때는 그 사랑을 키워나갈 수 있는 기회가 생긴다. 새롭고 신선한 경험을 사랑하는 사람과 함께 하면서 남다르게 친밀한 추억을 쌓아나갈 수 있다. 마법 같은 그 순간이나 그 이후에도 사랑하는 사람과 더욱 가까워지고 또 다른 유대관계가 생겨난다.

어린아이들의 성격강점 길러주기

엘리자베스 엘리자르디

각각 7세와 4세인 두 딸 그리고 남편과 함께 식탁에 앉아 있을 때였다. 어느 순간, 자매의 다툼이 치열해졌다. 처음에는 가볍게 농담을 주고받는 혈기왕성한 두 아이의 대화는 적절하게 방향을 잡아주지 않으면 한순간 중상모략을 일삼는 격전으로 전락할 수 있다.

그 격전이 한창 벌어지던 도중 모두를 경악하게 만든 한마디가 튀어나왔다. 바로 '멍청하다'는 말이었다. 이것은 많은 부모가 나쁘다고 생각하는 말 가운데 하나이자 욕설이며 절대 입에 담아서는 안 되는 말이었다. 나는 아이들에게 교훈을 줄 수 있는 그 순간을 노상강도처럼 훔쳐 아이들 앞에 무기처럼 휘둘렀다. 대화의 방향을 바로잡아준 그 순간은 사람들과 그들의 타고난 선함에 대해 토의하는 흥미로운 시간이었다.

나는 모든 사람이 선한 일을 할 수 있고 선한 마음을 내면에 지니고 있기 때문에 '멍청한' 사람은 이 세상에 없다고 재빨리 지적해줬다. 나는 내 아이들이 우리 모두의 내면에 강점과 아름다움이 있다는 사실을 이해할 수 있길 바랐다. 언제나 좋은 점을 찾아봐야 한다.

아이들은 많은 사람이 이 세상에서 다른 사람들과 상호작용할 때 취하는 것과 똑같은 행동을 한다. 옳고 선하고 강인한 점을 인정해주기보다는 서로의 약점을 지적하고, 잘못된 점을 꼬집으며, 자신의 신경에 거슬리는 점을 이야기한다. '멍청함'이라는 미끄러운 비탈을 타고 내려가기가 얼마나 쉬운지 모른다.

그렇다면 3세에서 9세까지의 아동들한테서 확인하게 드러나는 성격강점은 무엇일까. 피터슨은 2006년 한 연구논문을 발표했다. 그 논문에는 부모들이 3세에서 9세 사이의 아동을 묘사한 내용이 실려 있었다. 그 내용을 분석하자 아동들의 행복 수치뿐만 아니라 24가지 성격강점이 나왔다.

그 연구논문의 결과에 따르면 어린아이들의 경우 사랑과 열정, 희망이 행복과 연관성을 보였고, 그보다 좀 더 큰 아이들의 경우 감사하는 마음이 행복과 연관됐다. 부모들이 아이들한테서 가장 흔히 발견하는 공통적인 성격강점은 사랑과 친절, 창의성, 겸손이었고, 그렇지 않은 성격강점은 정직과 감사, 공정성, 용서, 개방성(판단력)이었다. 몇몇 강점은 아이들이 좀 더 성숙했을 때 명확하게 나타나는 것 같다.

한편 희망과 열정, 사랑 같은 특정 성격강점은 어린아이들한테서 강하게 나타나지만 항상 강하게 유지되지는 않는다.

유전학과 환경이 아동의 성격 형성에 영향을 미친다는 점을 고려한다면 아동 개개인의 독특한 강점 조합을 어떻게 밝혀내고 만들어내고 장려할 수 있을까.

당신의 강점을 자유롭게 발휘할 수 있고 당신에게 적합한 강점을 다른 사람들이 알아볼 때 기분이 어떤지 생각해보자. 당신의 아이들도 그런 기분을 느낄 수 있기를 바라지 않는가. 하지만 어린아이들의 강점을 찾아주고 키워주면 단순하게 아이들의 기분이 좋아지는 수준을 넘어서는 일이 벌어진다. 연구 결과에 따르면 아이들의 정서적이고 감정적인 행복이 크게 향상되고 아이들이 커서 불안과 우울증에 사로잡힐 위험이 감소한다.

아이들의 성격강점을 찾아내면 아이들과 그 아이들의 독특한 재능을 감사하게 여길 수 있다. 당신의 성격강점을 발휘하면 좋은 점을 찾아낼 수 있다. 또한 문제점이 영속적이고 만연해 있다는 생각 대신 일시적이고 부분적으로나마 낙관적으로 생각할 수 있다. 아이들은 시간이 흐르면서 강점을 중심으로 정체성이나 소유의식을 키워나가기 시작할 것이다. '이게 나야' '이것 때문에 내가 독특하고 특별한 사람이 되는 거야'라는 이야기를 하기 시작하는 것이다. 당신은 아이들에게 그들이 유능하고 자신감 넘치며 목표를 달성할 수 있는 사람이라는 믿음을 불어넣어준다. 그들에게 '설득력 있는 타인'이 되는 것이다. 강점을 활용하면 당신과 당신 아이 모두가 긍정정서를 느낄 수 있고 어려운 상황에 필요한 자원의 샘을 채울 수 있다.

부모의 기록이 강점을 밝혀주는 믿을 만한 기준이 된다면 어디서부터 시작해야 할까.

아이가 노는 모습을 지켜본다. 두세 살된 아이의 강점을 알아보는 가장 좋은 방법은 다른 아이들과 어울려 노는 모습을 주의 깊게 살피는 것이다. 주의 깊게 경청하고 강점을 찾아내자.

아이에게 가장 근사했던 경험을 돌이켜본다. 아이가 최상의 모습을 보여줬던 순간이 있었나? 언제 혹은 어디서 아이가 빛을 발했는가?

아이의 선생님에게 이런 질문을 던져본다 "우리 아이의 강점이 무엇인가요?" "우리 아이가 어떤 아이인가요?"

아이에게 다양한 활동을 시킨다. 당신이 하고 싶은 활동만 시킬 것이 아니라 춤이나 음악, 예술, 문학, 운동, 자연 등 다양한 활동을 아이에게 시킨다. 아이의 흥미를 유발하는 요소가 그러한 활동에 포함됐는지 살펴본다.

부모 보고서를 제출한다고 가정해본다. "아이의 강점을 말해보시오"나 "아이가 진정으로 잘하는 것은 무엇인가요?"라는 질문에 뭐라고 대답할 것인가.

아이의 이야기를 들어준다. 아이들은 자신들이 세상을 어떻게 바라보는지에 대한 실마리를 이야기로 전해준다. 그러므로 식사 시간이나 자동차에서 혹은 잠자기 전 아이와 대화하는 시간을 마련한다. 아이의 이야기를 들으면서 어떤 강점이 발휘되는지 주의 깊게 살핀다. 하루 일과를 말해주는 아이의 이야기에서 실마리를 찾아내고 그 단어들 속에 숨은 강점을 발견한다.

새 정원에 꽃을 심을 때는 먼저 비옥한 토양이 필요하다. 성격강점은 비옥한 토양과 같고, 그 아래에 파묻혀 있는 활동이 아름답고 무성하게 피어날 꽃들의 씨앗이다. 정원을 가꾸는 몇 가지 방법을 소개하자면 다음과 같다.

강점 식사 시간을 갖는다. 아이의 대표 강점 가운데 하나가 감사라고 가정해보자. 아이가 한 주 동안 감사라는 강점을 얼마나 잘 발휘했는지에 대한 칭찬 카드를 써서 아이의 저녁 식탁 자리에 놓아둔다.

아이의 강점이 일상생활에서 어떻게 발휘되는지에 대해 이야기를 나눈다. 아이가 자신의 강점을 새로운 방식으로 발휘할 수 있도록 돕는다. 정해진 한 주 동안 아이가 참여해 자신의 대표 강점을 발휘할 수 있는 모든 활동을 목록으로 작성한다. 그 목록을 잘 보이는 곳에 두고 아이에게 매일 한 가지 새로운 활동을 해보라고 격려한다.

서로의 강점에 대한 의견을 수집한다. 식탁에 하얀 식탁보를 깔고 가족 구성원에게 직물 마커로 그 위에 각자의 생각을 쓰라고 한다. 상황 카드를 만들고 어떤 상황에서 어떻게 행동할지 물어본다.

매주 강점 하나를 고른다. 식사 시간이나 잠자리에 들기 전에 강점 하나를 고르고 그 강점이 어떠한지에 대해 토의한다. 그 강점이 당신의 인생에서 어떻게 나타나는지에 대해 이야기한다.

강점 벽을 만든다. 아이의 방에 강점 벽을 만든다. 아이의 강점을 보여주는 창작물을 수집한다.

긍정적인 포트폴리오를 만든다. 아이에게 특별한 나무 상자를 구해주고 그 상자를 자기 마음대로 장식하라고 한다. 아이가 자신의 가장 뛰어난 모습을 보여주는 창작물을 수집하도록 격려한다.

강점 이야기책을 만든다. 실생활에서 찾아낸 그림을 하얀색 종이에 붙이고 그 아래에 선을 긋는다. 아이가 자신의 생활에 대한 이야기를 쓰고 강점에 대해 말하도록 도와준다.

아동 서적에 나오는 강점 이야기를 아이에게 들려준다. 특정한 강점을 발휘하는 등장인물이 나오는 그림책이나 챕터북을 찾아본다. 어린아이의 강점을 찾아내 이끌어주면 자신의 본래 모습에 감사할 줄 알고 가능성을 키워나갈 수 있다.

이 기사와 무척이나 잘 어울리는 레드(Red)와 캐시 그래머(KaTHY Grammer)의 노래로 다음의 글을 마무리 짓고 싶다. 이 노래는 모든 아이가 자신의 독특한 강점을 발견하는 세상을 그리고 있다. 그런 세상은 분명 더없이 아름다울 것이다.

나를 아름답게 봐줘요(See Me Beautiful)**(노래)**
- 레드와 캐시 그래머

나를 아름답게 봐줘요
내 안에서 가장 좋은 것을 찾아봐줘요
그것이 제 진정한 모습이자
제가 바라는 모습이죠
시간이 걸릴지도 몰라요
그것을 찾기 힘들지도 몰라요

하지만 나를 아름답게 봐줘요

매일매일

시도해봐요

방법을 찾아봐줘요

내가 무슨 일을 하든

밝게 빛나는 사람으로 봐줘요

나를 아름답게 봐줘요

위험에 처한 젊은이의 강점 키우기

존 이거

나는 정서적으로 안정된 청소년이 강점을 키울 수 있도록 돕는 데 많은 시간을 투자했다. 최근에는 주거치료센터에 머무는 12세에서 20세 사이의 위험에 처한 아이들과 일할 기회를 얻었다. 그 아이들은 학대를 받으며 자라다 결국 자신들도 폭력적인 가해자가 됐다. 이 아이들은 겉보기에는 건강해 보이지만 그 아이들과 어울리다 보면 그들의 눈에 서린 고통을 볼 수 있다. 이 아이들은 모두 이미 교정시설에 들어 갔다온 경험이 있었다. 거기서 프로그램의 일환으로 상담사의 엄격한 감독을 받았다. 모든 아이가 충동조절 문제를 갖고 있기 때문에 한시도 상담사의 시야에서 벗어나면 안 된다. 그 프로그램은 아이들에게 매 순간 삶에 보다 잘 대처하는 법을 가르쳐준다.

그 모든 아이는 신뢰가 형성되지 않은 환경에서 자랐다. 이 아이들은 수치심을 느낄 수밖에 없는 경험을 했기 때문에 극심한 죄의식과 열등감을 안고 있다.

이 젊은이들은 가족의 지원을 받지 못했고 아주 어린 나이에 버림받아 결국 주거치료센터로 보내졌다. 주거치료센터는 감옥으로 가기 전에 거치는 마지막 정거장이었다! 이들은 효과적인 대응 기법을 배울 기회가 없었다. 갖고 있는 유일한 도구가 망치뿐이라면 모든 것과 모든 사람을 못처럼 다룰 것이다. 안타깝지만 이 비유가 그 아이들의 상황에 아주 적절하게 들어맞는다.

우리는 사흘간 예정된 프로그램의 일환으로, 그 아이들을 다양한 집단 도전 코스와 개인 도전 코스에 투입했다. 이것은 신뢰와 자발성, 진취성, 근면성을 증폭하는 활동이었다. 챌린지 코스(협동적인 게임 코스와 마지막으로 로프 타기 코스)를 시작했을 때 아이들의 행동에서 부적응적 대응 기법이 다소 나왔지만 신뢰와 진취성, 근면성도 약간 나타났다.

나는 로프 타기 코스가 끝난 후 아이들을 만나 그들의 대표 강점에 대해 이야기했다. 아이들은 모두 청소년 검사를 끝낸 후였다. 아이들의 대표 강점을 찾아내기 위해 개인적 결과와 집단적 결과를 검토하는 일은 매우 흥미로웠다. 대다수 아이가 영성을 대표 강점으로 지니고 있었다. 로프 타기 활동을 하기 이전에는 아이들을 우리 캠퍼스에 데려다놓았다. 그러자 몇몇 아이가 예배당 내부 구조에 깊은 감명을 받는 것이 확연하게 보였다. 그들 중 많은 아이가 그 예배당 건물을 안식처로 보았다. 그날 저녁, 우리는 아이들의 대다수가 어떻게 영성을 대표 강점으로 갖게 됐는지에 대해 토의했다. 아이들은 영성이라는 성격강점이 매일 자신들의 내면에서 살아 숨 쉰다고 말했다. 한 아이는 나중에 자신에게 신앙심은 로프 타기 코스의 확보자와 비슷해 자신이 떨어지지 않게 해주고 다른 위험으로부터 자신을 보호해준다고 말했다.

그렇게 강점에 대해 토의하자 아이들은 자신의 강점을 보다 잘 알게 됐고 강점을 보다 자주 발휘할 수 있는 방법도 찾아낼 수 있었다. 자신의 강점이 어떻게 발휘되는지 아는 것은 인생기술 도구 상자에 넣을 수 있는 가치 있는 도구가 된다.

이제 아이들은 강점을 발휘하고 싶거나 강점이 필요할 때 신호만 하면 강점을 발휘할 수 있다. 강점 발휘가 습관적으로 이뤄질수록 건전한 행동이 뒤따라올 가능성이 높아진다. 자신이 무엇을 잘하는지 안다는 것은 큰 힘을 얻는 것과 같다. 하지만 방임과 학대에 노출된 아이들에게는 그것이 무척이나 힘든 일이다.

집단이 거의 선호하지 않는 성격강점은 신중성과 겸손이었다. 아이들은 이 프로그램에서 모델링과 대화, 결과 처리 과정을 통해 그러한 성격강점을 키워나가고 있다. 겸손은 그들 중 많은 아이가 어렸을 때 겪었던 수치심과는 완전히 다른 성격강점이다.

아이들은 몇몇 그룹으로 나뉘어 자신들의 대표 강점을 그래픽으로 표현하라는 지시를 받았다(강점 나무 그리기). 그러고는 신문지와 다양한 색깔의 마커를 받았다. 이 활동에서 가장 어려운 점은 아이들이 자신들의 강점을 같은 집단의 다른 사람들과 연결 짓게 만드는 일이었다. 아이들은 자신들의 행동이 타인에게 미치는 영향력과 타인을 믿고 자신들 삶의 일부로 받아들이는 능력의 연관관계를 아직 제대로 파악하지 못하고 있다. 한 남자아이는 근사한 집단 그래픽 프레젠테이션에서 아름다운 것과 탁월한 것을 음미하는 감상력을 드러냈다. 이 아이는 자신의 그림을 무척 자랑스럽게 생각했다. 나는 그 아이가 그 대표 강점을 보다 잘 발휘하는 방법을 알아낼 수 있도록 도와줬다.

그런데 집단에서는 대표 강점이 지나치게 발휘될 때 문제점이 생길 수 있었다. 리더십을 대표 강점으로 지닌 또 다른 아이는 자신의 소규모 집단 구성원이 강점 프레젠테이션을 하도록 이끌어내는 데 어려움을 겪고 있었다. 그 아이는 점점 더 깊은 좌절감에 빠졌고 다른 집단 구성원을 조롱하는 리더십의 부정적 측면을 드러내기 시작했다. 하지만 주거치료센터 경영자가 적절한 조언을 하자 아이는 안정을 찾기 시작했고 멋진 최종 결과물을 내놓았다. 실제로 그 아이의 집단은 팀 구성 과정에서 팀원들의 강점이 맺는 연관관계를 가장 잘 보여준 유일한 집단이었다.

『걸어가면서 다리를 놓아라(Building the Bridge as You Walk on IT)』의 저자 로버트 퀸(Robert Quinn)은 이렇게 말한다. "우리 자신을 바꿀 때 다른 사람들이 우리를 바라보고 우리에게 대응하는 방식을 바꿀 수 있다. 우리 자신을 바꿀 때 이 세상을 바꿀 수 있다." 앞서 소개한 젊은이들은 자신들의 다리를 다시 놓고 있다. 자신들의 강점에 집중하면 실제로 그 일을 해낼 수 있을지도 모른다. 나는 그 아이들이 성공하길 바라고 기도한다!

대표 강점 연구 결과 활용하기

리안 니믹

누군가의 강점이 자신의 대표 강점인지 아닌지 알고 싶다고 가정해보자. 질문을 하나만 할 수 있다면 이렇게 질문하라.

"당신의 본성에서 가장 중요하고, 당신을 한 인간으로 정의해주는 강점은 무엇인가?"

이 질문은 대표 강점을 가려내는 가장 중요하고도 유일한 기준인 것 같다. "왕성하게 발휘되는 강점인가?" "발휘하기 쉬운가?" "어느 환경에서나 발휘되는가?" 같은 질문도 중요하지만 이것은 모두 그보다 더 중요한 한 가지 질문에 포함돼 있다. 이 문제의 핵심을 짚고 싶다면 정체성에 대해 물어봐야 한다.

나는 워크숍과 그룹을 운영하거나 초청 강연을 할 때 참가자들에게 성격강점 검사를 미리 받고 오라고 한다. 그러고 나서 그들에게 검사를 받고 난 소감을 물어본다. 한번은 대표 강점의 중요성을 역설하는 내 강의를 들었던 17세 청소년이 자리에서 일어나 다음과 같이 말했다.

"저는 아름다운 것을 음미하는 감상력이 제 대표 강점이라는 사실을 알았어요. 그 전에는 제가 그런 식으로 세상을 바라본다고 생각하지 못했죠. 그런데 알고 보니 그것이 바로 제 인생의 모든 것에 접근하는 방식이었어요. 저는 공부할 때 자연 속에서 시간을 보내려고 하죠. 친구들과 어울리다 그들의 불평을 들을 때면 그 말 속에 숨은 진실을 찾아내려고 애써요. 그리고 그렇게 찾아낸 진실이 아름다운 것이라고 생각하죠. 저는 새로운 기술과 낡은 기술, 텔레비전 쇼, 사람들을 보면서 아름다움을 찾아냅니다. 다른 사람들이 그냥 지나쳐버리는 것을 저는 볼 수 있죠. 아름다움은 하루 종일 제 마음속에서 가장 중요한 부분을 차지하고 있는 것 같아요. 경이와 경외심은 언제나 저를 기다리고 있죠."

이 젊은이는 자신의 대표 강점이 자신의 본모습(정체성)을 어떻게 묘사하는지, 자신이 인생을 어떻게 살아가는지(행동)에 대해 이야기한다. 이처럼 대표 강점은 우리의 긍정적인 정체성과 이 세계에서 우리가 행동을 취하는 방식을 보여준다.

362쪽의 〈표〉는 24가지 성격강점의 본질을 설명해주고 각 성격강점이 개개인의 성격강점 검사에서 상위 5위권에 드는 비율을 보여준다. 상위 5위권에 드는 성격강점이 반드시 대표 강점인 것은 아니지만 이 비율은 이것을 찾는 좋은 출발점이다.

대표 강점 연구

긍정심리학 영역에서 사람들이 자신들의 대표 강점을 효율적으로 발휘하도록 돕는 것보다 더 구체적이고 성공적인 훈련법을 찾기 힘들다. 노인을 대상으로 한 최근 연구에 따르면 대표 강점을 새로운 방식으로 발휘하는 훈련법이 긍정심리학의 다른 훈련법보다 그 효과가 훨씬 더 뛰어났다.

이 훈련법은 다음 세 단계로 이뤄진다. 첫째, 성격강점 검사를 받고, 둘째, 자신의 대표 강점 하나를 찾아내며, 셋째, 그 성격강점을 매일 새로운 방식으로 발휘하는 것이다.

무작위 통제 실험에서 이 훈련법은 행복 증가와 우울증 감소 효과를 일관적으로 가져왔고 때로는 그 효과가 6개월 동안 지속됐다.

이 훈련법의 효과는 중국과 호주, 영국, 미국, 캐나다, 유럽 같은 다양한 나라에서 증명됐고, 그뿐만 아니라 젊은이와 노인, 직원, 역경을 겪은 사람, 뇌손상을 입은 사람, 자살하고 싶어 하는 사람 같은 수많은 사람에게도 유익하다고 증명됐다.

〈표〉 성격강점과 응답자의 상위 5위권에 드는 성격강점 비율

성격강점	간단 개요	상위 5위권 진입 비율
창의성	유익한 독창성	25%
호기심	탐구/ 새로움 추구	34%
개방성(판단력)	비판적 사고와 합리성	33%
학구열	지식의 체계적 심화	28%
예견력	보다 광범위한 시각	13%
용감성	공포를 마주하고 난관을 극복하는 것	14%
끈기	계속 나아가며 모든 장애를 극복하는 것	17%
정직	진실해지는 것	31%
열정	삶에 대한 열의	9%
사랑	상호적인 진짜 온기	33%
친절	다른 사람들을 위해 일하는 것, 연민	32%
사회적 지능	다른 사람들을 움직일 수 있는 통찰력	15%
팀워크	협동적이고 집단 노력에 참여하는 것	15%
공정성	모두에게 동등한 기회	35%
리더십	다른 사람들에게 긍정적인 영향을 끼치는 것	14%
용서	상처를 잊어버리고 자비를 베푸는 것	17%
겸손	성취만이 가치를 높여주지는 않는다	9%
신중성	현명하게 조심하는 것	9%
자기통제력	나쁜 것을 스스로 관리하는 능력	4%
감상력	사물 이면의 생명력을 보는 능력	25%

감사	감사하는 능력	29%
희망	긍정적인 기대와 희망	14%
유머	즐거움/ 웃음 제공	27%
영성	신성한 것과 연결되는 것/ 목적의식	19%

대표 강점에 대한 연구 결과를 보여주는 몇 가지 실례가 더 있다. 더 많은 연구 결과를 알고 싶다면 'http://bit.ly/VIAResearch'에 들어가 VIA 사이트를 방문해보길 바란다.

직장에서 대표 강점을 네 가지 혹은 그 이상을 발휘하는 것은 보다 긍정적인 직업 경험을 하고 자신의 일을 천직으로 삼는 지름길이다. 대표 강점 활용은 직무 몰입도와 직무 만족도와 연관돼 있다.

자신의 성격강점을 아는 것만으로 충분하지 않은 경우가 많다. 그러한 성격강점을 인생에서 활용해야 한다. 성격강점은 더 나은 직장 환경과 관련돼 있다. 성격강점은 몰입과 의미, 긍정정서, 긍정관계 같은 행복의 다양한 요소와도 연관돼 있다. 성격강점은 성취, 성과 개선과 관련 있다. 또한 스트레스를 완화하고 대응 능력을 개선하는 데 도움이 된다.

그렇다면 이 연구 결과를 어떻게 실질적으로 활용할까. 오랫동안 우울증을 앓고 있는 한 여성은 마음챙김과 성격강점 프로그램을 연구했고, 특히 성격강점 요소의 영향을 받았다. 이 여성은 우울증을 치료하기 위해 심리요법과 명상법 치료를 몇십 년 동안 꾸준하게 받았다. 나는 그 여성과 함께 몇 주 동안 '대표 강점을 새로운 방식으로 활용하는 법'을 연습하면서 다음과 같은 대화를 나누었다.

"제가 매일 대표 강점 약을 복용해야 한다는 사실을 깨달았어요."

"그게 무슨 말이죠?" 내가 물었다.

"제 호기심이나 친절, 감사를 새로운 방식으로 활용할 때 기분이 훨씬 더 좋아져요. 대표 강점을 활용해야 한다는 사실을 잊어버리면 기분이 나빠지죠. 그러니까 대표 강점은 약과 같은 효과를 발휘해요."

"더 자세히 말씀해주세요." 내가 말했다.

"그러니까 이런 거죠. 제가 대표 강점을 활용해 새로운 접근법을 취하면 천장이 열려 이 세상을 보다 명확하게 볼 수 있어요. 파란 하늘과 초록 나무를 볼 수 있죠. 나는 사람들과 관계를 맺고 싶어요. 그럼 기분이 훨씬 좋아지죠. 그래서 저는 행동을 취하고 제 대표 강점을 동원해 행동을 취해요."

"심리 훈련처럼 들리네요." 내가 말했다.

"바로 그거예요. 마치 러닝머신에서 달리는 것과 같죠. 제가 행동을 취하는 건전한 상태를 유지하게 해주거든요."

실제로 사람들은 대표 강점을 새롭게 활용하는 방법을 찾아내기 힘들어한다. 자신들의 강점을 잘 이용하지 못하는 경우가 흔하고, 강점을 발휘할 때도 거의 무의식적으로 행동한다. 예를 들자면 이를 닦을 때 자기통제력을 사용하고 있는지에 크게 신경 쓰는가. 운전하는 동안 신중성이나 친절을 얼마나 발휘하는지 살피는가. 팀 회의에서 겸손을 얼마나 발휘하는지 확인하는가.

실용적 팁 1 일상적인 활동을 할 때 대표 강점을 새로운 방식으로 발휘하라.

팀 회의 진행과 전화 받기, 고객과 일대일 상담, 개 산책시키기, 가까운 사람과 이야기 나누기 같은 정기적인 활동을 한 가지 선택해 이렇게 혼잣말을 한다. "이 활동을 하는 동안 내 대표 강점을 새롭게 활용하고 싶어." 그러면 이미 습관적으로 하던 활동에 성격강점을 이용하게 된다. 그러고 나면 성격강점을 향상시키는 방법에 대한 새로운 아이디어가 나온다.

실용적 팁 2 당신의 대표 강점을 다음 네 가지 측면으로 나누어 묘사해본다. 이렇게 하면 각각의 성격강점을 보다 깊이 있게 파악할 수 있다.

개인적 측면	이성적 측면
대인적 측면	감성적 측면

24가지 성격강점은 모두 이러한 네 가지 측면으로 나누어 묘사할 수 있다. 성격강점은 이성적(논리와 분석, 추론 등)이나 감성적(느낌과 신체, 감정, 직관)을 통해 표출될 수 있고, 행동적으로는 대인적(다른 사람들과 관계하는 경우)이나 개인적(혼자서 하는 경우)으로 표출될 수 있다. 감사를 예를 들어보겠다. 한 고객이 자신의 감사 능력을 아래의 네 가지 측면으로 나누어 설명했다(이 내용은 개인마다 다르다).

개인적 측면	이성적 측면(생각과 믿음)
• 내 몸의 치유 능력에 감사할 수 있다. • 우주와 연결되는 느낌에 감사하고, 그 은혜를 갚고 싶다.	• 내게는 내 가족이 이 세상 전부를 의미한다. • 이 사람의 재능을 고맙게 여긴다. • 이 사람과 연결돼 있다.
대인적 측면	**감성적 측면(기분과 신체)**
• 친구에게 말로 감사를 표현한다. • 친절을 되갚아주면서 감사를 표현한다.	• 가슴속에 느껴지는 온기 • 어깨를 짓누르는 묵직함이 완화되는 느낌 • 다른 사람들과 세상에 마음이 열리는 느낌

실용적 팁 3 사람들이 성격강점을 사용할 때 저지르기 쉬운 다음과 같은 흔한 실수를 명심한다.

하위권 성격강점에 지나치게 신경 쓰고 상위권 성격강점을 소홀히 한다. 하위권 성격강점도 중요하고 반드시 다뤄야 하지만 보통 한 사람의 특성인 상위강점을 우선적으로 다뤄야 한다.

성격강점 과용에 지나치게 신경 쓴다. 그 바람에 성격강점을 감사하게 여기지 않거나 높이 평가하지 않는다. 다시 한 번 말하지만 모든 성격강점은 지나치게 사용할 수 있다. 예컨대 루이자 주얼처럼 지나치게 용서를 잘할 수도 있지만 제일 중요한 것을 가장 먼저 해야 한다. 친구들과 고객들이 자신들의 최고 강점을 제일 먼저 지지하고 이해하고 감사히 여기며 심지어 기리도록 도와줘야 한다. 탐구하고 활용하면 통찰력의 세계가 열린다.

상위 5위권 성격강점에만 집중한다. 24가지 성격강점이 모두 중요하다. 대부분 사람이 상위 5위권에서 7위권에 진입한 성격강점을 가장 중요하게 여기겠지만 사람들은 모두 24가지 성격강점을 지니고 있다. 그러한 성격강점이 하루 동안 매 순간마다 어떻게 나타나는지를 보다 의식적으로 살펴보는 것이 중요하다.

이해하기 전에 행동을 취한다. 많은 사람이 성격강점을 의식하고 탐구하고 적용하는 모델에서 '탐구 단계'를 건너뛴다. 탐구는 사람들이 자신들의 본모습을 찾도록 도와주고 그것이 왜 중요한지를 알려준다.

자동적으로나 무의식적으로 성격강점을 발휘한다. 아무리 제 힘으로 성장했다 해도 모든 사람이 많은 성격강점 맹점을 지니고 있다는 사실을 잊어버리는 것이다. 성격강점을 성찰하고 연구하는 것은 평생이 걸리는 일이다. 그렇기 때문에 나는 마음챙김을 성격강점 연구의 주요 요소로 본다.

한국긍정심리연구소(KPPI)의 교육 프로그램 안내

한국긍정심리연구소(Korea Positive Psychology Institute, KPPI)는 마틴 셀리그만의 '긍정심리학'을 통해서 개인과, 조직, 사회의 '플로리시(번성, 지속적 성장, 최상의 상태)를 지원하며, 긍정심리학의 연구와 프로그램 개발, 교육과 강의, 컨설팅을 통해 조직의 긍정문화 확산과 강점기반 구축으로 조직의 생존과 경쟁력 강화, 성과를 창출할 수 있도록 도와드립니다. 모든 프로그램은 고객의 니즈에 의해 2시간 특강부터 맞춤형으로 이루어집니다.

교육 프로그램	교육 기간 및 시간	
긍정심리학의 강점 특권: 강점으로 풍요로운 삶을 사는 법	특강	2–4시간
행복은 경쟁력이다	특강	2–4시간
CEO 긍정심리 특강	특강	2–4시간
강점 리더십(코칭): 긍정심리 성격강점 카드 활용	1–2일	8–16 시간
강점 조직 구축하기	1–2일	8–16 시간
변화와 창조를 위한 긍정 조직 만들기	1–2일	8–16 시간
행복한 직장(일터) 만들기	1–2일	8–16 시간
긍정심리 셀프 리더십	1–2일	8–16 시간
CEO의 긍정 리더십	1–2일	2–16시간
긍정 정서로 긍정문화 구축하기	1–2일	8–16시간
무기력, 우울증을 예방하는 낙관성 키우기	1일	8시간
트라우마(역경)을 극복하는 회복력(resilience) 키우기	1–2일	8–16시간
직무 스트레스	1일	4–8시간
베스트 인생목표 이루기	1일	4–8시간
긍정심리학 팔마스(PERMAS) 과정(기본, 심화과정)	각 2일	32시간
긍정심리학 전문가 과정	3일	8시간
긍정심리학 강사과정	4주	32시간
긍정심리학 플로리시(일반인)과정	16주	48시간
긍정심리 코칭(치료, 상담)과정	16주	48시간
부모와 교사를 위한 행복(인성) 코칭	2일	16시간
행복 부부 코칭 과정	3일	24시간

* 모든 프로그램은 맞춤형 교육이나 특강도 가능합니다.

※ 인용도서 및 논문: 〈긍정심리의 긍정정서와 성격 강점이 조직성과에 미치는 영향: 우문식 박사 학위 논문〉, 《강점특권》, 《긍정심리학 강점특권》, 《긍정심리학이란 무엇인가》, 《긍정심리 팔마스 성격강점 카드북》, 《행복 4.0》, 《마틴 셀리그만의 긍정심리학》, 《플로리시》, 《긍정심리학 코칭 기술》, 《낙관성 학습》, 《내 안의 긍정을 춤추게 하라》, 《행복의 가설》, 《회복력의 7가지 기술》, 《긍정심리학 프라이머》, 《아이의 행복 플로리시》, 《만 3세부터 행복을 가르쳐라》, 《베스트 인생목표 이루기》

강의 및 교육, 저작권 문의: 한국긍정심리연구소
전화: 031-457-7434 / 팩스: 031-458-0097
이메일: ceo@kppsi.com / 홈페이지: www.kppsi.com